企业操作
实务方略

管理
越简单越好

GUANLI
YUE JIANDAN
YUE HAO

岱 沁 / 编著

内蒙古人民出版社

图书在版编目(CIP)数据

企业操作实务方略：管理越简单越好／岱沁编著.
－－呼和浩特：内蒙古人民出版社，2022.10.
ISBN 978-7-204-17231-3

Ⅰ．①企… Ⅱ．①岱… Ⅲ．①企业管理 Ⅳ．①F272

中国版本图书馆 CIP 数据核字（2022）第 153828 号

企业操作实务方略：管理越简单越好

编　　著	岱　沁
图书策划	石金莲
责任编辑	晓　峰　王丽燕
封面设计	宋双成
出版发行	内蒙古人民出版社
地　　址	呼和浩特市新城区中山东路 8 号波士名人国际 B 座 5 层
印　　刷	呼和浩特市圣堂彩印有限责任公司
开　　本	710mm×1000mm　1/16
印　　张	20.5
字　　数	400 千
版　　次	2022 年 10 月第 1 版
印　　次	2023 年 4 月第 1 次印刷
印　　数	1—2000 册
书　　号	ISBN 978-7-204-17231-3
定　　价	38.00 元

如发现印装质量问题，请与我社联系。联系电话：(0471)3946173　3946120

前　言

什么是管理？管理是要以有效的方法达到目的的具体行为。这就必然要求在实践中设计一种行得通的解决办法。

管理的核心是"人"，建立分工合作的、融洽的人际关系是其重点；管理的对象是"事"，充分利用各种资源以满足人类物质和精神需要的"事"；管理的目的是以最高的效率达成目标。

简单管理应该是现代企业管理的特点之一，这一点已经为大多数管理专家、学者、企业家所共识。为什么这么说呢？众所周知，现代社会充满着机遇与挑战，这些都会为参与其中竞争的人带来全方位的压力。我们成就任何一种事业，不仅要追求最后的胜出结果，同时也要享受其中的奋斗过程。因此，凡事做得简单一些反而会收到好的效果，对于企业的管理者来说接受这样的观点显得尤为重要。尽管有些人不赞成，但在现实生活中，特别是企业管理的过程中，简单管理已经发挥出它应有的价值。

简单并不意味着事前缺乏周到、详细的思考，简单与细致并不矛盾。相反，事前就过程及结果进行缜密的考虑，事后善于进行总结与分析，在此基础上形成做事的标准，避免今后遇到同样的工作再犯百密一疏的错误。工作中我们强调要有针对性，避免无目的地"乱来"，但我们更要直接地针对已设定的重点工作直接去做。这里提到的两个"直接"实际上就是简单管理的具体执行形式。当然，这些都是在和客户的沟通中关于简单管理的探讨，更深入的内容还是需要在实践中体会和挖掘的。

管理本来很简单，在生产现场采用简单式管理的思想进行思考问题和解决问题并制定相应的方式和方法，我们要相信永远都没有做不到的事，只有想不到的事，只要想得到，就一定能做得到。在公司内部营造一种宽松愉悦的工作氛围和环境；奖励价值创造，任何对改善有帮助的人和事都是公司所欢迎的；让每一个员工都变成现任岗位上最优秀的；在公司内部掀起一种学习和创造的热潮，定期对公司员工进行有针对性的培训；不断提高他们分析问题、解决问题的能力和水平。

只有身处第一线的员工才最了解事情的真实情况，要充分发挥一线主管及员工的工作热情和潜能，进一步提高中高层管理人员整体协调和控制的能力和水平，从公司目标点出发，制订正确的工作计划方案，并在实施过程中不断完善、改进、总结、提高。通过现场的改善，让工作环境变得整洁亮丽起来，让所有员工都能在非常宽松的环境下进行工作，充分调动其工作的积极性和创造性。

本书能够顺利在一年多的时间里编写完成，离不开诸多学者和创作伙伴的精心协作和努力。在这里要特别感谢徐凤敏、陈镭丹、贾瑞山、晶晶、李元秀、秦宇超、邓颖，感谢你们的努力与付出。在此付梓之际，一并向你们表示衷心感谢！

编　者

2022 年 5 月

目 录

第一章 知人善任打破条框，用人就这么简单 ······ 1
 知人善任是管理者必备的素质 ······ 2
 用人须打破条条框框，唯能力是举 ······ 7
 用人所长，事半功倍 ······ 15
 疑人也用，用人也疑 ······ 22
 用将"使功不如使过" ······ 24
 做个思想开明的领导者 ······ 26
 管仲用人的 12 条准则 ······ 29
 管理者应知的用人谋略 ······ 33

第二章 看传统管理与管理误区 ······ 37
 从传统角度看管理 ······ 38
 借鉴历史的"轮回法则" ······ 42
 透过历史剧看管理 ······ 46
 第三次浪潮 ······ 48
 几种常见的管理误区 ······ 49
 时刻保持清醒的头脑 ······ 53
 管理转了一圈又回到原地 ······ 56

第三章 管理其实很简单 ······ 59
 无为而达到无不为 ······ 60
 小胜靠智，大赢靠德 ······ 63
 思路决定出路 ······ 66

将正确的事情做正确 ………………………………………… 68
情商——管理者的必修课 …………………………………… 70
把公司利益放第一位 ………………………………………… 73
创造放权的良性氛围 ………………………………………… 74
适当放权事半功倍 …………………………………………… 75
放权不是放任自流 …………………………………………… 77
树立员工的主人翁意识 ……………………………………… 79

第四章 有明确的目标，管理才能有的放矢 ……………… 83
任何一项工作都必须以目标为中心 ………………………… 84
明确的目标是公司前进的方向 ……………………………… 85
目标设定的关键是明确与合理 ……………………………… 87
目标只有切实可行才会有效 ………………………………… 89
制定共同的管理目标 ………………………………………… 91
每天都有可以实现的目标 …………………………………… 95
要有符合自身的情况目标 …………………………………… 97
知道自己的管理目标 ………………………………………… 100
执行自己的管理目标 ………………………………………… 103

第五章 确定正确的管理策略 ……………………………… 107
战略目标对企业至关重要 …………………………………… 108
管理者要给自己准确定位 …………………………………… 109
管理要设定预期目标 ………………………………………… 110
管理要设定发展方向 ………………………………………… 112
管理要把握好时机 …………………………………………… 114
防止管理层次过多 …………………………………………… 115
避免管理错位 ………………………………………………… 118
小制度也能有大成效 ………………………………………… 120
用铁拳维护秩序和纪律 ……………………………………… 121
改变众人所循的管理规则 …………………………………… 124

第六章 简单管理更注重创新和执行 ……………………… 127
创新是企业发展不竭的动力 ………………………………… 128

适用制度标准化 ………………………………… 129
统计制度持续化 ………………………………… 130
提高企业环境和员工满意率 …………………… 130
用简单方式执行标准 …………………………… 131
哪些可以作为标准的替代品 …………………… 137
简单执行很重要 ………………………………… 143
什么是执行 ……………………………………… 148
书面见证与明确责任 …………………………… 157
简单执行要落地有声 …………………………… 161

第七章 简单管理与杠铃模式 …………………… 173
简单管理就是观念革新 ………………………… 174
将管理"瘦身" …………………………………… 179
简单管理意味着什么 …………………………… 184
简单管理的杠铃模式 …………………………… 187
成功企业的简单管理 …………………………… 188
杠铃管理释义 …………………………………… 191

第八章 简单管理与平衡战略解读 ……………… 197
平衡术的运用 …………………………………… 198
管理与平衡 ……………………………………… 202
平衡是管理过程中的到位 ……………………… 206
简单管理的战略建设 …………………………… 208
战略的简单方式 ………………………………… 219
关于战略管理工具 ……………………………… 226
战略与人尽皆知的执行目标 …………………… 228

第九章 简单但有效的管理方法 ………………… 235
走动式管理法 …………………………………… 236
标杆管理法 ……………………………………… 238
供应链管理法 …………………………………… 241
六西格玛管理法 ………………………………… 244
客户关系管理法 ………………………………… 246

SWOT 分析法 ………………………………………… 249
　　ABC 分析法 …………………………………………… 253
　　JIT 生产方式 …………………………………………… 255
　　TQM:全面质量管理 …………………………………… 258
　　ERP:企业资源计划 …………………………………… 260
第十章　简单有效的管理定律 ……………………………… 263
　　木桶定律……………………………………………… 264
　　鲁尼恩定律…………………………………………… 266
　　达维多定律…………………………………………… 268
　　苛希纳定律…………………………………………… 270
　　帕金森定律…………………………………………… 274
　　不值得定律…………………………………………… 276
　　麦克莱兰定律………………………………………… 277
　　波克定理……………………………………………… 279
　　波特定理……………………………………………… 280
　　洛伯定律……………………………………………… 282
　　彼得定律(又称彼得原理) …………………………… 284
第十一章　简单管理常见问题解决方案 …………………… 297

第一章
知人善任打破条框,用人就这么简单

　　领导的本职在于,辨人识性,量才用人。自己的大事就是让他人去做事,而且是让可靠可信的他人去做。"用人须打破条条框框,唯能力是重。""论资排辈"不足取,"重视学历"也同样应该被摒弃。因事而选人,选人观其长,这是非常重要的。知人善任是管理者必备的素质,也是一般对当领导、当上级者的要求。普通人需要别人对自己的信任,所以必须善待别人。

　　管理者要重视对人的"信任",不要相信常言所说的"疑人不用,用人不疑",而应力求"疑人也用,用人也疑"。开明的管理者,有一套比较完整的用人准则和谋略,但其精髓无非是恩威并施。

知人善任是管理者必备的素质

老子告诉我们:"知人者智,自知者明。""智和明"要求我们要了解别人、更要了解自己,"明"就是要做明白人、精明人、高明人。

要想发现人才、用好人才,就要求管理者提升对自己的认知,了解、认识自己,让自己成为一个"明"人,然后才能带着明智的眼光去识人。

鉴别人才,知人善任

知人善任是管理者必备的素质。管理者应以每个员工的专长作为思考的出发点,安排适当的位置,并依照员工的优缺点,做机动的调整,以发挥其最大的效能。

辅佐春秋五霸霸王齐桓公的管仲,年老体衰,不能处理政事,在家里休养。有一天齐桓公来拜望他。

"万一您去世了,国家的政治应该怎么办呢?"

"我已经很老,不太理政事了。俗话说'知臣莫若君,知子莫若父',大王就自己做决定好了。"

"您不要这么说,让寡人听听你的意见吧!你的好朋友鲍叔牙怎么样?"

"所谓亲友是私情,政治是公事。就公事而言,他不适合当宰相,因为他为人刚直傲慢,很像一匹悍马。刚直会用暴力统治人民,傲慢则不能得到民心,强悍对下人发生不了作用,鲍叔牙不适合作霸主的辅佐。"

"那么,您看竖刁如何?"

"他也不行。就以人之常情来说,没有一个人不爱自己,但是他却因君主好色的弱点,阉了自己,避免君主怀疑,这个人连自己都不爱,怎么会敬爱君主呢?"

"那么卫公子开方如何?"

"不可以。齐和卫之间只有10天的路程,为了博得君主欢心,15年之间他勤奋工作,不曾有过一天休息,也没有返家探视双亲的健康。他连自己的父母都不保护,怎么会保护君主呢?"

"易牙这个人如何?"

"不好,这个人好巴结奉承。一听到君主喜欢山珍海味,马上就把自己的孩子蒸了献给君主吃,连自己的孩子都不疼爱,又怎么会爱君主呢?"

"那么到底谁才是最佳人选呢?"

"就用嘱朋好了,我保证他可以做得很好。"

齐桓公当时也觉得很有道理,点头称是。但是管仲去世以后,齐桓公并没有用嘱朋当宰相,反而采用竖刁。3年以后,齐桓公南下狩猎,竖刁起而叛乱,杀死齐桓公。掌握天下霸业的齐桓公,就因为不听管仲的话而死于非命,大好江山拱手让人。

知人善任是管理者必备的素质,也是对当领导、当上级之人的必然要求。

一次宴会上,唐太宗对王珪说:"你善于鉴别人才,且善于评论。不妨从房玄龄等人开始,一一作些评论,评一下他们的优缺点,同时和他们互相比较一下,你在哪些方面比他们优秀?"

王珪回答说:"孜孜不倦地办公,一心为国操劳,凡所知道的事没有不尽心尽力去做,在这方面我比不上房玄龄;常常留心于向皇上直言建议,这方面我比不上魏征;文武双全,既可以在外带兵打仗做将军,又可以担任宰相,在这方面我比不上李靖;向皇上报告国家公务,详细明了,宣布皇上的命令或者转呈下属官员的汇报并能坚持做到公平公正,在这方面我不如温彦博;处理繁重的事务解决难题,办事井井有条,这方面我也比不上戴胄;但是在批评贪官污吏,表扬清正廉洁,疾恶如仇,好善喜乐这些方面,相较于上面这几位能人来说,我也还算是有一技之长。"唐太宗非常赞同他的话,而大臣们也认为王珪完全道出了他们的心声,都说这些评论是正确的。

唐太宗能将这些人依其所专长运用到最适当的职位,使其能够发挥自己所长,进而让整个国家繁荣昌盛,才有了"贞观之治"的大唐盛世。

辨人识性,量才用人

见面之初,人大多以"印象识人"。但凡人多有言辞枉曲,言过其实,言行不一等情形,也有激愤、怨恨之言;所以辨人本性,须先听其言、辨其音、察其色、貌、举止。

言辞枉曲者，工于心计。

言过其实者，执行任务不利，如马谡之流。

言行不一者不可用作亲信。

言中有怨恨之意，多是怀才不遇之奇人。

发言洪亮，其志必然宏大。

音低沉而缓慢，此人心中怀有城府。

音低微或断裂，属谨慎过度，自卑有余。

以眼斜视于人，其人心术多是不正。

颧骨方正，其人必毅力超群，能咬牙行事。

与人微笑，内中不笑，且言辞反复者，大多薄于友情，待人处事不择手段。

如有人欲言又止，其人必然心事重重。

如有人似言非言，此人心有权欲之气；说话模棱两可者，做事留有余地。

轻诺者多是寡信人，吹牛者多是空腹人；语言之间将别人放到你死我活的境地，多是我活你死之人。

观人还须观其眼神，眼中混浊者可能为不义之财奔忙；眼中有神者办事利落；眼中无神，形体萎缩者可能负有巨债，或已劳累不堪；眼珠转动不已，其心中多有鬼胎；眼睛眨动不已，其人心怀巧计；眼珠朝上认，不是奸诈者必是傲慢者。

一个人所说的，有一部分是他想的，有时全是他所想的，有时全是他所"说"的，要"翻译"成真话才能听。

一个人的所说符合其行，其人可用，要用也得一次次地用。

行事果断，说话利落，可让他执行任务；老谋深算，精于策划，可让他身处帷幄，出谋划策；善于外交，可让他介入争讼事件，了结纠纷；性情温和喜欢独处者，不可让他出外交往，内务可矣。

不守小信者，不能托之以大事；偶尔守信者，限一处罚办法后托之以事；经常不守信用者，干脆不要任用。

辨人识性，量才用人，这是管理者不可缺失的本职工作之一；让别人去做事，让可靠可信的人去做，这是管理者最大、最重要的事情。

量才而用，不可忽略被用之人的弱点

在竞争日益激烈的时代，有的用人者求才心切，发现某人有一技之长，"捡到篮子里就是菜"，不问其他，委以重任。殊不知，有些人虽然学有所长，但由于自身的某一方面存在着致命的弱点，有朝一日说不定会因此坏了大事。所以，对有些人应量才而用，万万不可忽略其弱点。下列几种人是不可重用的：

一、投机钻营、左右摇摆的人不能重用

这类人善于察言观色，把自己作为商品，在工作中讨价还价。利用应聘于别家企业，而对自前雇用他的公司施以压力，以使现公司的领导给他以晋升或增加工资的机会。他们妄图利用"被别家企业录用"这种名义，来加速他们在原公司的发展。这种诡计通常都能得逞，特别是当别家企业恰是这种投机者受雇公司的竞争者时。

二、内心险诈、自命不凡的人不能重用

这种人巧言令色却嫉贤妒能，凡其所举荐之人，皆只言其优点，而不谈其缺点，凡其所排挤之人，皆只言讲他的坏处而不谈他的好处，致使上司赏罚不当，号令不通。他们根本无法容忍一切超过他们才能之人的所有举止、想法，谁都看不起，觉得世上唯有自己最有能耐。

三、权力欲极强、营私结党的人不能重用

这种人浑身上下都散发着"野心"所特有的"气味"，时时刻刻不忘在他人面前显示自己的能力，只有野心，没有道义。任何人、任何事只要阻碍了他们的野心和权欲，都会暴跳如雷，这种人的本性是极其自私的。

四、说话办事只求平稳、没有创造力和开拓精神的人不能重用

这种人缺乏干劲和创造力，在事业上不求有功，但求无过，为人处世信奉"谁也不得罪"的哲学。这种人的最大缺点是没有干劲，只想谋一个舒适的职位而已。

五、爱慕虚荣者不可重用

虚荣型的人渴望自己是富人和名人的知己。这种人只要一有机会，就会滔滔不绝地向别人叙说他与某些有名望的人常有往来。实际上，他那所谓的名人朋友可能根本不认识他；或者认识，也只知道他是个"牛皮大王"而已。这种人没什么真本事，只会夸夸其谈，信口开河。

六、死板僵硬、墨守成规、不善交际者不可重用

商务接洽、迎来送往需要善于交际的人，过于刻板，只能让被接待者尴尬、别扭，善于交际的人更具有亲和力，更利于开展业务。

特殊的事交给可靠之人去办

知人善任绝非不管什么事，委托一个能干的下属去办就行那样简单。各种事情，这里还有一个一般和特殊、轻与重、公与私的区别。那么，什么是特殊的事？特殊的事为什么要交给可靠之人去办？其实任何事情，它的特殊与一般都是相对的。之所以称之为"特殊"，那是指事情与人的利害关系。如果这件事，把它交给任何人办都可以，那就不是我们这里所说的特殊。如果某件事必须由自己亲自去办或者只能委托给最亲近的人去办，这种事不管大小，都是我们这里所说的特殊的事情。

比如，签约，这种事是关系到单位重大切身利益的大事，决不能随意委托人办理。这里要考虑这样几个因素：首先，要选择有一定身份的下属，因为他是代表单位，并直接代表（代理）领导办理签约事宜的，如果你委托一个身份过低的人去，对方会认为你对事不慎重，或认为你根本没有诚心，很可能把事情办糟；其次，你所委托的人要有一定的形象，如果你的代表是个邋遢的、让人看了很不舒服的人，对方肯定也认为你是个很无能的领导，他们会欺你没有人才，压制你，看不起你，最终吃亏的还是你；再次，你所委托的人要具备一定的专业知识。合同是现代经济交往中确定双方权利义务关系的法律依据，如果你所委托的人没有一定的法律知识和与合同内容相关的专业知识，在签约过程中，就会被对方所愚弄，从而导致经济损失。最后，你所委托的签约人必须是你信得过的人，这是一个十分重要的条件。就签约这件事情而言，具备以上诸方面条件的人，才是你应该托付的"可靠之人"。

要善于使用年轻人

企业雇佣人员，很重要的一条是要写明年龄界限。许多企业领导者对年轻人都采取了敬而远之的态度。

但是，不喜欢年轻人，不想充分发挥年轻人的作用，对一个企业来说，并不是什么好事。人有非常敏锐的感觉，他们能迅速接受新知识、新技术，具有很大的潜能，往往是企业保持活力的中坚分子。年轻人过少，就会使企业气氛过于沉闷,趋于没落。

为了充分发挥青年人的作用,企业领导者应当投入年轻人的圈子,融入他们的思想、行动,积极管理、放心使用年轻人。

首先,领导者应当懂得尊重年轻人。一方面,年轻人一般都带来了新的知识和技术,有的虽然一时用不上,但也不能弃而不用。领导者要动脑筋来考虑年轻人的特长,给他安排适当的工作岗位,发挥他们的才能。另一方面,年轻人天生具有不承认权威的倾向,如果领导者不主动接触他们,则上下难以沟通,以致产生隔阂。

其次,领导者应尽量多采取年轻人的意见、观点,不能随便加以排斥。对他们提出的意见、建议,要挑选有用的,合理地加以采纳,并给予相应的奖励。

用人须打破条条框框,唯能力是举

用人须打破条条框框,唯能力是重。"论资排辈"不足取,"学历唯重"也同样应该被摒弃。老子为我们总结了九大素质、也是九大手段来指导对人才的选用:远使之,而观其忠;近使之,而观其敬;烦使之,而观其能;猝然问焉,而观其知;急与之期,而观其信;委之以财,而观其仁;告之以危,而观其节;醉之以酒,而观其则;杂之以处,而观其色。

唯能力是重

"贞观盛世"的缔造者唐太宗在用人之道上有着很多独到之处,其中最值得称道的一点就是"唯能力是重",不计出身、不计门第的一种用人观。他的用人之道总结起来主要有以下几点:

一、广泛吸收人才

在李世民的智囊团中,大部分都是敌对集团的人。他吸收了原属李密、王世充、窦建德集团中的不少杰出人物,吸收了瓦岗军中的徐世勣、秦叔宝、程咬金等人,在攻破刘武周时招纳了尉迟敬德,在攻破窦建德时招纳了张玄素,在消灭李建成后启用了魏征。"敌将可赦,敌者先封"的用人谋

略在李世民那里无疑是运用得最成功的。

李世民用人还能打破地区和派系观念。有人曾向他建议："秦王府的兵，追随皇上多年，应该提升武职，作为自己的亲信。"李世民回答说："我以天下为家，唯贤是用，难道除了旧兵之外，就没有可信任的吗？"此外，对于少数民族，李世民也待之如友，只要有才干就委以要职。如史大奈、阿史那杜尔、执失思力等都当了将军。

在这一点，一代天骄元太祖成吉思汗与唐太宗有一拼，他在用人上也是不分地位高低，完全打破旧贵族用人的狭隘界限，不分民族和等级，只要忠心紧跟他打天下，且有才有德，他就会大胆破格授任；只要有战功、才干和某方面特长，就可以晋升。也因此，在他身边聚集了如氏族奴隶身份出身的木华黎、者勒蔑等一大批能人。据《蒙古秘史》记载，在成吉思汗麾下的4员大将和4个先锋中，有7人均为奴隶出身。

二、用人不避亲仇

李世民用人不计私人恩怨。魏征、王圭和薛万彻等，原是李建成的得力部属，魏征曾充当李建成的谋士，参与反对李世民的斗争。但玄武门事件李建成被杀之后，李世民都给以重用。长孙无忌曾向李世民提出此事，但李世民说："过去他们是尽心做自己的事，所以我要用他们。"李世民用人的原则是："为官择人，唯才是与，苟或不才，虽亲不用……如其有才，虽仇不弃。"李世民言行一致，身体力行。比如，李世民的堂叔父淮安王李神通，认为自己的官位低于房玄龄、长孙无忌而十分不满，大发牢骚。李世民说，评功提官应该是"计勋行赏"，对皇亲国戚也"不可缘私滥与勋臣同赏"。然后，他对叔父摆出房、长孙二人的功劳和才能，指出叔父带兵无能和临阵脱逃的情况，李神通心服口服，情愿当个闲官，不再闹情绪了。又如，贞观十七年（公元643年），唐太宗的外甥赵节犯了死罪，李世民得知后下诏将赵节处以死刑，同时还将曾为赵节开脱的宰相杨师道（唐太宗的姐夫）降为吏部尚书，真正做到了"赏赐不避仇敌，刑罚不庇亲戚"。

三、不拘一格，唯才是用

李世民用人，不计较出身和经历，只要有才，一律加以重用。他在总结自己的成功经验时说："自古帝王都怕别人比自己强，而我看到别人的长处就像自己的一样；人的才能不能兼备，我弃其短，取其所长；当君王的

常常想将贤者占为己有，对不肖者欲置之沟壑，而我则对贤者敬重，对不肖者关心，使他们各得其所；当君王的多不喜欢正直的人，甚至对他们暗诛明杀，而我则重用大批正直之士，没有责罚过他们；自古都以中华为贵，以夷为贱，而我则同样看待他们。这五项，是我取得成功的原因。"一次，他令文武大臣写书面材料评论朝政。他发现中郎将常何提出的20多条意见，言皆中肯，文有条理。经了解，原来是常何的一位孤贫落魄的门客马周代笔所写。李世民立即召见马周，和他交谈，认为他有才能，又敢于直言，就提拔他到朝廷任官职。常何则因发现人才有功，获赐帛300匹。后来，马周果然正直稳重机敏，敢于谏诤，而官至宰相。还有一次，李世民听说景州录事参军张玄素有才，就亲自召见，问以治国之道。玄素对答如流，并且很有见解，李世民便提拔他任侍御史。

李世民更难能可贵的一点是，他的下属来源复杂、派系林立，而他却能居中调节，权力制衡，使他们都能一心为国为民，为自己效命。唐太宗李世民的权谋当然不仅仅只是登极和用人两方面。他使人纳谏，从善如流，以人为镜而知得失；他统兵打仗，活用兵法，善以奇兵克敌制胜；他巩固正权，加强"三省六部"制，将天下牢牢掌握在手中；他教育子女，作《帝范十三篇》，以求根正；他勤政廉明，礼贤下士，体恤民情，创造了空前的文明诗史。

"唯能力是重"，这话说起来轻松，真正做起来却并不容易。看看现在的各种"人才信息"，动不动就要求是"硕士"或"博士"，固然，博士、硕士的知识水平要更高一些，但这只是整体比较，并不是说这些硕士、博士就一定能胜任工作，才能就真的比别人出众。用人唯才，绝不是单纯地用文凭或学历来衡量一个人的才能，否则，那未免太过死板了。

西武用人之道

日本著名企业家，西武集团总裁堤义明用人的一项原则就是不盲目相信学历，这几乎是日本企业界人人皆知的事实。

他曾多次说过：学历只是一个受教育的时间证明，并不等于证明一个人真的就有实际的才干。

堤义明用了许多大学没有毕业的人，却很少用那些一流大学毕业的聪明人。他的理由如下：

一、聪明人自大而不长进

父亲堤康次郎曾对他说:"聪明人常犯自大自私的毛病。"这句话,堤义明牢记在心。他表示,聪明人很少能虚怀若谷,大多恃才傲物,看不起身边的人,看不起部属,看不起同事,连老板也看不起。骄傲自大的人会破坏团体的和谐,影响员工对公司的向心力。还有,聪明人认为自己永远聪明绝顶,因此再也不去读书进修,久而久之就落伍了。这一点有一系列事实为证。

在西武集团有这样一个制度,所有新进职员,无论你是什么学历,头三年都只能派到很低的职位上充当小杂役,需要经过三年磨炼期,才可以进入其他部门任职。

很多名牌大学出身、也是许多大公司争相竞聘的热门对象,在西武集团经过三年的磨炼后,虽仍不乏聪明才智,只可惜因为误用了聪明条件,没有好好地投入工作,结果表现平平,没有能够取得上级主管及同事们的信赖。而少数没有学历条件却有职业诚意的普通人,却学到了足以应付更高一级职务必备的技能,他们比所谓的聪明人争取到了较好的出路和工作安排。

二、聪明人不珍惜晋升

堤义明认为,当有经理的空缺时,假如晋升一流大学的毕业生,他很可能因为自己是名校出身的聪明人,而觉得理应被晋升,反而不会珍惜其职位;若晋升一个三流大学毕业或大学没毕业的年轻人,他不但会珍惜其职位而且还会感激涕零地卖命去干。

三、聪明人常制造麻烦

根据堤义明的观察,聪明人的野心与欲望是平常人的数十倍甚至百倍。有朝一日掌握大权,很可能假公济私,借公务之便,满足私欲。

他觉得,聪明人非但不会为职务尽责,而且常是公司里制造麻烦的头痛人物。

堤义明说:"我宁可采用实实在在、忠于职守的普通人。"

堤义明这种用人法的成功之处,还在于让所有人在进入他的公司后,绝对不能以学历、金钱、血缘或其他人为关系取得晋升的机会,每个人在他的管理下,都享有同等提升甚至挑选进入董事会的机会。

这种做法，也使西武集团内部出现一种很特殊的现象，就是没有人会拿自己读过什么大学来炫耀，甚至谁也不提自己过去的学历。他们都明白：只要一迈进西武集团的门槛，学校的文凭就随即成为一张废纸。结果，公司内部一视同仁，彼此谦虚互爱，众志成城。

堤义明"不重学历"还收到一个奇效，那就是无论有学历或无学历者都争着到西武集团，对有学历者而言，想凭自己的本事证明学历与才能是成正比的；无学历者也慕名而来，因为他们知道在西武集团能够有用武之地，施展浑身才干。

不拘一格提拔重用人才

人尽其才，对国家是大计，对企业公司而言，更是良策。

美国福克斯公司总经理史高勒斯所属的一家资本达百万美元的电影院，由于经营不善，亏损严重。

有一天，史高勒斯为搞清原因，突然来到亚特兰大城中的这家电影院。这时已是上午11点钟，电影院里只剩一名年轻的小职员。史高勒斯问他："经理在哪儿？"

小职员回答说："经理还没有来。"

史高勒斯又问："副经理呢？"

小职员又回答说："也没有来。"

史高勒斯又问道："那么两位经理都没来，电影院现在由谁来管理呢？"小职员回答说："我在临时管理。"

史高勒斯听完后，当即对这位忠于职守的小职员宣布："从现在起，我作为这家电影院的领导者，决定你就是这家百万美元电影院的经理。"同时，史高勒斯又宣布对失职的两位经理解职的处罚。不久，这家电影院就扭亏为盈了。

史高勒斯突然下访电影院，了解到这家电影院真正亏损的原因就在于原来的负责人没有责任心。由此断定，只要选择一个责任心很强的人来管理这家电影院，就一定能够改变现状，扭转局面。他的暗访无意中碰到了这位小职员，从他的身上，史高勒斯寻找到了自己所需的东西，这位小职员就是他所需要的人才。于是，他当即宣布任命他为新的经理，这么做的目的就是让小职员知道，他用他的唯一原因只在于他忠于职守。小职员明

第一章 知人善任打破条框，用人就这么简单

白这一点,当然就会多花精力和工夫,各方面都更加卖力,这样一来,电影院当然能够扭亏为盈了。史高勒斯待人有别的手法是颇值得管人者借鉴的。

不拘一格,人尽其才

汉高祖刘邦其实只会一门学问,但就是这门学问,却让他得到了天下,坐上了龙椅。这门学问就是用人的学问,他的用人完全体现了"不拘一格,人尽其才"的优势所在。

刘邦,年轻时游手好闲,30多岁当了一个小小的泗水亭长。秦朝末年,继陈胜、吴广起义后,刘邦与同乡好友萧何、曹参等杀死了沛县县令,举行起义。先是投靠了项梁、项羽起义军,在推翻了秦王朝统治后,又与项羽分庭抗礼,争权天下,进行了为期五年的楚汉之争,于公元前206年打败项羽,登基称王,建立了中国历史上时间最长的朝代——汉朝。

在历史上,刘邦总是给人一个流氓无赖、阴诈小人的形象。关于他的人品,我们无意去评论,单就权谋而言,也给我们留下了一个疑问,刘邦到底是凭借什么才能坐上王位呢?

这就是用人。就是这一门学问,使得他足以击败"力拔山兮气盖世"的楚霸王项羽,足以龙袍加身,君临天下!毫不夸张地说,刘邦称得上是古今中外几千年来最懂得用人的权谋家。

刘邦自己也知道这一点,在一次庆功宴上,他对群臣说:"据我想来,得失天下原因,须从用人上说。试想运筹帷幄,决胜千里,我不如张良;镇国家,扶百姓,运饷至军,源源不绝,我不如萧何;统百万兵士,战必胜,攻必取,我不如韩信。这3个人是当今英杰,我能委以任用,所以才得到天下。"

刘邦的话不假,纵观秦末豪杰,乃至整个历史上的帝王将相,刘邦最善用人。他本无赖出身,文不能文,武不能武,如不是善于用人,又怎能当得上皇帝呢?既然刘邦用人权谋如此之奇妙,就让我们一起来看看,他在用人方面到底有何过人之处。

一、用人不拘一格

刘邦广集良才,用人不拘身份、地位、唯才是用。由于任贤使能,使得他的麾下聚集了一个由不同社会阶层、不同出身和阅历的贤能人物组成

的强大人才集团。张良、萧何、韩信、陈平等都是他建功立业、改朝换代的最得力助手。

张良原是韩国贵族，曾结交刺客狙击秦始皇于博浪沙（今河南原阳），他曾向刘邦提出不立六国后代，联结英布、彭越、韩信等军事力量的策略，又主张追击项羽，彻底消灭楚军，均为刘邦所采纳。

萧何原为沛县小吏，曾辅佐刘邦起义。当起义军进入咸阳时，他不但及时规劝刘邦不能贪图享乐，并用政治家、战略家的眼光，立时取出秦政府的律令图册，很快地熟悉了各种法律条文和全国山川险要、郡县隘口等情况，还推荐韩信为大将，自己以丞相身份留守关中这一战略后方，源源不断地向前线运送兵源粮草，终使刘邦在楚汉战争中取胜。

韩信是贫困潦倒的流浪汉，曾在项羽部下当一名管粮草的小官，他投奔刘邦很快被重用，出任大将后，用兵如神，屡建战功，成了刘邦打败项羽最关键性的人物。

陈平出身贫困，做小官时贪污受贿，且与嫂子关系暧昧，素有"盗嫂受金"之讥。他投奔刘邦后，被任以护军中尉之职，他曾建议用反间计，使项羽不用谋士范增，并以王位去笼络大将韩信，为创建汉王朝霸业作出了重大贡献。

曹参是沛县的一位小吏；周勃以编席为业，兼当吹鼓手帮人办喜、丧之事；樊哙是宰狗的屠夫；灌婴是布贩；夏侯婴是马车夫；彭越、黥布是强盗；叔孙通原是秦王朝皇帝顾问的博士；张苍是秦王朝典掌文书档案的御史……

这些人的成分都很复杂，出身各异，但刘邦却能信而用之，这一方面说明刘邦用人的标准明晰，就是有人有能就行；另一方面，这些人性格各异，脾气迥然，而刘邦却能让他们和平共处，一起为自己效命，足见刘邦真正的过人之处。

二、根据人才特点分配工作，人尽其才

刘邦善于识人，更善于用人，他能根据人才的特长分配工作，让他们发挥自己的特点，人尽其才。对于身边的下属，刘邦更有深刻的了解。刘邦临死前，吕后问刘邦，他去世以后谁能辅佐幼主刘盈治理天下。刘邦说："萧何年老了以后，曹参可以继任。"

吕后又问:"曹参以后谁可接替?"

刘邦说:"王陵可以接任。但是他太厚道老实,要让陈平帮助才行,陈平足智多谋,可补王陵的不足,但要他独当全局,还难以胜任。周勃文化水平低,但为人朴实,以后帮刘氏安定天下的,非他莫属,可以任用他为太尉。"

刘邦的分析很正确。在他死后,以上这些人的表现和刘邦的分析基本一样。

三、适时用人

刘邦用人学问中最独到的一点是,他通常能根据不同的时期与形势,采取不同的用人策略。这从他对韩信的态度和使用上可以清楚地看出来。

当势力薄弱时,卑躬屈膝。韩信初到汉营时,还属无名小卒,刘邦看不起他。但他听萧何说韩信是一个大将之才,可以帮助他打天下时,马上放下了汉王的架子,筑了一个高台,举行隆重典礼,毕恭毕敬地拜韩信为大将,并向全军宣布说:"凡我汉军将士,今后俱由大将军节制,如有藐视大将军、违令不从者,尽可按军法从事,先斩后奏。"那种谦恭卑顺的样子,令全军上下莫名其妙。

当形势不利时,慷慨让步。汉高祖四年,刘邦在成皋战场失利,急需把韩信、彭越等部队调来支援正面战场。不料此时已攻占齐地的韩信,正巧派使者来,要求刘邦封他为"假王",以镇压齐国。刘邦大怒道:"怪不得几次调他一直按兵不动,原来是想自己称王!"这时正在身旁的张良、陈平赶紧用脚踢了他一下。刘邦恍然大悟,急忙改变口气,对韩信的使者说:"大丈夫平定诸侯,做王就该做真王,为何要做假王呢?"于是派张良为特使,正式封韩信为齐王。韩信受封后,果然高高兴兴地率兵来参加正面战场作战。

当功成名就后,心狠手辣。刘邦称帝后,大封自己的同姓弟子为王,同时总认为那些在战争年代封的异姓王公,居功自傲,藐视皇帝。于是决定先拿韩信开刀,除掉异姓王。于是,刘邦在高祖六年,宣称巡游云梦泽,约定在陈地会晤诸侯。当韩信奉命到来时,刘邦以有人告他谋反为由,令武士将其拿下。当韩信申辩时,刘邦厉声说:"有人告你谋反,你敢抵赖吗?"把韩信押回洛阳后,因查无实据,便把他降为淮阴侯,软禁在京城。

刘邦的用人权谋，既有坦诚恩惠，又有诡诈刁滑，作为一位出色的权谋家，这些用人策略的交替使用，是其事业成功的重要基础，是其一掌乾坤，登极封王的关键所在。

刘邦在历史上，无疑是独树一帜的，他不像曹操、李世民那样文韬武略兼而有之，身先士卒，垂范天下；也不像明成祖、康熙那样借助龙脉相承，挟先人之余威而君临天下，他所凭借的，只是一门用人之术。

毫不夸张地说，在用人的谋略方面，刘邦堪称是古往今来的第一人。他不仅懂得识人，而且善于用人，他把"用人权谋"作为一个系统来研究与运用，能根据不同的历史时期和处境遭遇，来确定自己的用人策略，以不变应万变。他的用人权谋，已单纯从个体的"人"抽象出来，不从人的角度出发去谈论用人，而是从谋略体系的角度去用人，如此高明的用人权术，试问天下又有几人赶得上呢？

研究了刘邦的用人权术，我们才终于深悟：原来刘邦得到天下，完全不是偶然，他也有自己称雄天下的资本。他将这门权谋研究得头头是道，运用得淋漓尽致。

从这一点而言，刘邦无疑是一骑绝尘，当坐中国历史上用人权谋家的第一把交椅。

用人所长，事半功倍

据冯梦龙的《智囊补》记载，孔子曾有一个用人之长的故事：

有一次，孔子过街，他骑的马不小心吃了别人的粮食，粮食的主人特别生气，就把马扣留下来。孔子的名弟子子贡前去讨马，费尽百般口舌，仍是无功而返。

孔子听后，说："你是不合适去做这件事的。"于是另派马夫去找那户人家说情。马夫到了主人家，对主人说："如果你不是出去耕田，我也不去到处游玩，你专心守你的粮食，我认真管好我的马，我的马又怎么会去偷吃粮食呢？"主人听后，当下解马归还。

马夫说的话至情至深，所以此人能听进去，但子贡为人文质彬彬，总喜欢舞文弄墨，像粮食主人这类人，没有文化，为人粗野，又怎会有耐心去听子贡说教呢？

冯梦龙由此称赞孔子：圣人达人之情，故能尽人之用。

包容他人的缺点，不求全责备

现代社会，分工日趋复杂，人才不可能成为各方面都专且精的全才，作为一名用人者更要注意用其所长，避其所短，真正做到人尽其才，才能使自己的事业兴旺发达。

所以，高明的用人者必须对别人的长短了如指掌，从而充分发挥他们的作用。明代顾嗣协有一首诗是这么说的：

骏马能历险，犁田不如牛；

坚车能载重，渡河不如舟。

舍长以就短，智者难为谋；

长材贵适用，慎勿多苛求。

这首诗值得用人者深思，它说明人无完人，各有所长，避其所短，不因其有这样或那样缺陷而苛求人才，这样，才能人适其用，人尽其才。舍长以就短，必然导致事业上的失败。

林肯是美国历史上最著名的总统之一，在南北战争初期，为了保证战争的胜利，他力求选拔没有缺点的人任北军的统帅，然而，事与愿违，他所选拔的这些修养甚好、几乎没有缺点的统帅，在拥有较多的人力及物力的条件下，反而被南军的将领打败，有一次几乎连首府华盛顿都差点丢掉，这使林肯震动很大。

林肯分析了对方的将领，从杰克逊起，几乎每一个都有明显缺点，而同时，又都是有特长的人。林肯最后得出结论：李将军是一个善用其手下将领长处的南军统帅，所以能打败自己任命的看起来没有什么缺点而又不具备什么特长的北军将领。

于是，林肯毅然任命了酒鬼格兰特为北军司令。委任状发出以后，舆论大哗。人们普遍预测，北军将完蛋了，因为"昏君"任命了"庸才"。好心人也晋见林肯，说格兰特好酒贪杯，难当大任。林肯却笑着说："如果我知道他喜欢什么酒，我将送他几桶。"

历史证明，林肯的决定是正确的，正是对格兰特的任命，成了美国南北战争的转折点，北军由此节节获胜，直至最终消灭南军。

林肯提拔格兰特的故事告诉我们，选拔人才不能要求"完人"，"求全责备"是选材的大忌。如果林肯当时没有意识到这一点，美国就可能不是今天这样了。

充分了解下属是合理使用的基础

选好人更要用好人。选得好，用得不当，也是一种莫大的失误。1979年被联邦德国企业界评选为最优秀的女企业家霍尔姆，作为联邦德国最大的冷轧钢厂的领导人访华时说："作为一个企业家或者经理，应当知人善任，了解每个下级的工作能力和特长。在部署工作时，应将合适的人，放在适合他能力和特长的岗位上。公司经理要有领导他人的才干和经验，这一关，比产品本身更重要。"

作为一个管理者，不一定非要是每一行的专家，事实上这也是不可能的，但他必须有一般人所不具备的用人才干。

金无足赤，人无完人。世上的全才是不存在的，你只能找到某一方面或某一项工作有专长的人才。所以，领导者用人的要点在于用人所长。用其所长，下属工作积极，管理效能鲜明，事半功倍。倘若用非所长，勉为其难，让勇士去绣花，那真是极不明智的安排。

用人用他的长处，就要容忍他的短处。美籍学者杜拉克在《有效的管理者》一书中说："倘若要你所用的人没有短处，其结果至多是一个平平凡凡的组织，所谓样样都是，必然一无是处。才干越高的人，其缺点也往往越明显。有高峰必有低谷。谁也不可能是十项全能。与人类现有博大的知识、经验、能力的汇总相比，任何伟大的天才都不及格。一位经营者如果仅能见人之短而不能见人之长，从而刻意于挑其短而非着眼于展其长，则这样的经营者本身就是一位弱者。"

不同的人有不同的性格，作为一个领导，首先要了解你的下属，了解下属的不同的性格特征，然后才能确定哪种性格适合办哪种事。

一、雷厉风行，说一不二的人

这种人任何地方都用得着。如果你是一位领导，一个公司经理，一个厂长，你的手下必须要有这种性格的人为你服务，如果缺了这种人，你将

会随时感到为难，感到力不从心。因为现代社会是个快节奏的社会，做什么事都不允许你慢慢吞吞。在激烈的竞争之中，更要求你办每一件事都要雷厉风行，抢在别人前面。

比如你的单位在上海，你委托一个下属去北京签一份合同。如果你委托的是一个办事雷厉风行的下属，他可能在接到你的通知后一小时内动身去机场，当天晚上之前就可能把事情办妥。为什么这么快？就因为你下属的这种雷厉风行的性格和作风。当他接受了你的委托之后，首先打电话订机票，然后把必要的文件往工作包里一放，他就可以动身了。至于其他什么旅行生活方面的琐事，他概不考虑。这就为你赢得了效率。

二、优柔寡断的人

人的性格是各不相同的，你不能要求你的下属都是同一种性格，你的下属中有优柔寡断的人并不奇怪，也不是优柔寡断的人什么事都不能干。对于优柔寡断的人，一般要注意的是，不能委托他办需要自己拿主意的事，更不能委托这种人办急事。如果你委托他从上海到北京去签一份合同，那么在合同谈判的过程中，你就得不断地接他的请示电话，而在电话中，他很可能不一定把情况说得清楚，这样，还不如你自己去办得好。

因此，对于优柔寡断的下属，你只能委托他办一些不需要拿主意的常规事。

三、慢条斯理的人

慢条斯理也是人的一种性格，这种人做事讲条理不讲速度，一般比较细心。这种人可用之处不少，就看身为管理者的你能否发挥这种下属的特长。

一般来说，每一个领导者都有许多需细心和耐心才能干好的工作。像阅稿、分发、统计、检验这类工作，都可以尽量地委托这种人去干，其办事结果一般会令人满意、放心。

四、私心重的人

这种人比比皆是，到处都有。私心是人天生的一种利己心态，但私心如果太重，就会损害他人的利益从而为人所厌恶。领导者委托私心重的下属办事，应掌握好如下原则：首先，决不能委托这样的下属办与个人物质利益有关的事；比如你委托这种人去送礼，他很可能会半路上做出克扣礼

品（金）的行为；其次，如果这类是非这种人办不可，那就采取同办原则，即加派一些人共同完成。

任用下属办事有一个技巧问题，聪明的领导要懂得用人所长。具体说来如下：

（1）对具有技术方面特长的下属，可以委托他负责技术设计、技术改造、技术创新开发等方面的工作。具有技术特长的下属，他的表现欲望会给你带来惊人的效果，有时一项技术革新，会给你的企业带来翻天覆地的变化，使你的产品从不受欢迎到大受欢迎，从滞销到畅销，从而给公司带来勃勃生机。这时，你就要考虑不仅在物质上给他以奖励，更重要的是给予他精神上的满足，使他的荣誉感更加增强。他就会为你再作下一次的冲刺。

（2）对具有文体方面特长的下属，可以委托他办一些业余文体方面的事，可以给他一个诸如工会文体会员之类的职务等。如果你是一个商品制造企业，表面上看起来，他的表现欲望不会给企业带来什么直接效益。但是，聪明的领导往往都懂得，所谓"文武之道，一张一弛"，业余文体活动，能够振奋人的精神，人们有了饱满的精神，才能更好地、更有效地完成工作。可以说，这是另一种办事效果。

（3）对具有公关才能的下属，可以委托他负责接待、外交方面的工作。公关，是现代企业一项必不可少的重要性工作，有时候一次成功的公关工作，能给公司带来意想不到的效果。而成功的公关工作，只有公共型特色的人才才能做好。公关工作是一种最能发挥某种表现欲的工作。公关高手淋漓尽致的表现正能代表你这个领导及整个公司的素质和形象。

（4）对于一些善于精打细算的下属，可以委托他做一些采购类工作。善于精打细算的人，是每个领导必须注意的人才，把这些人使用在供销部门，委托他办一些采购类工作，自会为你省下一笔可观的费用，长此下去，你的经济效益自然也就提高了。

（5）对于那些懂市场、能吃苦的下属，可以委托他做产品销售方面的工作。作为领导，针对以上这些人才，你只要把他们的表现欲望都充分地发挥出来，你办事的目的也就达到了，你的事业也就成功了。

从人之短处中挖掘出长处

清代魏源曾提道："用人者，取人之长，避人之短。"用人之长，这是

现代领导者用人应该达到的最起码要求。此外，还有一种更为高明的用人术，即"用人之短"的功夫。

其实，人们的短处和长处之间并没有绝对的界限，许多短处之中也蕴藏着长处。有人性格倔强，固执己见，但他同时必然颇有主见，不会随波逐流，轻易附和别人意见；有人办事缓慢不出活，但他同时往往有条有理，踏实细致；有人性格不合群，经常我行我素，但他可能有诸多创造，甚至是硕果累累。领导者的高明之处，就在于短中见长，善用短处。

唐朝大臣韩混有一次在家中接待一位前来求职的年轻人，此君在韩大人面前表现得不善言谈，不懂世故，脾气古怪。介绍人在边上很是着急，认为肯定无录用希望，不料韩却留下了这位年轻人。因为韩混从那位年轻人不通人情世故的短处之中，看到了他铁面无私，耿直不阿的长处，于是任命他"监库门"。年轻人上任以后，恪尽职守，库亏之事极少发生。清代有位将军叫杨时斋，一般人看来在军营中用不到之人他也有独到的用法。如聋人，他就安排在左右当侍者，以避免泄露重要军事机密；哑巴，就派他传递密信，一旦被敌人抓住，除了搜去密信，也问不出更多的东西；瘸子，就命令他去守护炮台，可使他坚守阵地，很难弃阵而逃；盲子，听觉特别好，就命他战前伏在阵前听敌军的动静，担负侦察任务。杨时斋的观点固然有夸张之嫌，但确实说明了这样一个道理：任何人的短处之中肯定蕴藏着可用之长处。

现代企业中善于用人之短的企业家也确实大有人在。有这样一位厂长，他让爱吹毛求疵的人去当产品质量管理员；让谨小慎微的人去当安全生产监督员；让一些喜欢斤斤计较的人去参与财务管理；让爱道听途说，传播小道消息的人去当信息员；让性情急躁、争强好胜的人去当青年突击队长……结果，这个工厂变消极因素为积极因素，大家各尽其力，工厂效益倍增。

一位深谙此用人之道的领导者指出：由于智力结构和思维素质的不同、心理素质的差异、成长环境的差别，每个人都互有长短，各有千秋，有的擅于统驭全局，有综合能力，可为统帅之才；有的工于心计，擅长出谋划策，可为参谋之才；有的长于舌战，头脑灵活，可为外交人才；有的能说会道，有经济头脑，可为推销之才；有的形象思维能力强，可向艺术领域

发展；有的抽象思维能力强，可进军科技领域……甚至，即使是同一类型的人才在处理同样事务时，由于其心理素质上或其他方面的差异，其表现手段、方法也会有所不同，结果自然也就会大相径庭。正确的用人之道就是唯才是举，任人唯贤；用其所长，避其所短。

"尺有所短，寸有所长"，任何人有其长处，也必有其短处。人的长处固然值得发扬，而从人之短处中挖掘出长处，由善用人之长发展到善用人之短，这是高明的管理者用人艺术的精华之所在。

美国钢铁大王卡内基在用人方面，特别注意了非常重要的一条，这就是：只要有才能的，就应该重用，用人之长，避人之短。

在卡内基的奋斗中，他始终坚持这一原则，从而为自己争取了一次又一次的机会。

有一个出身贫贱的青年成为卡内基公司的职员，尽管他工作十分勤勉，也十分出色，但是那些出身高贵的部门经理常常看不起他，并时常向卡内基进谗言。

卡内基并没有一味偏听偏信，他经过亲自调查，发现那个青年相当出色，因此不顾其他人反对，毅然提拔了那个青年。

果然，不出卡内基所料，那个青年成了一个相当出色的管理人才。

卡内基就是这样，有才能必受重用，不在乎其他方面怎样，而且并不因为此人有弱点而弃之不用。他发现了一个道理，就是某个人在某一方面有弱点，在另一方面肯定会较别人更强。扬长避短，充分发挥一个人的长处，从而使他们更好地为他的企业而工作。

同时，这部分人因为得到卡内基的信任，势必会加倍努力来证明他们自身的价值，也促进了卡内基事业的发展。

卡内基的用人艺术的确十分出众，也正是因为他出色的用人艺术，才使得他获得了职员们的普遍信任，聚集了众多的人才，从而奠定了他成为亿万富翁的基础。

扬长避短，首先要求用人者要深知他人的长处和短处到底在哪里，其次要根据具体的事情去决定用什么样的人。要就事论人，而不是就人论人。某些人，平日给人的一贯印象或许是才识广博、能力出众，另一类人或许不学无术，游手好闲，可是，如果用人者高明一点，也会发现这些所谓

"优才"身上的缺点,"劣才"身上的优势,从而因人而用。

人才充盈虽好,但还需知人善任,量才使用。

所谓"兵来将挡,水来土掩",如果用人者非要弄个"兵来土掩,水来将挡",恐怕就要闹出笑话了。所以,"因事而选人,选人观其长"的策略是非常重要的。

疑人也用,用人也疑

常言道:"疑人不用,用人不疑。"而今在企业管理中却流行一个新观点:"疑人也用,用人也疑。"这个问题的焦点是"疑"和"用"。这其中"用"是目的,"疑"是手段。如果只是用而不疑,那企业迟早必乱;如果只疑而不用,那企业的人才必定越来越少。

社会学家认为,社会资本是人们为达到共同目标在企业内部互相信任、互相依赖的一种社会资源。在企业内部,人力资本增值的一个重要条件是员工的合作能力,这种合作能力建立在相互信任,持有共同目标、共同道德准则的基础上。传统的经济学家提倡发展人力资源,但往往忽视人们在社会中的相互作用以及交往中的相互信任度,这种相互信任度不但决定了个人能否在组织中充分发挥才能和智力,而且对企业能否聚集员工乃至发挥集体智慧也至关重要。

人力资本可以通过教育培训得到发展,而社会资本的形成往往受到民族文化、历史遗产、风俗习惯、宗教传统的影响。有些民族具有很高的互相信任度,因而能形成巨大的社会资本。如果一个企业缺乏相互合作的基础、缺乏共同的道德准则,人与人之间不能相互信任,也就不可能形成社会资本,企业经营效率与竞争力也不可能提高。

这方面最著名的案例是美国王安公司的兴衰史。王安公司失败的最重要原因,并非是企业缺乏人力资源。王安公司拥有24800名员工,近23亿美元营业额。但因王安本人深受中国传统文化的影响,对家庭之外的高层主管皆不放心、不信任,当公司遇到困难时,把公司大权交给自己的儿子,

而经营能力较强的美国籍经理却遭到了冷落。结果，许多有才华的经营主管跳槽而去，最终导致公司业绩一败涂地不可收拾。由此可见，王安公司失败的最主要因素就在于缺乏社会资本，缺乏相互信任、相互合作的精神。

值得注意的是，王安所犯错误绝非个别现象，目前许多企业，包括私人企业、合资企业、海外公司以及大量港台小型企业，长期以来发展缓慢达不到一定规模的重要原因之一，就是缺乏社会资本，缺乏对员工的信任度和合作精神。相比之下，日本企业之所以能在较短时间内发展成为大型跨国公司，除其重视人力资源、技术资源外，一个重要原因就是日本企业具有很雄厚的社会资本。日本员工大多能在工作上相互信任、相互沟通、团结互助、取长补短，以小组工作方式为代表的丰田管理模式就颇有成效，效率极佳。可以说社会资本的形成促进了日本企业员工的相互信任度，也为日本公司人事政策的实施奠定了基础。

在企业用人问题上，很多时候往往都是一种"风险投资"。选聘的人，总不太可能一潭清水望到底，况且人也在发展变化着，只能说基本符合求职条件，至于今后是否出色，还有待于实践的检验。这就蕴含着一种风险，有可能事与愿违，但即便如此，虽有"他究竟能否干好"的疑惑，也还要用着看，这便是"疑人也用"。

而"用人也疑"，说的是企业管理中所必需的监督机制。企业管理中，既要有激励机制，又要有监督制约的机制，这是企业管理不可或缺的"两个轮子"。没有监督制约机制的管理，名为"放手"，实为"放羊"。想当初英国的巴林银行对驻新加坡的里森"用人不疑"，结果让他得以在三年的时间内一直作假账隐瞒亏损，最后造成14亿美元的损失，迫使有200年历史的老牌巴林银行破产。当初巨人集团的史玉柱也是向经营者放权，而且什么也不管，放手让经营者去干，结果公司财务混乱不堪，巨额损失达数亿元。"用人也疑"的监督制约机制，并不仅仅是对被监督人的，它体现着企业的一种完善的运行机制。对任何人来说，没有监督制约机制，就等于没有有效的管理，"用人不疑"也就建立在盲目无序的基础之上，最后难免要出这样那样的问题甚至是灭顶之灾。

"用人也疑"，应该是放手与管理的有机结合，既要让下属有职有责，又要对其进行有效的监督检查。这些监督检查，既有预期的防范，更有对

企业操作实务方略：管理越简单越好

工作进一步的完善。比如，通过监督检查，可以及时掌握工作进程，及时发现计划与现实不够匹配的地方，有利于沟通和解决。对下属的监督检查，更重要的是考核其工作态度和成效，并注意扬长避短，更有效地发挥他的作用。从这个意义上来说，"用人不疑"往往会被理解为放手不管、任其专干，而用人不疑，则是放中有管，在放和管中寻求最佳的适应度，使企业管理中的激励与监督机制这两个轮子和谐运转、并行不悖。

许多企业，特别是民营企业，在经历了原始的混乱无序的"放羊式"管理的失败的惨痛后，开始寻求科学规范的现代企业管理模式。这是一种理性的回归。现在，再有人拍着胸脯向企业老总说什么"疑人不用，用人不疑"，老总们则会认认真真地答复他："对不起，改章程了，现在叫'疑人也用。用人也疑'。"

用将"使功不如使过"

"使功不如使过"，能否做到不计恩仇、纳贤荐才、驭将以德，是衡量和反映领导者用人功夫的一个极其重要方面。历史上凡是代表革命的、进步的阶级和政治集团利益的将帅，在他们周围都是谋士如云，战将如雨，这对于战争胜负的影响是不言而喻的。因此，纳贤荐才，驭将以德，几乎成为各个时代用将的一条根本的原则。不论在中国，还是在世界各国军事领域，许多杰出的将帅对此不仅在理论上有丰富而深刻的论述，而且在长期的战争实践中创造出许多动人的事迹和有益的经验。

约米尼曾经说过："身为统帅的人，就应该认清楚这一点，凡是部下的光荣，实际都是他个人的光荣，愈是能够有容忍的大度，那么成功也就愈大。"凡是开明、有作为的将帅，都能大度待人，不但能够容下才干高于自己的人，而且对那些反对自己，或犯有过错的部属幕僚，也都能宽宏信任，团结任用。

曹操在官渡之战结束后，从缴获袁绍的图书案卷中查出一大堆书信，这些书信均是战事危急时曹操手下的人暗中写给袁绍的投降或告密书信。

但曹操并没有就此追究责任，反而将其全部付之一炬，概不追查，从而增加了曹军的凝聚力和向心力，这充分表现了曹操宽容待人的气量和风度。

唐高祖李渊既往不咎，两次赦免李靖，提出用将"使功不如使过"的论断。李渊和李靖，原先均是隋朝官员，李渊曾封为唐公，镇守太原。李靖任马邑郡丞（今山西朔县）。李靖在马邑觉察到太原留守李渊正在密谋起兵反隋，于是他前往江都（今江苏扬州），准备向正在那里巡视的隋炀帝告发。不料走到长安，道路阻塞不通，只好滞留长安。大业三十年（元617年），李渊终于在太原起兵反隋，并乘势很快攻占了长安。这样，李靖在长安被李渊部所俘。李渊将李靖处斩时，李靖高呼："唐公起兵除暴安良，欲成大事，为何用私怨杀贤士！"

李渊一听，知道李靖不是寻常人物，加上李世民站出来请求李渊免去死刑，李靖才免一死，并归附李渊和李世民父子，参加统一全国的战争。李靖在东征王世充时立了战功，获授开府（也称督抚）之职。武德二年（公元619年），李渊出兵讨伐肖铣，令李靖到四川奉节参加征讨。在进军途中，李靖用计救卢江王李瑗部获成功。在死罪获释之后，李靖连连取胜，一帆风顺之下，不谨慎也随之出现。在参加对四川奉节进攻肖铣部时，由于战役计划不周密，不详细，使进军不利，战况欠佳，并屯兵峡州不前。幸亏峡州刺史许绍两次率部相救，才使李靖部能在荆门、公安一线站稳脚跟，与敌方对峙。李渊得知后勃然大怒，严斥李靖贻误战机，遂令峡州（今湖北宜昌）刺史许绍就地处斩李靖，以正军法，恰又是许绍为李靖上书求情，才幸获赦免。经过两次波折后，李靖便谨慎起来，并决心施展才华，争取戴罪立功。后李靖率部收复开州、通州。

不久李靖又上书提出讨伐肖铣的10条计策，而使李渊喜不自胜，遂即新写诏书："以前的过错朕早已置于脑后，将军不必介意，尽管专心致敌。"李靖见到圣谕，如释重负，决心继续立功报效。自此，李渊对朝臣说，他自己对"使功不如使过"的说法已深信不疑了。此后李靖在统一全国，以及征讨东突厥的战争中，立下了丰功伟绩。

岳飞在抗金战争中，既治军，又光明磊落，待人以诚，从不计较个人恩怨，从而吸引了大批文人武士纷纷慕名而来，比如，杨再兴原是游寇曹成的悍将，打仗非常勇敢。岳飞在取曹成的战役中，杨再兴杀了岳飞的弟

弟。岳飞在击溃曹成军后,杨再兴兵败自缚拜见岳飞。岳飞从民族大业出发,不计杀弟之仇,把他收为部将,且任用不疑。此后,杨再兴非常忠心耿耿地跟随岳飞南征北战,直至最后战死在小商桥。

李自成是一位具有容忍大度心怀的军事统帅,义收陈永福这一大举动,足以说明这位农民起义军领袖的气量。明末,明将陈永福曾在一次战斗中射瞎了李自成的左眼。李自成部将士平时唯陈永福最恨,都决心擒其杀之以给闯王报仇。后来,起义军攻克开封,明朝军队大小官员全部投降,唯陈永福因怕遭报复,死守山头不降。李自成为瓦解敌军,从大局出发,不挟私怨,派遣手下大将前去招降,发命令"取箭折之","誓不食言"。陈永福始率部归降,并誓以死相报。

历史上,以"使过"之法收复人心而取得惊人效果的例子是举不胜举的,因此现代管人者非常推崇这种手段。

做个思想开明的领导者

使用人才不要感情用事

在使用人才时不要感情用事,这是领导在用人时必须要注意的一点。由于种种原因,上下级之间,同事之间的矛盾情绪是存在的,受这种情绪的影响,在用人中不能实事求是、秉公办事的现象也存在。比如,平时不喜欢某个人,尽管他有才华,在选才时也总是对其不以为然;反之,因为喜欢某个人,就总是想着他,也不进行科学的考核。还有在处理人这一问题上,因为加入了感情色彩,该处分的不处分或减轻处分,不该处分的给处分等现象不仅会埋没有用人才,还会影响员工对领导者的看法。

人都是有情感的,领导者也不例外。在认识与使用人才时,要坚持一视同仁、任人唯贤的原则,不能以个人的好恶为标准,而是要出于公心,以大业为重,实事求是地评价人,任用贤才。

对所有员工一个尺度,特别是应当给予老员工与新员工同等的待遇。同样的机会,同等的标准。决不能因为老员工是创业者就对其宽容大度,

也不能因为是新员工就对其严上加严。

用人的理性还表现在严格地照章办事，该奖则奖，当罚则罚，赏罚分明，该奖时不可不奖，使员工失去了激励和动力；也不可当罚不罚，一味地妇人之仁，使员工失去畏惧。

要避免用人中的情绪因素的干扰，在做出人事决策的时候，不能光靠领导者的感觉，而是要健全各种行之有效的制度，比如，实绩评价、民意测验等。

用人不能只看忠诚度

管理者需要的是部下干活、出成绩，下属只有忠诚是不够的，还必须有能力。

许多私营业主靠自己的聪明和艰苦奋斗，创立了自己的企业，他们深知自己的成就来之不易，为了保护自己的事业，他们往往不信任外人，由自己的妻子、儿女或其他亲属来担任企业的要职，殊不知，这样做具有很大危险性。

身负要职的人对自己忠诚很重要，但再忠诚的人如果胜任不了工作也没有用。小公司中，常常见到重要的职位都由自己的血亲或姻亲占据着，人们普遍认为亲戚是不会背叛自己的，也就是说，他们可靠些。如果是外人的话，不知道他什么时候会辞职不干，而且辞职后可能会做相同的生意，成为自己的竞争对手。如果是自己的亲戚，就不会发生这种事。

但任用亲戚担任要职，也给企业带来了一个很大的隐患。因为任人唯亲不免就会有才能和职位大不相符的现象出现，在这种情况下，不但很容易打击其他职员的干劲，同时很容易助长被重用的亲戚的骄盛气焰。虽说是个无能的"要人"，他们却会自恃"我是领导者的亲戚"，到处显威风，让周围的人无法忍受，让众人情绪波动严重，不利工作的顺利开展。忠诚是指决不背叛领导者和公司，就是无论是好是坏，都要怀有为了领导者和公司全身心地奉献自己的愿望。对领导者来说，有这种人在自己身边，既省心又放心。

但是从公司经营的角度来看，因为这种人的存在，而使公司的工作处于一种荒疏的状态，单纯地为忠诚而忠诚，那就得不偿失了。忠诚的同时也必须还能胜任工作，才能为公司带来利润，才能使公司得以发展。关键

的问题是如何把各种类型的人都很好地组合在一起,并使之发挥最大效力,这也是当领导者的一项重要工作。

领导者应该有远大的眼光,要想在商界立足,要想使自己的事业成功,必须记住:"在商言商。"一切为了公司,一切为了事业。

不要轻视女职员

管理者要重视包括女职员在内的一切可以为我所用的人。

很多企业在招聘人员时,往往将性别作为首要条件,有非男不取之势。其实这是管理者认识上的一个误区。他们在思想上认为,女职员工作能力差、管理困难,而且又要担负家庭责任而分散工作精力,这些认识都是很短浅的。正是这些误解使他们不敢重用女职员,不敢让她们担负重要职责。

和男职员一样,女职员也有逃避责任的倾向,容易安于现状不思进取。管理者的轻视不但让她们有了逃避的借口,也让她们身上所蕴藏的潜能得不到充分的发掘,所以造成了很多大有能力的女职员只能从事一些简单的工作的人才浪费现象。从这种意义上说,管理人员对女职工的迁就,违背了"任人唯贤"的管理原则。

所以,必须树立"人尽其才"的观念,从以下几个方面入手,对女职员严格约束:

第一,促使她们自觉成为职业人。

这是管理女职员最根本的一点。一般而言女职工,较重感情、重视人际关系,遇事没有主见,害怕承担责任。这些性格上的特点阻碍了她们发挥自己的工作能力,与职业女性的要求相差太远。

如何才能使她们自觉成为职业人呢?最有效的方法是使她们明白工作的意义,给她们指出明确的奋斗目标。

第二,不姑息迁就女职工的借口。

管理者在分配较困难的工作给女职员时,她们为了逃避责任,往往会来上一句:"我们女人无法做!"如对她们一味宽容迁就下去,她们永远都不会有所改变。在这种情况下,管理者应当严格要求,不能任这种不良态度放纵下去。

当然,不姑息迁就并不是说对女职员用狠,关键是要谆谆教导,使她们认识到工作是不应受个人感情左右的。女人天性愿意接受好的意见,一

旦认识到你的良苦用心，必定会欣然同意。

第三，不偏袒女职员。

管理女职员，要特别注意公平对待，不能偏袒其中某一两个。女性感情细腻，发现受不公平对待就易产生不满情绪。如果管理者过多袒护自己喜欢的女职员，也有损自己的形象，招致周围同事的批评。

第四，培养上进心。

女性工作人员易安于现状，不思进取，因而要注意加以引导。最有效的方法是给她们有责任的工作，促使她们在工作中树立起职业意识，从而改变这种不良倾向。但也不能突然给她们加上沉重的压力，令她们无法承受，而应循序渐进。

管仲用人的12条准则

用人要成功而有效，这是每个领导者都想做到的。在这方面，"先哲"的言论对我们很有借鉴。

齐桓公称霸的时候，有一位功不可没的宰相管仲。管仲是个足智多谋的人，早在公元前7世纪时就提出了12条用人准则：

一、妒忌心强的人不能委以大任

一般的人，难免都会妒忌别人，这也是一种正常的表现，因为有时候这种妒忌可以直接转化为前进的动力，所以不能说妒忌就一定是消极的。但是如果妒忌心太强了，就容易产生怨恨，觉得他人是自己前进的最大障碍，到了这种地步，往往就会做一些过激的事情来，甚至于愤而谋叛也毫不为奇。俗话说："宰相肚里能撑船。"这种人气量太小，绝对不是一个好的领导者，因此不能委以重任。三国时的周瑜不能不说是一位帅才，可就是因为妒忌心太强最终被诸葛亮气得英年早逝。

二、目光远大的人可以共谋大事

所谓有抱负的人也就是目光相当长远的人。不同的人有不同的眼光，有些人比较急功近利，往往只顾眼前利益，这种人目光短浅，虽然会暂时

表现得相当出色，但是却缺少一种对未来的把握和规划能力，做事只停留在现在的水平上。

如果领导者本身是目光远大的人，对自己的公司发展有一个明确的定位，并且需要助手，那么这种人倒是很好的选择，因为这类人最适合于被领导者指挥运用，以发挥他的长处。

而一个能共谋大事的合作者则往往能在某些重大问题上提出卓有成效的见地，这样的人是领导者的"宰相"和"谋士"，而不仅仅是助手，如果领导者能找到这样的人，那么对事业的发展无疑是如虎添翼。

三、瞻前顾后的人能担重任

瞻前顾后的人往往思维比较缜密，能居安思危，能考虑到可能发生的各种情况和结果，而且很明白自己的所作所为；这种人往往也很有责任感，会自我反省，善于总结各种经验教训，他的工作一般是越做越好，因为他总能看到每一次工作中的不足，以便于日后改进。如此精益求精，成绩自然突出。虽然有时候这类人会表现得优柔寡断，但这正是一种负责任的表现，所以作为一个领导者，大可放心地把一些重任交给他。

四、千万不要亲近性格急躁的人

这种人往往受不了挫折，常常会因为一些细小的失败而暴跳如雷，自怨自艾。这样的人做事往往毫无计划，贸然采取行动，等到事情失败又怨天尤人，从不去想失败的原因，也很少能够成功。如果领导者遇到这样的人，那么就该远离他，以免受到他的牵累而后悔。

五、决不可以重用偏激的人

过犹不及，太过偏激的人往往缺乏理智，容易冲动，也就容易把事情搞砸。这正如太偏食的人过于挑嘴，身体就不会健康不能担负重任一样，思想如果过于偏激，也会难以成就大事。他总是很容易让事情走向某一个极端，等到受阻或失败，又走向另一个极端，永远也到达不了最佳状态。就如理想和现实两者的关系一样，理想往往是瑰丽的，不断引发人们去追求，但是如果缺少对现实的把握，理想也只能是空中楼阁。

相反，如果满脑子考虑的都是琐碎的现实，那么终会被淹没在现实的海洋里而不能自拔，最终陷入迷茫之中，所以凡是要成大事，都要把二者结合起来，保持一种平衡的心理才能取得最佳效果。

六、善于做大事的人一定能受到别人的尊敬

一个协调的公司就像一支球队一样，有相互合作，也有明确的分工。有的人虽说本职工作干得兢兢业业，不辞劳苦，但是却也很难赢得他人的尊敬，领导者也仍不敢随便把重大的任务交给他们，这是为什么呢？

因为这些人往往偏重于某一技术长处，却缺乏一种统御全局的才能，所以决不能因为小事办得出色而把大事也交给他来做。善于做大事的人作风果断而犀利，安排各种工作游刃有余，能起到核心作用，也就必然受到人们的尊敬。善于做大事的人不一定能做小事，而小事做得出色的人也不一定能做大事，作为领导者一定要明辨这两类人，让他们各司其职，分工协作，才能取得最大的效益。

七、对大器晚成者一定要有耐心和信心

有的人有些小聪明，往往能想出一些小点子把事情点缀得更完美，这类人看上去思维敏捷，反应灵敏，也的确讨人喜欢；但是也有另一些人，表面上看并不聪明，甚至有点傻的样子，却往往能大器晚成。

对于这类大智若愚的人，领导者一定要有足够的耐心和信心，决不能由于一时的无为而冷落他甚至遗弃他，因为这类人往往能预测未来，注重追求长远的利益。既然是长远的利益，也就不是一朝一夕所能达到的。信任他并给予重任，而不能让这类宝贵的人才流失。

八、轻易就断定事情没有一点问题的人是极不牢靠的

无论大事小事，一定存在着各种问题，做事情说到底也就是解决这样或那样的问题。

如果一个人轻易就断定没有任何问题，这至少表明他对这件事看得还不够深入。这种草率作风是极不牢靠的一种表现。如果让他来做一些重大的事情，那得到的也只能是一些失望的结果，所以这种人不可轻易相信，否则上当的只能是自己。

九、不要轻视小贡献者，他们中也有杰出者

领导者也许会很重视一些为公司做出巨大成绩的人，而忽视一些只有小成绩的人。其实在这些人当中，也是有不同区别的。这其中的有些人的确是只能解决一些小问题，一旦碰到大问题，就会束手无策。但是另一部分人，他们做出的贡献看似比较小，然而实质上解决的问题都比较重要，

如果这些小问题一旦变成大问题，那么就会对整个公司造成不可估量的损失。

所以，这些人的功劳实际上并不小，而且这也说明这些人具有比较长远的眼光，做事情比较讲究策略，领导者如果能把这些人挑选出来并委以重任的话，那么能得到意外的收获也说不定。

十、拘泥于小节的人一般不会有什么大成就

做任何事情，有得必有失，利益上有大也有小，要想取得一定的利益，必然要舍弃一部分小利，如果一个人总是在一些小节上争争吵吵，不愿放弃的话，那也就终难成大业。

大科学家爱因斯坦整日蓬头垢面，可谓不拘小节；大文豪李白豪放不羁，当称不拘小节。春秋时的越王勾践在失败以后去吴国为奴，卧薪尝胆，十年生聚，志在一朝灭吴，最后终于成就大事；韩信不拘于胯下之辱，最终成为西汉立国的功臣。

十一、轻易许诺之人一般是不可靠的，万不可信任

除非有十足的把握，否则一般人对任何事都不会轻易许下承诺，因为事情的发展往往不以人们的意志为转移，各种无法预料的情况随时都有可能出现。所以一个负责任的人并不一定会常常许诺。相反，正是由于他的责任心，使他作了全面而系统的考虑，他才不会轻易许诺，这样的人才是可靠的，不要因为他们没有承诺而不委以重任，只要给予充分的信任，调动他们的积极性，事情多半就会成功。

相反有一类人，随口就答应，表现得很自信，到头来却不能完成使命。而且这种人也常常为自己轻易打下的保票找出各种理由来推诿塞责，对于这种轻诺又寡信的人，千万不可信任。

十二、话不多但每句都很有分量的人定能担当大任

口若悬河，滔滔不绝的人未必就是能担当大任的人，事实上这种人往往也并没有什么真才实能。他们只能通过口头的表演来取信别人，抬高自己。真正有能力的人，只讲一些必要的言语，而且一开口就常常切中问题的要害，这种人往往谨慎小心，没有草率的作风，观察问题也比较深入细致，客观全面，做出的决定也实际可靠，获得的成果也就实实在在。所谓"真人不露相，露相非真人"讲的就是这个道理。

所以，一个领导者应该注意一些少言寡语的人，因为他们的声音往往最有参考价值。切不可被一些天花乱坠的言语所迷惑，这也是一个成功的领导者所应该具有的鉴别力。

管理者应知的用人谋略

一、要有爱才之心

即使你是一位最伟大的天才，你也不可能掌握一切科学知识和了解各种复杂多变的情况；如果你手下没有几位或一批精通各类专业的学者、专家等卓有才华之人作为得力干将，那你不免就会有孤掌难鸣、孤立无援之感。爱才之心是管理者不可缺少的一种素养。

爱才不避亲仇是管理者的优良品质。我国春秋时代有许多千古流芳的生动故事。春秋时的祁奚荐才之不避亲仇，唐太宗李世民重用仇人李建成的谋士魏征，曾国藩重用与之"交恶多年，音息不通"的左宗棠等，都是流芳万世的佳话。

古人尚且如此，献身于造福人类事业的管理者更应虚怀若谷，不避亲疏，唯贤是用。

二、识才之眼

慧眼识人才，不能单看出身、社会关系等等，最主要的应看是否有真才实学，是否属于开拓型人才。在事业困难面前，那些有献身精神敢于迎着风浪不畏刀山火海，善于为民解忧的人定是不可多得的人才。反之，在困难面前，谈虎色变，在顺利时缠绕周围的人，绝大多数必是无甚大才的平庸之辈；那些在领导者面前，好话说尽，坏事做绝的人一般是无能之辈。领导者不但要听其言，更要察其行，考验此类人，最好把一项困难大、任务重、风险多的事情让其独立完成，用实践去检验他的才与德。记住：千万别把他与有才华的人放在一起工作，否则，这种人最易贪天之功，又最善于诿过于人。也不可轻易授以"上方宝剑"，作为你的代表。因为这种人往往会利用你的权力和威望去建树自己的"功勋"。

拿破仑选拔将帅就是不以地位、出身和资历作标准的。彻底废除封建传统的讲究贵族出身的门阀观念，量才任用，是拿破仑选将用人最富于革命性的进步思想之一。拿破仑曾经说："每个士兵的背囊里都有一根元帅的指挥棍。"他号召人人争当将军，个个争做元帅。事实上，拿破仑也是作了榜样的，贯彻了从军队中提拔那些有指挥才能、作战勇敢、立有战功的下级基层军官，而这些军官一般大多出身于农民、小工业者或中小资产阶级。在拿破仑的将帅群中，缪拉和贝尔纳多特曾当过士兵，著名的奈伊元帅是一个饭店老板的儿子，拉纳元帅是一个士兵的儿子。

再如，与拿破仑一起崛起的军事天才如内依、兰诺、达乌、苏尔特元帅等，在1789年法国资产级大革命开始时，其职务和职业还只是少尉、上士、军曹、剑术教师、染色工人、小贩等，到15年后的1804年，他们都被拿破仑晋升为元帅。他还毫不犹豫地把将军的证书授予年轻有为的军官，如1804年5月拿破仑称帝时，他下诏晋封的14位现役元帅中，37岁以下的就有7人，最年轻的达乌只有34岁。

三、求才若渴

人才往往有其独特性格，不轻易附和，不趋炎附势。有的甚至平时对你很要好，一旦你身居要职，为避阿谀之嫌反而会对你敬而远之。虽然这不见得都是美德，但客观事实却大量存在。这种人一般都有真才实学，你不主动求才若渴，他们是不会自动流到你的江河中的。

四、举才之德

不论是本部门或外单位，发现有超群人才，每个领导都应将荐贤作为自己的光荣职责，这样做不但能留住人才，同时也会为自己树立很好的名声。

五、用才之能

爱才、识才、求才、荐才的目的无非都是为了更好地用才。用才要有魄力和胆略，才华超群的人往往锋芒毕露，没有大本领的人常常圆滑世故。领导者要敢于用那些有缺点有争议，甚至超过自己的人才而不用那些庸碌无为之辈。这样既能激励担当重任者的创造性，又能充分发挥领导的功能。

用人妙在用其长，避其短。我国清代一位学者曾写道："用人者，取人之长，避人之短"，"不知人之短，不知人之长，不知人长中之短，不知人

短中之长",则会造成用人不当,不能人尽其才。若用之不当,用非所长或用其所短,不是埋没人才,便是矛盾丛生,而不能充分发挥人才的积极性和创造性。

六、护才之胆

人才的主要特征之一就在于他们的开拓性和创造性。既是人才。往往也能表现其真知灼见而不流于俗,在群众未充分理解之时,常常被视为异端邪说,甚至把改革家的设想当作胡作非为。人才容易做出非凡业绩,就会给同级或群众增加某种"对比压力";同时,人才本身也会有缺点,绝非无懈可击,这也会给一些妒贤嫉能的人以可乘之机而使之陷入孤立。优秀的管理者不能随波逐流是非不分人云亦云,而应勇于挺身而出,说服群众,力排众议。英明的管理者应有坚持真理、勇于护才的坚强魄力,对错误异议进行说服教育,对严重不改或情节恶劣的诽谤者还应绳之以法。

此外还要注意提拔手下人,这样才能使他感恩戴德,忠心耿耿。清朝名臣曾国藩就非常重视这一点。比如,众幕僚入幕之初,官阶最高的是候补道员,且只是个别人,知府一级亦为数极少,绝大多数在六品以下。他们有的刚被革职,有的只是一般生员,还有的连秀才都不是,而数年、十数年间,红、蓝顶戴纷纷飞到他们头上,若非曾国藩为他们直接间接地一保再保,是根本不可能的。当然,若没有得力的手下人相助。曾国藩的名字也早就被湮没在历史的长河中了。

既是人才,总是勇于探索,在探索的过程中也难免有错误或过失,不能对之落井下石,甚至把他当作自己工作失误的替罪羊。领导者应明辨是非,将人才从困境解脱出来,从而使他们心情愉快毫无阻力地为企业工作。

第二章
看传统管理与管理误区

中国历代的管理者,十分注意激发下属的干劲,适当地加大他们的工作压力,用压力逼出人才。

当每个人都有事可做时,整个组织就会呈现出一片繁忙且生机勃勃的景象,个人的业务能力和工作效率也会有所提高。但同时要切记的是,施压要有度。

从传统角度看管理

说到管理就不能不和历史结合起来。管理作为一门古老的学科其实从人类社会存在的那一刻起就已经存在,只不过当时是一种"无意识"的管理。跨越了几千年的历史长河,创新的管理一再地为社会发展与进步所用。特别是现代社会,各种管理思想与工具层出不穷,极大地促进经济与社会的飞跃。

对企业来说,强有力的管理工具已经在企业管理过程中显示出实效的力量。诸如ERP、BPR、CRM、KPI、5S、BSC、现场IE、六西格玛等已经逐渐为企业所接受,并持续改变着对企业管理的认识,进而创造出巨大的经济效应和社会效应。任何一种创新都来自原有的模式,而不是"无中生有"。关于此方面的例子举不胜举,如可再粘自粘便条纸的普及应用便源于透明胶带与纸张的结合。管理也是如此,如果没有先人栽下经实践检验的管理之树,后人又怎能游刃有余地创新管理的果实?从古埃及法老建立的金字塔型的组织管理体系到工业发展初期的直线式组织管理体系,一直到现代的事业部制、矩阵制等等。与其"闭门造车"不如"借船出海",避免像重新发明轮子一样重复劳动。

岁月如梭。管理在历史的长河中变得愈发的纷繁复杂,以至于现实中的我们在借鉴与创新管理的过程中经常会陷入困惑。历史就像一面镜子,它能照出事物的两面性。分辨出管理真实的一面,才可能更好地"以古鉴今",做到"古为今用"。具体说来,研究管理的历史可以从"目的、动机、方法和假设"入手,而不是评判其是否符合现代管理的标准。古罗马哲学家西塞罗曾经说过:"一个人不了解生下来以前的事,那他始终只是个孩子。"这就说明了解历史是何等重要!从管理的历史中我们可以了解过去,明辨是非,把握未来!

不可否认,管理是伴随着人类的进化而产生并不断完善的。早期的管理更多的是一种无意识的行为,甚至是因人类本能的需求而产生的行为。

人类进化的早期，从树上转到广阔的草原，在面临生存与死亡的威胁时，自发地组织在一起，从而获得生存的必需品。当组织作为管理的基础存在时，在古代社会，管理是作为一种明确的驾驭手段用以维系统治者的利益。而管理发展到近代则变得多样化，且借助的工具也在不同程度上促进了管理意识与内涵的转变。

具体来说，研究管理历史的演变还应将管理历史的形成过程同人类社会发展的不同阶段结合起来并加以比较和归纳，特别要结合中西方社会的发展进程，这样就可以比较全面地展示出管理学的形成过程。

早期的管理活动和管理思想

我们曾经提过，管理伴随着人类社会的产生而产生，管理的活动与实践自"盘古开天"就存在。人类进行有效的管理实践，大约已超过6000多年的历史，早期一些著名的管理实践和管理思想大都存在于一些历史文明古国，诸如埃及、中国等等。

从历史记载的古今中外的管理实践来看，以创造世界奇迹著称的埃及金字塔、巴比伦古城和中国的万里长城，其规模宏伟的建筑足以证明人类的管理和组织能力。事实上，无论是埃及的金字塔，还是中国的万里长城，设想一下，在当时的社会能力范围内，如此浩大的工程，不但是劳动人民勤劳智慧的结晶，更是历史上管理发挥作用的伟大的实践活动的历史见证。

最早的管理思想的记载来自《圣经》出埃及记中的一个例子。摩西在率领希伯来人摆脱埃及人的奴役而出走的过程中，他的岳父叶忒罗对他处理政务事必躬亲、东奔西忙的做法提出了批评，并向他建议，一要制定法令，昭告民众；二要建立等级，授权委任管理；三要责成专人专责管理，问题尽量处理在下面，只有最重要的政务才提交摩西处理。这位叶忒罗可以说是人类最早的管理咨询人员了。他的建议体现了现代管理的几个原理：授权原理、例外原理、管理宽度和幅度原理等。

中世纪的管理活动和管理思想

公元6世纪到18世纪，欧洲大体上处在奴隶社会末期及资本主义萌芽时期，社会生产力、商品生产有一定的发展，商业开始涌动。从管理来看，主要出现两种类型的社会经济活动的组织形式：一种是商业行会和手工业行会；另一种是厂商组织。随着对贸易的需求，管理贸易的机构出现了，

也就是11世纪初产生的商业行会。商人在城镇的聚集，很快引起工匠的聚集。因为工匠发现在定期的城镇贸易那里容易销售产品，同时也感到有相互团结的需要，于是第二种行会形式——手工业行会于12世纪初在西欧的城镇出现了。每个手工业行会都获得许可证，被授予在特定地区垄断生产某种产品或提供服务的权力。在资金的筹集方面主要有两种形式：合伙和联合经营。二者可以说都是未来公司的前身。中世纪的管理活动和管理思想都有很大发展。15世纪世界最大的几家工厂之一的威尼斯兵工厂就采用了流水作业，建立了早期的成本会计制度，并进行了管理的分工，其工厂的管事、指挥、领班和技术顾问全权管理生产，而市议会通过一个委员会来干预工厂的计划、采购、财务事宜。这是一个管理活动的典型范例，体现了现代管理思想的雏形。

管理学理论的萌芽

随着人类社会的发展，人与人之间形成了一定的社会关系，有了劳动的分工与协助，一直到18世纪这一历史阶段，人类各种活动的目的仅仅是为了谋求生存，自觉不自觉地进行着管理活动和管理的实践，虽然其范围是极其广泛的，但是从未对管理活动本身的重要性和必要性加以认识，提出系列的理论。仅有的管理知识是代代相传或从实践经验中得来的，人们凭经验去管理，尚未对经验进行科学的把握。

在18世纪到19世纪末这一时期，人们逐渐地观察各种管理的实践活动，对管理活动在社会中所起的作用产生了一定的认识。在军事、经济、政治、行政等某些领域或某些环节，提出了某些见解。但这一切都停留在一个较低水平上，还没有进一步系统地、全面地加以研究，因而人们对它的认识和见解仅仅存在于一些历史学、哲学、社会学、经济学、军事学等著作之中，并且只是一些对管理的零碎的研究。

19世纪中期前后，欧洲逐渐成为世界的中心。这时期可以说是欧洲各国在社会、政治、经济、技术等方面经历大变动、大变革的时期：大规模的资产阶级革命；城市（主要是商业城市）的发展；资本主义生产方式的形成等等。特别是英国的工业革命，其结果是机器动力代替部分人力，从而导致机器大生产和工厂制度的普遍出现，对社会经济的发展产生了重要影响。

随着工业革命以及工厂制度的发展，工厂以及公司的管理越来越明显，也有了很多的实践。许多理论家，特别是经济学家，在其著作中越来越多地涉及有关管理方面的问题。很多实践者则着重总结自己的经验，共同探讨有关管理的问题。这些著作和总结，为即将出现的管理运动打下了基础，是研究管理思想发展的重要参考文献。

19世纪末20世纪初，这一时期随着生产力的高度发展和科学技术的飞跃进步，经过管理学者们的不断研究、观察和实践，对管理的科学认识不断丰富和具体，从而对其进行概括和抽象，这才逐渐地形成管理理论，管理作为一门科学才真正蓬勃地兴起。

我国古代管理的变迁

对现代管理而言，西方的管理思想占主导地位，改变我们的管理思想多源于对西式管理的理解与借鉴。其实，就管理而言，中式管理同样也具有悠久的历史和深厚的借鉴价值。

中国悠久的历史可以追溯到炎黄时代，至今已有4000多年。从炎帝、黄帝到尧、舜、禹，中国古代早期的管理思想与活动便已经开始。据说在《尧典》中就记载着尧和舜管理国家的事迹。公元前12—11世纪，中国上古唯一一部关于政治、经济制度的文献——《周礼》第一次把中国官僚组织机构设计为360职，并规定了相应的级别、职数、层次、职责等等，它对汉、唐以来的制度建设有着重要的影响，成为中国管理模式的开始。

到了公元前4世纪前后，中国进入了"百花争鸣"的春秋战国时代，出现了相当完备的国家管理思想。比如《孙子兵法》一书就是世界上第一部系统论述管理战略与战术问题的杰出著作，距今已2500多年；田忌赛马引申的管理思想成为现代对策论的雏形。法家思想、孔孟之道、韩非子的法制和等级制的管理概念、秦朝的中央集权制及其一整套的行政管理机构等等，都成为中国古代管理思想与活动的典范。其中，韩非子提出管理概念的"法""术""势"三原则放在一起构成了相当完善的封建社会的管理体系，并在随后的两千多年成为中国各朝各代的管理指导思想。

在接下来的历史发展进程中，相继产生了许多博大精深的管理思想，形成了多姿多彩的、独具特色的管理方式和方法，其管理思想的精髓不仅孕育了中华民族特有的中式管理，而且也对周边如日本的大和民族、朝鲜

半岛上的高丽民族以及东南亚诸国的管理思想产生了深远的影响。

借鉴历史的"轮回法则"

轮回之说缘于佛教的六道轮回之说,说的是"轮转"或"生命的循环"。从生命再生的角度提出这样一个说法,并不意味着我们要从学术的角度阐述轮回法则的因果规律,而是想通过其中的内涵来说明这样一个现象:现在我们所做的事,有可能在先前就曾经发生过。人的一生当中经常会有这样一种闪念:感觉自己正在经历的事似乎从前就发生过。尽管我们无法对此现象有明确的认识,但至少我们可以这样感悟,做今天的事是否能结合昨天,甚至是更远的以前,通过分析对比,从而为今天做的事寻找一条更捷径的解决之路,想必这就是我们借鉴轮回法则之说的缘由吧。

现实中我们可以通过一些事例来加深对"轮回法则"现象的理解,比如对市场营销概念的变迁认识。通过描述,我们发现:市场营销发展到今天是不是又回到早期。如果说天地万物都存在"轮回"规律,那我们是否可以通过对前世案例的分析与研究为今天的行为提供可借鉴的思路呢?

市场营销的"轮回法则"

接触市场营销应该是从接受 4P 开始。营销概念中的 4P 是这样定义的:产品(product)、价格(price)、地点(place)和促销(promotion)。这种营销概念的核心是以自我为中心,也就是营销早期的推销。市场从"皇帝的女儿不愁嫁"的卖方市场转向"酒香也怕巷子深"的买方市场,导致营销方式发生改变,一味地"固守城池"可能换来的是"全军覆没"。此时销售者被迫寻找一切可用的手段,希望在获得自己既得利益的情况下将产品推给消费者。通常地说,销售者将自己生产的产品按照一定的价格,选择合适的场所,通过吸引别人眼球的手段达到销售的目的,这也就是传统的 4P 营销。

市场的不断成熟,消费者在选择产品时越来越理性,这就增加了销售产品的难度。此时,销售者意识到,单纯的一厢情愿难以让消费者心甘情

愿，于是以消费者为核心的 4C 营销应运而生。所谓 4C 营销的核心就是围绕着为消费者创造价值而开展的以 4 个方面为核心的营销活动，这四个方面是顾客（customer）、费用（cost）、便利（convenience）和沟通（communication）。与 4P 营销相比较，4C 营销的重点放在了消费者身上。销售者要更加细致地考虑顾客的需求、为顾客节约费用、为顾客创造获取价值的便利条件、保持与顾客的无障碍沟通进而创造市场，满足需求。

在经过市场经济的反复洗礼后，消费者不仅成熟而且需求也逐渐个性化。从 4C 的营销角度审视消费者显然已经跟不上市场的快速变化，消费者需要更高、更专业的个性化服务。此时，作为销售者就必须从 4C 营销向 4S 营销转变。4S 营销的核心是细分（segments）、速度（speed）、直接（straight）和服务（service）。具体说来，顾客的要求就是在需要产品（服务）的时候销售者能以最快的速度直接为顾客提供类似顾问（一对一）式的服务，为顾客创造更大的价值。

针对以上市场营销的转变，现代市场营销学之父菲利浦·科特勒把它分为 5 个逐渐复杂的层次。这 5 个层次中首先是生产观念，销售者首先要考虑的是用尽可能低的成本高效率地生产和销售产品；其次是产品观念，只要自己生产出高质量和最有用的产品就会吸引消费者；再次是销售观念，在供给超过需求的情况下，销售者将销售重点放在销售本身上而不考虑消费者的需求，采用一定的手段将产品"强行推销"给消费者；第四个层次则是市场营销观念，销售者必须着重分析市场的变化和消费者的具体需求，然后调动一切资源提供服务；最后一个层次是社会市场营销观念，销售者将自身融入社会发展的进程中，不仅要满足消费者需求，更要积极地为全社会谋利。

以上是我们对现代市场营销的了解。按照轮回法则，在现代市场营销之前就必然要存在同样的营销内容。事实恰是如此。早在 13 世纪，意大利的神学家和哲学家托马斯·阿奎那就已经对市场的性质和功能进行了准确分析。他认为，市场的存在就是为了服务人的需求；它的主要职能是社会职能，它让人们购买到食品，过上幸福的生活。他还认为消费者对效用的看法决定了价格。卖方如果能了解消费者所想，就能通过改变商品的特性和质量创造效用，并最终能提供给顾客。

通过对市场营销的古今对比，我们可以发现：不论是现代营销还是古人对市场的认识都是把营销作为一个经济和社会的概念，而不是一个简单孤立的销售活动，营销更多被看成是满足人类所需从而极大地促进人类文明的进程。可见，现代的市场营销无论如何变化、发展，如何"花样百出"，终究是"万变不离其宗"，还是会回到"原地"，这也就是一种"轮回"吧！

市场营销如此，对人的管理是否也存在着"轮回"之说？比如说以人为本的人本管理，早期和现代的管理思想与方式可否有比较之处？

人本管理的"轮回法则"

以人为本是管理人的基础和前提，在人性释放程度空前的今天，人本管理对实现管理价值具有积极的促进作用。曾经接触过一家服务性质的客户，服务的主要项目是公司的企业文化建设。在工作的过程中，我对客户以前提到过的关于企业员工理念的一段话印象颇深：我靠××生存，××靠我发展。在和客户交流的过程中，我能感受到客户对员工的关心以及迫切为员工创造发展空间的意愿。想法固然是好，但在企业文化上却体现不出来，单凭这句话就否定了以人为本的管理理念。其中的"靠"和"生存"是建立在以自我为中心的管理理念基础上，在一定程度上缺乏对人性的认识。在现代企业里，不能把员工看成工具或试图通过一些基本的条件改变来达到提高工作效率的目的。充分地重视人，让人通过工作创造自己的价值，进而再为企业创造价值，应该是企业对企业中的人的一个共同认识。围绕着这一设想，希望先从观念上做到改变，将这句话引申为：我以××成长，××以我发展。由此可见，改变的不仅仅是几个字，其中的寓意完全可以体现出客户的想法以及由此进行的企业文化建设。

以上通过一个案例来说明现代企业所倡导的以人为本的人本管理，其核心是将人放在了第一位，所有的工作都围绕着如何为人创造成长的环境做起。那么，先前的社会是否也存在这样的人本管理的思想和做法？从历史的发展过程中可以发现，尽管从社会变迁的角度看，诸如奴隶社会、封建社会或是资本主义社会都是将利益建立在以自我为中心的基础上，强调的是别人应该为我做什么或是我该如何从别人处获得利益等。抛开这些不谈，再向上追溯时，我们突然间会发现，早在尧、舜、禹时代，以部落为

形式的管理就是以人为中心的管理。特别是在更换部落首领的时候，通常会建立在集体利益的基础上，确定真正能领导部落生存的首领。只是随着剩余产品的出现，人类不需要依赖单纯的联合才能生存，此时获取利益的欲望油然而生，进而也就出现了强制性的"人本管理"。

以上我们通过两个事例来说明"轮回法则"所产生的现象以及带给我们的寓意。进一步展开，我们可以结合企业的发展过程用"分久必合，合久必分"的"轮回"现象应对企业发展中都会遇到的多元化与专业化的问题。

多元化与专业化的"轮回法则"

在历史发展的长河中，朝代更迭的同时衍生出这样一个现象：分久必合，合久必分。无论是周王朝、春秋战国、秦汉以及之后的各个朝代，都是分分合合的产物。

既然存在这种"轮回"现象，结合之企业，就完全可以正视发展过程中的多元化还是专业化的问题，而不是一味地讨论"将鸡蛋放在一个篮子里好还是放在几个篮子好"。任何一个企业发展到拥有一定的资金、技术、市场、管理或是人才能力的同时都不可避免要遇到专业化还是多元化发展的问题。其中向哪种方向发展都有可供借鉴的成功案例，诸如格兰仕的专业化以及海尔的多元化等等。对企业是否搞专业化或是多元化其实没有必要进行肯定或是否定。众所周知，不论企业进行多元化发展还是稳固专业化的优势都是由企业所处的经济环境决定的，当然也不否认管理者的决策作用。很多企业经由专业化发展壮大的过程中涉足多元化，而后根据企业发展的状况又选择了专业化发展，比如国内的 PC 制造商联想集团；而有些企业却恰恰相反，比如家电制造商海尔集团。

联想公司创立于 1984 年，是在中国第一家引入家用电脑概念的公司。自 1997 年以来，连续 7 年在中国和亚洲市场保持 PC 领先地位。在稳固专业化的 PC 优势的同时，联想又将自己的业务拓展到手机、互联网及 IT 服务领域。但事与愿违，经过市场阵痛后，联想将互联网及 IT 服务转让，继续保留手机业务，并再次将业务战略重新调整到主业 PC 上，重回专业化发展之路。收购 IBM 全球台式电脑和笔记本业务，与 IBM 组成战略联盟更加明确公司未来的 PC 战略发展方向。

与联想相比，海尔在经历了国内专业化发展的历练后走上了多元化发展之路，这一点从海尔规划的战略发展阶段就可以看出端倪。

按照海尔的战略规划，其战略分为3个阶段，第一阶段是名牌发展战略，只做冰箱一种产品，经过7年时间的发展，逐渐建立起品牌的声誉与信用；第二阶段是多元化产品战略，按照东方亮了再亮西方的原则，从冰箱到空调、冷柜、洗衣机、彩色电视机，建立自己的重要家电产品线"王国"；第三阶段是从1998年到迄今的国际化战略发展阶段，海尔将发展的触角延展到海外，走国际化品牌发展之路。

海尔在发展具有相关系数的多元化家电产品的同时也进入到多元化的产业发展。尽管在诸如生物制药、电脑等领域的发展不尽人意，但这并不影响海尔坚定发展多元化产业的信心。事实已经证明，经过进一步调整，海尔的相关产业正逐渐步入正轨，企业多元化产业发展格局已经形成，依托品牌的影响力，市场运作能力得到明显改观。

任何一个企业在发展的过程中都不可能一帆风顺，经历专业化与多元化的发展已成为必然。对于企业的专业化还是多元化我们已经明确不能简单地用对和错加以判断，更多的还是应该通过规律来判断，把握企业未来的发展方向，做到心中有数、游刃有余。就像"分久必合、合久必分"的历史发展规律一样，企业若能参透其中的"轮回法则"，有选择地借鉴发展的因果规律，再结合自己的发展情况，就有可能"事半功倍"的做到"超前一步"。

透过历史剧看管理

2003年由王文杰执导，众多明星参与的30集的电视连续剧《大染坊》讲述了民国期间一个从小叫花子到成为拥有雄厚资本的工业巨头的创业历程，真实再现了中华民族工业在20世纪初发生、发展的艰难道路，从中展示了一代人强国梦的诞生与毁灭。对于这样一部电视剧，演员精湛的表演、曲折的剧情等自然是吸引眼球的原因。如果现在带着想法再去观看这部电

视剧，就会发现其中所描述的云谲波诡的商战。而从现在的企业管理角度去看，《大染坊》这部电视剧堪称一部现代的商业实战教科书。

《大染坊》的历史我们没有必要去考证，尽管剧中的所谓商战故事非常有可能来自编剧，但我们不妨就将它作为历史上曾经有过，看看是否有能被我们利用和借鉴的故事。

《大染坊》描述了许多主人公在商海中运用计谋、运筹帷幄的案例。比如借学生游行，免费为学生提供横幅，但在横幅的后面打上了产品的名字；和上海林家竞争的时候，巧妙地借对方的产品来提升自己产品的知名度等等。这些事例中所体现的主人公的商战计谋及操作的手段对今天的工商管理同样适用。既然前人有成功运作的先例，那我们为什么不加以借鉴并转化，使之成为适合自己的独特方式？

按照这样的历史借鉴思路，现实中很多对古代事的描写我们都可以借鉴。比如现在很多商家，特别是针对服务业商家来说，凝聚人气显得非常重要，但如何能通过凝聚人气而吸引消费者驻足停留呢？

曾经有部描写大汉天子的电视剧。其中有个细节我们看看能否对今天的工作有所启迪。剧中有这样一段故事，大致是这样的：皇帝派主父偃去齐国筹粮，而此时的齐国在众多诸侯国中势利最强，齐王因此颇有反意。主父偃在游说的过程中被下了大狱。主父偃为了保护自身的安全，也为了能达到此行的目的，用计离间了齐王的两个儿子，安排心有不满的老二利用城外的地形擂鼓摇旗，形成人多的假象，造成朝廷兵临城下的感觉。在大殿上，主父偃"添油加醋"震慑了齐王，从而解救了自己。很显然，这是一个"虚张声势"的故事，它和我们想借用的凝聚人气又有什么关系？

从以上所借用的两个历史故事可以让我们感受到历史故事与我们今天管理的联系，从任何一个角度来看，历史都可以不同程度地借鉴，只要用心领会历史，必然会悟出历史所描述的故事对今天的可利用之处。

第三次浪潮

预知未来对人生也好，对企业发展也好都具有积极的意义。看看现代社会，能在先于别人预测到机会并抓住机会发展而成功的大有人在。房地产或者是汽车行业虽然起步的时间很早，但近几年的快速发展似乎有些始料不及，先进入者自然是"盆满钵满"，大获全胜。事实上，这两个行业真正为国人接受，融入社会发展的市场经济中也就是近几年的事，尽管早期曾出现诸如海南的房地产泡沫。仔细看来，发达国家的成熟市场早已验证了这样的发展规律，只不过是在时间上比我们提前了。那些提前预测到发展变化的人自然就成为浪尖上的人，走在了前列，成为新时代的弄潮儿。可见，每一次的变化都会带来某种震动或是巨变，先人一步就会增加胜算的可能性。

作为普通人，不要期望能够成为先知先觉的大师，没有任何人能准确地预知未来，但把握未来的发展方向却可能做到。未来学家阿尔文·托夫勒在他的著作《第三次浪潮》中就提到了这一点，而能及时捕捉书中提到的对未来的设想的人自然就成了"走在时代前列的人。"在这本书里，内容涉及社会发展的多个方面：文化、传媒、组织、科学、计算机、政治和经济等等。对所涉及的领域的内容描述都是为了一个目的服务，那就是准确地判断未来的发展趋势。

具体而言：第一次浪潮源于人类的农业化生产的开始。人类脱离了游牧的生活，定居下来，开始发展城镇和自己的文化。同时，人类学会了播种、培育农作物的生长，农业时代来临了；第二次浪潮则始于18世纪，伴随着人类的大规模工业化革命而开始。大量从事农业生产的人涌入了城市，传统的自给自足的农业模式被打破，商业意识出现萌芽；而第三次浪潮就是现在的信息变革的时代，也就是信息时代。信息技术和社会需求成为它发展的强大动力，全球一体化渐行渐近，人们打破国界，寻求更具发展的合作。

第三次浪潮表面上看并没有为我们直接带来财富,但他对历史研究的结果勾画出未来的社会轮廓,指明了未来发展的方向。相对于那些后来人能提前领悟到这种未来发展的规律并做到适时借鉴与改变,从而在发展的道路上少走弯路,那么实现自身价值的机会就来临了。正如本章描述的主题那样,现代社会中的我们更应该学会如何利用历史,满足所需、创造价值。正如马克·吐温曾经说过的一句话:"历史不会重复自己,但是它重复自己的规律。"

几种常见的管理误区

管理无定式,不同的管理模式和方法均有它不同的效果空间,而所谓效果好坏的关键就在于它的适用性。也正因为如此,大凡管理者都会强调其采用的管理是结合自身管理特点的,并有一定的实效性。但在实际的企业管理过程中,管理也存在种种与预期不符的地方,管理似乎更愿意与管理者"做对",它总也达不到管理者希望它应该达到的效果。看来,管理者和管理工作之间存在着一定的分歧,而这种分歧显然就是管理者对待管理的误区。进一步说,从管理者的角度看,管理者并没有充分地领悟甚至是了解管理;而从管理的角度看,尽管模式不同、方法和手段不同,但从适应性方面整合地借鉴,管理仍有可取之处。

事实上,管理误区的存在是管理发展过程中的一个必然的现象。正如事物都存在一个发展、成熟的规律一样,管理也是如此。管理始终是处于一个完善和创新的状态。管理渐进的这一特点,在客观上注定了管理误区的存在。客观存在的因素通过人为的努力很难改变,它需要一个过程。相反,主观上对于管理误区的认识却可以通过自身的调整加以避免。比如管理者通过学习、实践建立起对管理的真正认识,而不仅仅是把以自我为中心的主观认识强加给管理,事实上很多人为的管理误区均来自于此。

不可否认,管理者之所以称为管理者,自身自然有很多优秀的地方。但也正是这些优势所在在某种程度上桎梏了管理者的"开放性"。管理者通

常会围绕这些优势开展管理，而不注意及时地与外部环境结合。比如有的民营企业，家长式的管理特点颇浓。在完成了原始创业的阶段后，迈向企业化发展的过程中，尽管环境变了，但管理的方式依然不变，强制管理还是企业管理的主流，这种管理在面对更多的新加入员工的时候显然行不通。如果管理者还是自诩以自我为中心的管理，那么管理必然会走入误区，而且"越陷越深"。

管理的误区即管理者常犯的"错误"，也就是管理者的某些片面的或是不完善之处。对于这些"错误"，我们不倾向于"一竿子打死"，毕竟某些"错误"还是有它生存的空间。我们提出这些"错误"只是想通过对"错误"做法的阐述来建立起相对客观、科学的认识，从而避免再犯同样的"错误"。

企业在经营管理的过程中都存在这样或那样的管理误区，比如我们已经提到过的诸如面包加大棒、结果管理、员工的自觉、事必躬亲、复杂的绩效等等。以上种种管理误区在相当一部分企业中可谓"数见不鲜"，而且也将管理弄得日趋复杂。其实，我们完全可以通过一系列的措施来跨越一些管理误区。

复杂的绩效

很多企业管理者都希望能够建立一套科学的体系以解决诸如员工积极性、工作与能力相结合等问题。再进一步，管理者希望这套体系能够体现出公平、合理、鲜明的特点，让企业与员工都能满意。基于此，管理者认可的体系是越细化越好、越完善越好。其实，薪酬与绩效本应是人力资源工作的一个工具，做这项工作的最终目的还是要服务于企业的发展，而企业发展的关键离不开时时刻刻需要的人。因而，所谓的薪酬与绩效是服务于企业的发展和员工的成长，任何背离此原则的薪酬和绩效都不会产生效果。

既然如此，企业该如何创新薪酬与绩效体系，如何能让它有价值？跳出复杂的陷阱，我们来看看是否还有更有效的做法。

企业的发展离不开人，依靠人的主观能动性发展企业是企业管理者管理的根本。从人力资本的角度来看，薪酬与绩效也可以从人与成本的关系来制定。简单来说，企业可以把薪酬与绩效归结为3个方面：资本、行为、

权益。企业管理涉及行为，而行为就会产生增值和减值。员工在企业中工作的行为必然增加了企业的成本，造成了资本的减值（办公资源的消耗等）；而通过社会性行为则可以产生资本的增值（获取订单等），增值与减值的差就是收益。这种收益可以在企业员工参与企业管理之前和企业进行收益约定分配。按这种思想设计薪酬与绩效，企业为员工提供一个平台，员工可以从"为自己做事"的角度工作，产生的效果自然好得多。当然，这种薪酬与绩效设计的前提应该是建立在企业与员工间充分沟通的基础上，提前设定行为和权益规定。

结果管理

企业发展到一定阶段，管理者将更多的工作放在企业规划与全局掌控上，而许多无形的工作就要由中层的执行人员来完成。当管理者对每一项工作过程不能全程控制的时候，可能最好的办法就是通过充分地授权来索取结果。这种管理方式就称之为结果管理，也就是管理者对下属的工作过程不去过多干涉，而是强调结果的重要性。在某种情况下，结果管理的确会增加管理的效果。一方面，管理者充分地信任下属，放手让下属工作，调动大家的工作积极性；另一方面，管理者可以更好地整合管理的资源，用最小的资源得到最大的管理结果。

不可否认，结果管理可以减轻管理者的管理负担，让管理者腾出更多的时间去思考管理的发展方向。但同时结果管理也会面对这样一个现实的困惑：管理者只注重结果，过程是否也考虑到了；得来的结果是否建立在浪费过程的基础上。比如对销售人员的结果管理，单纯追求月度销售额的结果是否考虑到其他方面，如终端、物流、人际关系等。很多时候，管理者会发现，个别销售人员连续几个月销售额均有上升，在进行奖励后反而导致销售额的大幅下滑。其实造成这种情况的原因也许就是销售人员片面地追求奖励而忽视市场工作建设，甚至是虚报销售额。可见，管理注重结果是必需的，没有结果，工作也就失去了价值。但过程同样重要，没有建立在过程控制基础上的结果是缺乏含金量的，不是管理的目的所在。对管理来说，做一件事强调结果，更强调建立在一定规则基础上的结果。

公司家庭化

所谓公司家庭化就是指在一个公司内部，虽然有相对的职称、职务区

别,但更多的员工相互间还是会"称兄道弟",把家庭里的诸多称呼带到工作中来。对此,很多公司或是员工并未在意,他们认为这体现出公司一种亲和的工作氛围。在这样的公司里,很多的称呼都局限在"兄弟姐妹"之间。公司的员工有的可能工龄长、年纪,他们自然就成了新员工或是年轻员工的"兄"或"姐"。一时间,公司里弥漫着×哥×姐的称号,大家工作起来看似融洽自然。

但是,毕竟公司不同于家庭。公司作为一个组织的存在是为了逐利的,公司、员工都有不同的利益需求。为了实现各自的利益,大家走到了一起。很显然,只要一涉及利益,考虑的出发点都是自我,这与家庭伦理化的利益联结是不同的,作为公司也不能要求员工具备一家人那样亲情、奉献的精神。说到这,我们的出发点是不赞成公司家庭化的行为,但并不否认公司员工在工作的过程中要体现出的团队精神。

团队合作与公司家庭化截然不同。作为一个团队,围绕着共同的目标开展工作,其间体现出支持、尊重、信任、沟通、协作。团队成员在团队这个平台之上,充分发挥各自的优势形成合力以完成既定的目标。这一点不同于公司家庭化的那种工作方式,毕竟"清官难断家务事",既然"称兄道弟"了,工作中是不是就能"手下留情"呢?

其实,也不能完全否认公司家庭化,重要的是,在一个公司里,尽管各自的利益点不同,但为了实现更大的共同利益,大家明确关系就显得尤为重要。这就好比是"亲兄弟,明算账",关系明确工作就好开展。在关系明确之后,成员之间产生行为的前提应该是工作而不是人。围绕着工作,不同的关系资源可以参与,完成工作也可以获得自己参与应得的那份利益。这里说的对工作而不是对人其实也好理解,就像是在组织调整过程中的岗位设置,管理者考虑的是因岗设人还是因人设岗。事实已经证明,根据发展的需要设定岗位,再根据岗位的具体要求选择有能力的人来胜任,才能促进管理产生更大的价值。

避谈经济利益

"人为财死,鸟为食亡"这句话不见得片面。虽然人类社会的发展已经进入到一个追求自我实现价值的阶段,但人类对利益的追求仍是放在首位。不同的人,利益追求点也不尽相同。从企业的实际考虑,绝大部分员工还

是非常看重自己是否能得到利益，特别是经济利益。我们说过，企业的存在就是要得到大的经济利益。很多企业在这样做的同时反而忽略了员工的经济利益。为了实现企业的利益，有的企业采用不正当的手段侵占员工利益；有的企业寄希望于企业文化的力量，为员工作远景规划。其实，如果企业没有兑现员工现实的经济利益，谈其他的都是徒劳无益的。

记得高盛公司的文化理念中关于经济利益有这样的说法：利润分享。员工的行为为公司创造了利益，公司也应该将员工所得的利益奉献出来，而不是一味地许诺或是诱骗。为了一个工作，"空手套白狼"的情形时有发生。比如做一个项目，管理者为了项目的利益需要一个团队来支持。如果靠许诺或是关系维持而不是明确团队成员的利益收获点，可以肯定这个项目很难开展，即使开展也不尽如人意。很简单，团队成员没有利益获得的预期，很难想象大家会依赖精神或是关系而主动工作。所以，与其考虑精神、文化、管理等因素不如从实际的利益出发。给予别人利益，自己自然也就实现了对利益的追求。

时刻保持清醒的头脑

处处存在管理的误区，而且让管理者防不胜防。这就好比是我们走在雷区一样，处处都充满着意想不到的危险，一不小心就会踩上地雷。

我记得海尔的首席执行官张瑞敏在评价企业的发展过程有这样一句话：永远战战兢兢，永远如履薄冰。在企业面对内外环境变化时，企业的管理者始终要保持一个清晰的头脑，随时接受外来机会与诱惑的挑战。对于张首席的这句话，我们也可以用来形容管理者在面对众多管理误区的时候的心态。的确，管理不是一成不变的，也没有一个固定的模式，管理者随时都要面对管理的选择。企业走在管理误区的冰面上，一不小心就有滑倒的可能。

管理者在面对管理误区的时候会产生困惑：到底该如何越过管理的误区、如何管理呢？在产生困惑的同时，我们提倡管理者能够有"战战兢兢，

如履薄冰"的状态与心态。一方面，不否认管理误区的存在；另一方面，自己始终保持有一个清晰的头脑的时候，避免管理的误区。管理误区的存在是管理发展的正常现象，而当管理者能够正视这些困惑，积极寻求最佳的解决问题的出路的时候，管理误区也能向好的一面改善。此外，当管理者遇到管理误区的时候，应该避免出现这样一种情形：手里拿着锤子，看见钉子就想钉一下。锤子要钉钉子，脑子里想着钉子，只要眼睛看到钉子就想钉钉。引申到管理者，在面对管理误区的时候不要出现只到看到钉子就不加思索地用锤子钉钉子的情形。如果管理者主观地认为自己的管理有问题，进而盲目地引进与改正，就会出现适得其反的效果。

面对管理，我们用"战战兢兢，如履薄冰"来形容，这可以让管理者在管理的时候保持一个清晰的头脑。在此基础上，管理者在应对管理误区的同时应该尽量避免盲目，从而降低管理资源的浪费。任何一种管理的选择都有其针对性，当然也是要付出成本的；同样，当管理陷入误区并在解决和改善的时候也需要资源的付出。当管理者需要对管理作出彻底变革的时候，资源调整的力度会更大，一旦盲目后果会不堪设想。因而，避免管理的"伤筋动骨"，又能从管理误区中抽身而退才真正是管理者的明智举动。

如何面对管理误区

世界上有很多成功的企业都有其自身成功的原因，比如微软、沃尔玛、戴尔、可口可乐等。在这些成功的企业之中，不论是微软独创的个人桌面操作系统还是沃尔玛的低价策略以及可口可乐、百事可乐的大品牌战略等等都可以看成是它们成功的要因。除此之外，我们还可以将这些成功企业的成功因素整合到一起考虑，不难发现，尽管原因不同，但都可以归结到管理。正是因为这些企业在管理上的独到之处，才最终促使企业始终保持一个稳定、高速的发展态势。

一般来说，企业的发展离不开人，特别是一些优秀的人才。但是，企业的发展更是来自人的行为，而行为能力在一定程度上决定了企业的成败。如何让员工的行为能力最大化地得到释放，从而转化为企业发展的推动力则是通过管理来实现的。可见，企业能够持续发展、迈向成功的决定性因素还是管理。既然管理在企业发展的过程中处于重要的地位，那么，管理

者必然就会重点考虑与管理有关的事务，比如现在的管理能力、如何有效地管理员工、如何进行管理创新、如何选择合适的管理模式和工具等等。

众所周知，管理发展到今天，形成一定体系的管理就有一百多种，如何在诸多的管理体系中选择能为自己所用的管理就成为必然。既然是选择或是比较与借鉴，管理者注定就会产生一些困惑甚至是误区。走一条管理捷径显然要比盲目地选择获得成功的机会大些。

有想法固然是好，但更重要的是将想法付诸实际，毕竟任何的想法只有通过实践的检验才能知道是否可行，是否能实现。当管理者面对管理困惑的时候，采用的处理方法或许有很多，但解决问题的根本想必还是要通过提升管理素质，强化管理创新来冲破管理迷雾，轻松实现管理。

提升管理素质，强化管理创新

做管理，管理者自身的素质一定要过硬；其次，管理过程中具备积极的创新精神和能力也是管理成功不可或缺的因素。管理者的管理素质是能否提高管理水平和效率的前提和基础。这里提及的管理素质并非单纯地指诸如教育水平、经历、背景等指标，它更是一个人的综合性能力的体现。这就好比是看一个国家国民的素质程度如何，从很多细节之处就能体现。比如用厕后及时冲洗、过马路主动遵守交通规则等等。而说到管理创新可是一个企业管理永恒的主题。任何一个企业的发展和成熟均离不开创新。没有创新，企业就会停在原地，失去把握发展方向的能力和成长的动力。企业提倡与时俱进，和时代环境融合，创新就是最好的跟进与结合的手段。

强化管理创新的前提首先还是要在观念上做到自我调整、与时俱进。观念的意义就像本书阐述的主题：管理是观念与工具的平衡。观念自始至终都是管理能否成功的前提和基础。那种期待"短、平、快"的管理方式实现既定的目标在现在的社会环境中很难得以持续。观念上做到不保守、不自以为是、不抵触，利用资源整合的能力做到观念上的更新，从而最大限度地释放凭借管理实现目标的能力。

企业将提升管理素质和强化管理创新相结合，并将这种思路用于企业的发展过程中去，产生的效果的确是不可估量。为了对此进行必要的说明，我们可以看看海尔这个例子。

海尔的国际化与国际化的海尔

海尔的成功之处在于其超常的发展能力和文化的优越性。二者的共同点其实就是创新。在不断创新的过程中,海尔的管理素质不断地得到提升。

关于海尔提升管理素质和强化管理创新有机地结合产生实效的例子有很多,这里可以简单说一下海尔在进行国际化战略实施过程中的一个口号:"海尔的国际化与国际化的海尔"。

海尔于1999年在美国建厂拉开了国际化战略实施的大幕。在进军国际化的过程中,海尔进行了许多的管理创新,其中"三位一体"的概念就是非常具有生命力的参与国际竞争的创新。所谓"三位一体"包括设计中心、营销中心、生产制造中心"三位一体",最终形成一个具备在当地融资、融智功能的本土化海尔。在此基础上的创新则是"三位一体"到"三融一创",即,首先坚持"三位一体",包括当地设计、当地制造、当地销售,再进行"三融一创",包括当地融资、当地融智、当地融文化,创造本土化的世界名牌。

海尔的国际化创新其实也是在进行自身管理素质的提升。对此,海尔提出了"国际化的海尔与海尔的国际化"。海尔的国际化是国际化海尔的基础,只有海尔做到了国际化才能成为国际化的海尔。比如对员工的要求就体现出这种认识:有竞争力的产品是有竞争力的人干出来的,国际化的品牌是国际化的人创造出来的。海尔的每项工作都要求达到国际标准,这样才能成为真正意义上的国际化的海尔。

可见,管理素质提升与强化管理创新不仅仅是海尔甚至也是众多成功企业克敌制胜的"法宝"。

管理转了一圈又回到原地

世间万物的发展没有一成不变的,但也会遵循一定的规律。人类社会的发展经历了适应自然、改造自然的过程;管理的发展同样也经历了从模糊到认识、到运用的过程。具体将人的行为与管理结合在一起考虑还是来

自于对管理学的深入研究。研究得越深入、越完善，管理促进人类行为的作用也就越来越明显，它已经成为人类改造自然、创造历史的强有力工具。正是借助于管理的力量，人类社会在短短的百年时间里取得了不可思议的进步。

管理的促进作用不言而喻。没有管理的进步，很难想象人类在信息化社会的今天的所作所为。就像计算机技术的进步，带给人类社会前所未有的便捷的网络空间。但现实的问题是，人类在充分享受信息化技术的今天，也不得不面对日趋复杂的网络生活。甚至有过这样的预言：网络技术发展到极致也就是人类社会崩溃的开始。尽管这样说有些危言耸听，但在信息技术完全融入人类生活的今天，一旦全球网络崩溃，人类将变得寸步难行。

其实，管理也类似于此。管理这棵大树越来越茂盛，可借鉴的管理就会越来越多，选择与比较就成为一个艰难的过程。对此，作为一名咨询顾问，因为接触的管理者来自不同行业、不同背景、不同层次，因而对管理的认识也是不尽相同。一般说来，市场经济下的企业管理者都有不同程度的"自负"，也就是将在某种特定的背景下的成功作为一种资本，主观上会有意无意对外来的观念或是做法产生抵触。现实来讲，任何一个企业能够在如此激烈的市场环境中生存，进而有好的业绩，这就足以证明企业具有一定的优势所在，比如技术、市场运作、资源整合、人员等。所有这些优势在某种程度上促进了企业的发展，但我们也知道"明天的市场更残酷"，所有的优势只能证明今天的成功，一旦环境发生变化，这些优势是否能够可持续地运用呢？事实证明，有些企业会面临"昙花一现"的可能，抱着昨天成功的优势不放，失去了持续发展的机会。将众多因素整合起来，我们基本上还是可以从管理的角度来考虑。"自负"的反面就是"自以为是"。管理既然没有定式，那么就应该用联想的思考方式看待管理。针对自身管理的现状看看学术上的、甚至是成功企业的管理能否有选择性地借鉴或是"克隆"。在企业生存大环境一致的前提下，不同行业甚至是竞争对手有效的管理方式都可以"拿来"用，通过消化吸收变成自身的优势所在。

在面对管理日益丰富、门类众多的今天，我们提倡管理者主动地选择借鉴，应该是一个明智的做法。其实，如何来做还是有很大的区别，可能有的企业走得比较顺，有的企业在管理上就会走些弯路。那么，说到管理，

想必还是要从本质的角度考虑。我们关于管理的本质已经提到观念与工具的平衡，在这里就不过多地阐述。这里，我们想从另外一个角度看管理，也就是通过事物的一般发展规律说明现实中的管理。

信息时代的一个显著特点就是变化特别快，技术在变、观念在变、环境在变，以至于对此我们曾经有这样一句话来形容：唯一不变的就是变化。当然，在面对这些突如其来的变化时，我们也可以用一句话来应对：以不变应万变。其实，这也道出了事物的一个发展规律，万变不离其宗。将这一规律引申到管理，我们可以这样理解：管理无论怎样发展，都离不开基本的规律，也就是管理的内涵、本质是相对固定的。不管是处于狩猎的生活方式的早期人类，还是现在通过技术升级实现管理的现代社会，二者都有一个共同的特点，那就是通过管理（多人或单人的方式）实现目的。不论是远古还是现代社会，无论技术如何进步、人的素质如何提高，围绕着管理都是要将这些因素作为推动目的实现的"助推器"。

既然管理回到了原地，我们还是希望寻找一种通用的管理观念或是工具来实现管理。前面，关于管理我们多次提到了复杂性、多样性，而且背景不同等原因也会造成管理的诸多误区。综合以上所有认识，我们可以这样考虑：既然管理是为实现目的服务的，为何不用最小的代价实现管理。这就好比是一道算术题，1+1=？。其实，这是一道再简单不过的题了。但是，在现实中 1+1=？有不同的答案，"1+1=0" "1+1=3"，甚至可以等于其他任何数。至于每个答案，因其考虑的角度不同结果自然不同。其实，对于"1+1=？"讨论结果没有必要；相反，按照既定的目标说它等于几那就是几。这样做可以避免无谓的争论，过程与结果都变得非常简单。通过这样一个事例，不难发现，围绕管理的最终目的，按简单的思路去做应该是一种实现管理的最佳方式之一。从简单的角度出发，一切的工作从简，用最小的资源实现设定的目标，让管理发挥它最大的力量，从而实现管理的价值。

第三章

管理其实很简单

道家"大道无为,无为而治"的思想是种深刻的智慧,对现代企业经营管理具有极高的启示价值。无为而治是一种棋高一着的超越,它是一种完全包容人,却不使其意识到被领导、被驱策的方法。这种方法要求管理者从大处落笔,把握大局,高屋建瓴,居高临下地实施领导,将部下导向适当的方向。

无为而达到无不为

道家"大道无为,无为而治"的思想是种深刻的智慧。对现代企业经营管理具有极高的启示价值。"无为"在道家思想中意味着"人法地,地法天,天法道,道法自然","无为即自然"是道家哲学的基本观点。

道家将"道"视为宇宙之本,而道之本性则是"常无为而无不为",即"道"对于宇宙万物是:"侍之而生而不辞,功成而不有,衣养万物而不为主。"就道生成万物、成就万物而言,道是"无不为"的;就道对于万物"不辞""不有"而言,道又是"无为"的。从本质上讲,这是"无为"与"无不为"的有机统一。天地万物的生成与存在,皆是"无为也而无不为"。

从这一思想出发,道家认为治国安民要反对"有为而治"。在道家看来,"上为无为,而无不治","圣人无为故无败,无执故无失"。圣人说:"无为而无不为,取天系常以无事;及其有事,不足以取天下。"道家把"无为"看作圣人"取天下"和"治天下"的手段。道家反对儒家推行"以德治国"的思想。指出:"大道废,有仁义;智慧出,有大伪。"道家还反对兵家的"以力治国"的思想,认为"兵者不祥之器,非君子之器",主张"以道佐人主,不以兵强天下"。只有推行无为而治,才能达到"我无为而民白化,我好静而民自正,我无为而民自富,我无欲而民自朴"的理想社会。

老子有许多阐释无为而治的名言,下面列举几点供大家参考。

为无为则无不治。也就是说,领导者可以通过"无为"来治世,只要真正掌握了"无为"的艺术,就可以做好管理工作。可见,这里的"无为"还是要从大局出发,不是什么一事无成,不为一事。

圣人处无为之事,行不言之教,法令弥多,则盗贼多有。可见,伟大的领导者应当处无为之境地,顺应自然,行无为之教,因势利导来管理百姓,太多的法律条文、管理规则并不见得让老百姓心服口服。

圣人之道,万而不争。夫唯不争,故天下莫能与之争。领导者要明确

自己的角色，不可与部下争利。只要时时济民，给民实惠，而不与部下争利益，抢风头。这样的领导必会得到下属的衷心拥护。

领导者要做到表面上好像什么也没有做的样子，仿佛自己不存在，但是他的话在组织里得到顺利贯彻执行。这样的领导才是最优秀的，因为存在于人们的意识中，所以他无处不在。

也就是说，群众虽然知道"有领导这么一个人"，却完全没有注意到他的活动，但是领导者却可以积极地发挥领导作用，取得显著的成效。这种领导艺术才是最高超的。

老子的"无为"又可以从以下三方面去理解。

（1）领导者应尽量少地发布命令。

如果只让其他人依令行事，势必会打消其他人的积极性、主动性和创造性，也必然会激起别人的逆反心理。如此一来，命令越多，越是无人执行，倒不如指出方向，交由别人灵活处理。

（2）领导者对下属或其他人的活动应尽量避免干涉或介入。

事物没有完全相同的，人与人的思维方法也是千差万别，甚至差异很大，不可能千人一面。故此，领导者不应过多地干预其他人做事，更没必要在一旁指手画脚，这样非但帮不上忙，弄不好还会帮倒忙。领导者应当相信别人也能将某事办好。俗话说："条条大路通罗马。"达到某一目的，实现某种愿望不一定就必须像领导者自己所想的那样去做，不一定必须按照领导者的方法去解决问题。只要最终达到目的即可，领导者不必过多地介入下属处理的问题中。应保持下属相对的独立和自主。

（3）领导者不能以过多的政策给下属造成沉重的负担。

聪明的领导者并非无所事事，撒手不管，而是细心留意员工们的心理状态，情绪动向，把握大的方向和发展远景。遇到困难时，在职员面前不牢骚满腹，怨天尤人，而应是镇定自若，自然轻松，恰似春风拂水，给职员百倍的信心。

管得少不是不管，而是要抓住管理的关键。这个关键是管理者的角色定位，做自己职责范围内的事，不越权管理、不越级管理。要求管理者透过复杂的表面现象，洞察问题的本质，化繁为简。管理简单化。

严介和于1995年创建中国太平洋建设集团有限公司，经过10年发展，

一跃成为以公路、市政、水利基础设施投资与建设为核心的产业，同时从事机械、新材料、建筑、园林、房地产、电子、装饰、酿酒、消防、橡胶等多元化经营的大型企业集团。

严介和认为，作为一个管理者，特别是高层管理者，在企业内部要只做裁判员，不做运动员；只管理人，不管事。相反，对外只做运动员，不做裁判员；只做事，不管理人。

管理分"三流"，管不好别人，管好自己，为三流；管好别人，管不好自己，为二流；管好别人，也管好自己，为一流。

从老总工作时间的长短可将老总分为"三流"。三流的老总每天工作8小时以上；二流的老总每天工作5小时；一流的老总每天工作3小时。

严介和还认为，企业管理当管则管，决策要一言九鼎。高层管理者问大事，中层管理者问中事，低层管理者问细事。对于老总来说，思考要重于行动。企业老总贵在苦其心志，而不是劳其筋骨。

严介和的管理之道抓住了主要矛盾，从而"纲举目张"。严介和管理着60多家子公司，7万多员工而从容不迫，神闲气定，这正是深谙"无为而治"之道的魅力所在。

当然，要想成为"无为而治"的最高境界也非易事，这需要建立在下列几个前提之上：

一是建立系统化、规范化、制度化和科学实用的运作体系。包括企业制度的规范运行和标准化的企业工作流程并实行标准化管理。用科学有效的制度来规范员工的行为，来约束和激励大家。每个部门、每个岗位和每个人都有自己目标，有配套的、合理的绩效考核并实行目标管理。让所有员工都知道该做什么，不该做什么和该怎么做。

二是组建一只强有力的领导者组成的高绩效的团队。企业快速运行，80%靠体系推动，20%靠卓越领导者带领的团队来拉动，推拉结合，形成合力，才会跑得更快。高绩效的领导者，既要有高瞻远瞩的战略眼光，制定中长、短期战略目标，又要有极强的执行力，把组织制定的目标落实到位，才会有好的结果。不仅要会发挥自己的影响力，激励下属和辅导下属，又要会进行有效的授权，把下属潜能发挥至极致，带领大家快速高效的完成团队目标。高绩效的领导者所拥有的强大的领导力，也是企业良性运行的

基础。

三是建构良好的企业文化。用好的文化和理念来统领员工的行为。当企业在运行过程中，要及时总结提炼企业自己的经营理念系统，包括价值观、使命、企业宗旨、企业精神和人才观等等，通过组织活动及制度等形式的灌输、通过传播企业内外的公众和员工，形成一种健康的和积极向上的氛围，让员工们不单单为一份薪资而工作。

"无为而治"还要求管理者做到"恩威并重，软硬兼施"。只有严格要求和人性化管理，制度规范执行到位，同时更加关心员工，把员工当成企业真正的主人，才能真正实现人企合一。

GE是世界上少有的多元化非常成功的企业，韦尔奇在总结GE成功的经验时说，GE虽然业务是多样化的，但是文化非常得统一，任何人都绝对不允许对价值观有所怀疑，有所违背，也就是说，用统一的文化代替了多元的业务，也能实现企业的健康发展。GE也是高度授权的，各事业部权力很大，总部是战略和文化中心，看似"无为"，但已经是"无所不为"。

老子曰："以正治国，以奇用兵，以无事取天下。""无为而治"要建立在规范管理的基础上，管理者要具备高超的领导艺术，要平衡集权与授权的度，有为而不妄为，有所为有所不为，无为而无所不为。

小胜靠智，大赢靠德

中国古代有两个非常著名的富商——陶朱公和子贡，他们以仁德而闻名天下。陶朱公为人为商的宗旨："授人以鱼，不如授人以渔"。也有很多史料都记载了子贡掏巨资赎回一批鲁国奴隶的善举。《盐铁论·贫富》中说："故上自人君，下及布衣之士，莫不戴其德，称其仁。""仁德"是他们成就大商之业的根本所在。

"德"是从商之道，也是管理之本，是一名优秀的管理者应具备的最基本的素质，这与人的个人魅力是必不可少的，当管理者把"德"变成一种习惯，他的人生也会因此而富有。做一名优秀的管理者，不仅意味着承担

责任，更重要的是乐于付出，管理者不仅仅有熟练的经营技巧，更重要的是不断学习新的知识，丰富自己的底蕴，提升人品修养。

水所以能够长流于天下，在于其广施仁德于万物，雨水及河汛随季节而至，孜孜不倦地忠实于自己滋润万物的职责。依托持续的良善之举，方能与世间万物共生共荣。"大胜"于水而言，的确是实至名归。

由水及人，情理相通。我们发现，管理要取得一定的成功，或一时的成功，或获取些许利润，也许有足够的智谋就可以。但是，欲获"大胜"和"长胜"，智谋是独力难撑的。真正持久的成功如同参天大树，需要深植于泥土的根茎。管理的根茎就是德行。

"小胜凭智，大胜靠德"是牛根生的座右铭，也是他经营管理的立足点，因为"德"是制服人心的最佳利器。

牛根生早在伊利工作期间，因为业绩突出，公司曾奖励牛根生一笔钱，让他买一部好车，而牛根生却用这笔钱买了四辆面包车，此举使得其直接部下一人有了一部车。据接近牛根生的人介绍，当时牛根生还曾将自己的108万元年薪分给了大家。

这就是牛根生给部下的一种心理预期，这样的预期让他们知道，只要牛根生能走向成功，牛根生绝不会亏待跟自己一起打天下的部下。也正是因为这样的预期，曾经的老部下便义无反顾地投其麾下。

在伊利换车，在蒙牛他也同样如此。2000年，和林格尔政府奖励牛根生一台凌志车，价值104万，而当时比牛根生大八岁的副董事长的奖励是一辆捷达车。但是，此时的牛根生并没有打算享受这豪华轿车，而是提出了与这位副董事长换车。

换车之后，牛根生会开车的女儿很不理解父亲的作为，在很长时间内都用一种怀疑的口吻问牛根生："这个车是不是真的给了邓大爷？"

这正是牛根生所追求的"德"，牛根生想通过这样的行为来向人们传递出一个信息，"牛根生做企业不是为了个人赚钱和享乐。"

据牛根生介绍，在物质方面，自己的各项条件都要比身边的副手差。"我们的书记还有两位副总坐的都是奔驰350，我的副董事长坐的是凌志430，雷副总坐的是沃尔沃，而我是一辆小排量的奥迪。"

早在1999年创业伊始，他就宣布了蒙牛的"创业纲领"——以股东、

银行、员工、伙伴、社会五方的利益为利益，建立大利益圈，形成"五赢格局"。"和谐社会"最重要的一条，就是财富分配的和谐。财聚人散，财散人聚。世界上没有傻人，今天你可以剥夺别人的利益，甚至明天也可以继续剥夺，但后天你将得到苦果。

故去的两院院士、北大方正董事局前主席王选教授认为，做一个好人是做好一切事情的前提。他曾回忆起1947年他10岁上小学五年级时，老师要在班上评选一个品德好而且受同学欢迎的学生，那次王选以绝对多数票当选。"从那时起我就知道，一定要先做一个好人。"

王选说，"什么叫好人？北京大学季羡林先生曾说过，'考虑别人比考虑自己更多就是好人'。根据现实情况，这一标准我觉得可以再降低一点：考虑别人与考虑自己一样多就算好人。"

两位长者的说法，让我们想到中国人最熟悉的一个字："仁"。"仁"字，左边一个"人"字旁，右边是一个"二"字。哪两个人呢？就是想到自己，想到别人。好好做人，至少要做一个好人，考虑自己与考虑别人一样多。按照中国人的德行修养标准，通常会有这样的说法，道德最完备的人是圣人，其次是贤人，再次是君子，比君子的德行再低一点的人就是好人。好人，应该是成功人士包括优秀管理者的道德底线。

在蒙牛厂区有一片片没有被围起来的水果林，每年秋天的时候，这里会有很多种类的水果，但是蒙牛人没有人会自由地去采摘……这也许是牛根生对蒙牛人的一种告诫：不属于自己的东西不要随便去拿。

德即道德、德行。细化起来，各行各业都有其道德遵循。德是一种境界，德是一种追求，也是一种力量，是一种震慑邪恶、净化环境、提升思维、积累学业财源的动力，德能使自己内功强劲，无往而不胜。

通用汽车公司董事长约翰·史密斯就曾指出，在全球化条件下，任何公司都处在世人的注视之下，全球化条件下的大公司必须具有强烈的责任感，做任何事情都必须以诚为本。做企业如同做人，小胜凭智，大胜靠德！

思路决定出路

生活、工作没有思路不行，组织管理没有思路不行，企业经营没有思路不行……在逆境和困境中，有思路就有出路；在顺境和坦途中，有思路才有更大的发展。

有这样一则故事：

一位花甲老人，大儿子、二儿子都在城里工作，只有小儿子和他相依为命。

一天，一个外乡人对他说："老人家，我想给你的小儿子在城里找一份工作。"

老人气愤地说："不行，你快滚！"外乡人说："如果我给你的儿子找个对象呢？"老人恶狠狠地说："少废话，快滚！"他边说边拿起一根棍子。外乡人后退一步说："如果我给你儿子找的对象是洛克菲勒的女儿呢？"老人笑着答应了。

几天后，外乡人找到了洛克菲勒："先生，我想给您女儿找个对象。"洛克菲勒冷冷地说："不需要！"外乡人又说："如果我给你女儿找的对象是世界银行的副总裁呢？"洛克菲勒沉思着答应了。外乡人找到了世界银行总裁："先生，你应该马上任命一位副总裁！"世界银行总裁："你没事吧？"外乡人胸有成竹地说："如果你任命的这个人是洛克菲勒的女婿呢？"总裁当然没有拒绝的理由了。在每一个环节都有重重阻碍的问题就这样解决了！因为他找到了每一个阶段的关键因素，突破了障碍。

故事的真实性我们不用去考究，但故事揭示的一个道理却是显而易见的，那就是一个人有着什么样的思路，就会有什么样的出路。

工作中，我们在一条路上不断地走，总觉得自己已经把路走绝了，再也不能走出一片崭新的天地，再也不会有更大的成就了。殊不知，路的旁边也是路。当我们沿着那条老路一直往前走时，当然有把路走烦、走厌、走绝的时候。但如果你试着往旁边走几步，可能就会发现无数条路，而且

条条都是全新的路，并最终引领你走向成功。事实上，更多的时候，我们在生活的路上走得不好，并不是路太狭窄了，而是我们的眼光太狭窄了，所以，最后堵死我们的不是路，而是我们自己。

企业管理者直接决定着企业的出路。试想想，没有比尔·盖茨的思路，会有微软的今天吗？没有张瑞敏的思路，会有海尔的今天吗？

答案是否定的。

市场经济的实践证明：任何企业的发展战略都只不过是其领导人思路的具体化而已。

BBC环球公司旗下的天线宝宝品牌，无疑是全球儿童品牌中的佼佼者，其国际知名度、影响力仅次于迪士尼的米老鼠。"天线宝宝"电视影集于1997年在英国开播以来，全世界有120个国家和地区的109家电视台播放该节目，且被翻译成45种不同的语言。

自2002年联手中央电视台进入中国后，天线宝宝品牌同样获得了成功，每一集天线宝宝节目都有500多万中国小朋友收看，而该品牌的DVD、服装、玩具等相关衍生产品的授权和营销工作也有条不紊地进行。

然而，与此同时，各种假冒、侵权行为却不断困扰着这个在国际上所向披靡的儿童品牌，使得天线宝宝品牌各中国授权厂商的利益受到了严重侵害，也损害了天线宝宝的良好品牌形象。

此问题不解决，天线宝宝在中国的进一步发展将受到严重阻碍。

因此，天线宝宝在华打假迫在眉睫。我们来看天线宝宝一位管理者的博客日记：

BBC为何要运用新闻营销方式为打假开局，BBC又是如何与我们结缘的呢？

这要从东莞的一座MALL说起。

华南MALL地处广东东莞市，是一座集购物、餐饮、娱乐等为一体的大型商业中心，从2003年起，我们就一直为其提供新闻营销服务，双方保持着良好的合作关系。

而早在2003年，华南MALL就与BBC环球公司签署了合作协议——天线宝宝进驻华南MALL，2004年后，天线宝宝儿童乐园成为其中一个很大的亮点。作为华南MALL的合作伙伴，我们自此与天线宝宝品牌中国地区独家

代理商——台湾影响行销管理顾问股份有限公司总经理张若莹女士有了接触和交流。

而当天线宝宝在华遭遇"李鬼之痛"时，我们与台湾影响公司、BBC方面于2005年初就此问题的解决之道进行了沟通。

沟通的结论是，天线宝宝在华打假势在必行。然而，打假是一个系统工程，需要BBC环球公司、台湾影响、中国各个授权商的通力合作，同时，中国政府、媒体、公众对此活动的态度也至关重要，如没有政府、公众的支持，天线宝宝打假将只能是一厢情愿。

要将这众多因素整合起来，只有通过新闻营销这一个手段可以实现。

同时，天线宝宝品牌发展很大程度上依靠授权商来实现，通过大规模的新闻打假活动将会给予授权商发展本品牌的信心，为天线宝宝品牌下一步的发展奠定良好的基础。

另一方面，在中国大陆，大众媒体的影响力是十分巨大的，因为国内的大众媒体是在政府监管下运行的，具有高于西方国家大众媒体的政府代表性、受众可信度，以及深远的影响力，这对于天线宝宝这个进入中国没几年的国际品牌来说，也将会是一个进一步提升品牌影响力的好机会。

对此问题，我们与台湾影响公司及BBC方面达到了高度的意见统一。

于是，"BBC在华打假，新闻营销应先行"的思路，跃然而出。

企业领导人提出的"思路"，其科学性、指导性、可行性、前瞻性如何，直接取决于领导者自身的智力、经历、能力、洞察力、判断力如何，取决于领导者自身的综合素质如何。而这些都与他对知识追求的强烈程度有直接关系。

每一位企业领导人都应该记住：你的思路决定着企业的出路，而企业的出路就是企业的生存之路、发展之路！它不仅关系着企业对国家贡献的多少，而且关系着成千上万员工的命运。

将正确的事情做正确

无论是企业还是区域，抑或个人，大凡做事都有两种境界，一种是做

正确的事情，一种是把事情做正确。而管理者要做的就是将正确的事情做正确。

管理大师彼得·德鲁克提出的"做正确的事而不是把事情做正确"这一观点，被称为管理思想发展的一个里程碑。"做正确的事"，就是把握方向，清晰利弊，在做事之前一定要对所面对的事情仔细考虑，分析判读，着眼长远，讲求效果，理清脉络，找出关键点。而"正确地做事"，关注重点从效率引向了效果。强调做事情"正确"，是强调做事情的方法一定要正确，要符合原则、符合要求。

在西方管理学中，有一个著名的公式，即：工作成绩＝目标×效率。西方学者认为，"做对的事情"要比"把事情做对"重要得多，因为"把事情做对"只是个效率问题，而从一开始就设立正确目标——"做对的事情"，才是真正的关键。战略规划的制定，等于使企业有了发展的总纲，有了奋斗的目标，就可以进行人力、物力、财力以及信息和文化等资源的优化配置，创造相对优势，解决关键问题，以保证生产经营战略目标的实现。

先做对的事，然后把事情做对。如果事情不对，甚至方向错了，那么不管过程如何努力，都会事倍功半，甚至"南辕北辙"。

领导要求员工正确地做事，无可厚非，但是，领导者和执行者之间的差异就是，领导者确定目标"做对的事"，而执行者完成目标"把事情做对"。在一个部门，领导应该是"做对的事"，执行者则全力"把事情做对"，这样才是健康的合作。如果领导"做不对的事"，执行者再努力把事做对，也无济于事。只有目标正确，才能事半功倍，反之，也许短时间奏效，但对企业的长期发展没有太大的帮助，甚至会走到相反的方向。

随着竞争的日益激烈，企业对管理的关注和投入也越来越多。但很多企业在管理的过程中，由于太关注管理，而又不是特别明确如何才能科学的管理，往往又陷入一个误区：管理系统庞杂，管理条目众多，为管理而管理，忽略了管理的根本目的，这样往往又达不到有效的管理。

诚然，管理的有效执行必须依托于合理的管理理念和科学的管理系统，但在很多时候，一些最简单的管理原则却往往可以起到非常好的管理效果。在新华信的管理理念中就有一个非常简单的原则——就是要求管理者将正确的事情做正确。

将正确的事情做正确，实际上反映的是效率和效果的问题。把事情做正确体现的是我们的效率，而做正确的事情体现的就是效果了，只有把正确的事情做正确，那么体现出来的才是效能。首先一个前提就是选择正确的事情去做。也就是说，在决定去做一件事情之前，必须首先考虑到这件事情是否是正确的，做这件事情会有什么样的后果，是否可以达到预期的效果，我们的资源是否可以支持我们完成这件事情，简言之，就是我们必须首先明确做这件事情的正确性和可行性。

当我们确定了所要做的事情是正确的时候，那么接下来的问题就是要把正确的事情做对了。怎样把事情做正确，每个公司都从文化、制度、流程等各个方面做了这样那样的规范，强调的主要是两方面，一个是人的主观态度，还有一个就是客观的流程和技术。我们强调做事情要有责任心，要达到计划与目标的一致性，要有科学的做事方法，及时有效的沟通，建立和谐的团队合作等等，都是为了保证事情有一个正确、完美的结果。

管理是一项系统工程，它牵扯了企业这个形体的方方面面，如何做好有效的管理，是每一个企业必须持续研究、实践、归纳的重要课题。但管理的很多原则和理念往往又是最简单的，在很多时候，最简单的反而是最有效的。因此，我们在管理中没必要把很多事情人为的复杂化，而应该尽可能简化我们的流程，归纳我们的制度，以最简洁有效的途径去解决一些看似复杂的问题。

情商——管理者的必修课

绝大多数失败的管理者会认为人际关系是最令他们头痛的麻烦事儿，奇怪的是你越觉得它讨厌，你就越不容易搞好它。于是，那些失败的管理者会羡慕一些总受人们喜欢的管理者，不知他们的成功秘诀在哪儿。其实，差别就在于情商的高低。

高情商者不仅会受到他人的喜爱，更易得到他人的支持，因为他们很受众人的欢迎。

美国哈佛大学心理学教授丹尼尔·戈尔曼在其所著的《情感智商》一书中说:"情商高者,能清醒了解并把握自己的情感,敏锐感受并有效反馈他人情绪变化的人,在生活各个层面都占尽优势。情商决定了我们怎样才能充分而又完善地发挥我们所拥有的各种能力,包括我们的天赋能力。"他所偏重的是日常生活中所强调的自知、自控、热情、坚持、处事能力、社交技巧等心理品质。为此,他将情商概括为以下五个方面:一、认识自身情绪的能力;二、妥善管理情绪的能力;三、自我激励的能力;四、认知他人情绪的能力;五、人际关系的管理能力。

美国前总统比尔·克林顿小时候智商很高,小学的时候就一直品学兼优,但是他并没有注意培养自己的情商。有一次学校把成绩单拿回来了,克林顿各项成绩都是A,也就是优秀,但是有一项成绩不是A,是D,哪一科呢?行为。为什么行为是D,老师是这样解释的:每次老师提问,比尔都会抢着回答,他智商高嘛,但是,这样抢着回答,没给其他同学机会。给他打D这个分,就是提醒他一下,今后要注意改进。"给别人机会",这已经超出了智商的范畴,只有情商高的人才懂得。

克林顿吸取了教训,当总统后,他提出了给一个人最高的奖赏是给一把钥匙,一把什么钥匙?开启未来成功大门的钥匙。这个钥匙是什么呢?奖学金。这就是给别人一个机会。克林顿是高情商和高智商的结合,不仅是聪明,而且是非常聪明。

某公司董事长为了重整公司内务,表示自己将早到晚归,并针对员工上班迟到的问题下了一道命令:以后谁迟到,就扣谁的奖金!可是偏偏在这一命令生效的第一天,董事长就由于上班途中闯红灯被扣住了,不仅挨了罚,而且自己"首先"迟到了。他一肚子无明火不知道朝谁发,正在办公室里生闷气时,恰好一名主管向他请示工作,董事长便把一肚子无明火朝主管发,这名主管被骂得一头雾水。主管带着一肚子火回到部门,秘书来请示问题,主管又把秘书当作了出气筒。秘书不知道为什么挨了一顿骂,把一股恶劣情绪带回家,这时她儿子扑进怀里撒娇,秘书把儿子往旁边一推,喋喋不休地责骂起儿子来。儿子受了委屈,只能向更弱者发火,正好这时小猫在旁边撒娇,儿子便狠狠踢了小猫一脚。这就是"踢猫效应"。

如果管理者还觉得情绪只是你一个人的事,那可真是大错特错了,因

为情绪确实是一种"传染病"。管理者的正面情绪，如热情、开心等可带给人们同样的欢欣鼓舞；反之，管理者绷着一张脸，或怒发冲冠，那受到影响的除了你自己的身心之外，还有无辜的他人。

美国俄亥俄州大学社会心理生理学家约翰·卡西波指出，人们之间的情绪会互相感染，看到别人表达的情感，会引发自己产生相同的情绪，尽管你并未意识到在模仿对方的表情。这种情绪的鼓动、传递与协调，无时无刻不在进行，人际关系互动的顺利与否，便取决于这种情绪的协调。

卓越企业的背后，必有卓越的管理者，而情商是决定企业管理者领导力高低的重要个体因素。管理者应该随企业的不同发展阶段采用不同的领导模式，而不同的领导模式要求管理者培养相应的情商要素以便提高自身领导力。

概括来说，管理者的能力主要来自情商和智商，而且基本上情商比智商更重要。拿破仑说过，一个军官的知识和素质应该成一个正方形，光有不行，军官还要有做决断的勇气。管理者由情商导致的能力主要体现在三方面：

一是沟通力

智商高的人往往这方面弱，因为他很聪明，所以沟通时缺乏耐心。企业管理者在做管理时，还有一个能力很重要，那就是他的影响力。管理者做实际管理时，他和企业环境的融洽、和团队关系的密切，都是成功不可缺少的因素。也可以说是沟通力的一种体现。

二是决断力

智商高的人往往不容易决断，因为很聪明，他的选择方案就很多，权衡后，没有一个完美的方案，而且事实上也永远没有最佳方案，所以不敢轻易拍板。但现在的管理决策往往要求在有限的时间里、信息不充分的情况下拍板。就决断力而言，智商高的人决断力相对本身能力而言比较差，他们了解的知识很广泛，一碰到问题就想到各种可能性，然后开始做方案评估，评估完后发现风险很大，所以说当律师的人没法做企业家。这里有一个非常深刻的实际案例，当年四通利方成功收购华渊，但如果收购之前主事者研读过MBA的并购理论，可能就不敢这么做了。当时的这种并购可以说已经基本上占全了MBA经典分析里的十大并购失败理由了。现在学院

派出来的很多理论模型，放到时间中总是需要很多参数。参数不够就不行，而事实上实践并不需要理论模型和参数，凭着常识去做事反而更容易成功。——可能这也就是古人说的，"尽信书，不如无书"吧！

三是意志力

智商高的人选择的机会很多，所以经常坚持力不够，一遇挫折就放弃，只能一条路走到黑，可谓无知者无畏，反而更容易成功。赛特集团有限公司赛特购物中心总经理池洋说得好，在中国做企业，有一点非常重要：管理者一定要身体好、意志力强才行，否则扛不住。

管理者还需要一个商数叫逆境商数或危机商数，简称逆商.（AQ）。管理者身处逆境还能找到解决办法的能力非常重要，一个人能成就多大的事业，往往取决于他的逆境商数有多大。企业也是如此。比如联想、TCL进行国际化的努力，其中很关键的一点是这两家企业老总自己带头做某件事时，他们在遭遇困难时的逆商有多大。

实践证明，只有管理者的情商能力不断提高，企业才能越办越红火。因此，当管理者思考情商这门必修课时，并不会一无所获，它能使你明白通过学习这些技能，同样能完善自我。现实生活中的成功者，往往都具备"极佳的人际关系、极强的工作能力"这两个重要的特点。

把公司利益放第一位

一名优秀的管理者首先应该把公司的利益放在第一位，无论什么时候，都要最大限度地维护公司的利益。只有那些时刻将公司利益置于首位的人才会赢得更多的机会，得到更多的赞赏。

管理者不可能离开自己的员工而独立存在。作为一名优秀的管理者，当你把公司的利益或者员工的利益放在第一位并实施时，你就会感觉到公司的利益其实也是个人的利益。换句话说，维护公司利益就等于维护自己的利益，无论何人、无论何时都应遵循这一原则。

不论从个人利益还是公司利益来说，维护公司利益都是一个管理者必

须遵循的基本职业道德。同时,一名优秀的管理者不但是公司利益的维护者,更是公司利益的创造者、形象宣传者与保护者。没有基本职业道德的管理者是不会成为好员工的。没有基本职业道德的管理者会失去很多发展的机会,使自己的生存空间越来越小。因此,管理者要从本质上认识到其工作的重点应该在员工身上,而不是工作本身。尤其是对于中层管理者来说更是如此,因为他们比那些高层管理者更多地接触到员工。既然是与员工接触,管理者必须首先做到心底无私,在自己的心里将员工放在同一个水平线上。管理者的心既不能偏左,也不能靠右。如果一个管理者不能真正从心理上完成这样的自我管理,那么他就很难要求自己的员工,甚至会引起他们心理上的反感。

创造放权的良性氛围

很多企业的管理学家和企业管理培训师都有一个共同观点,那就是企业领导人应该适度放权。适度放权有助于企业领导人从具体业务和事务中解脱出来,花更多的时间和精力去思考企业发展的战略方向,在更大的范围内整合资源。

但是,理想和现实之间总是存在差异,从企业管理的实战案例来看,很多领导放权以后并没得到想要的结果,反而是把公司的秩序弄乱了。部下能力不够,公司业务就面临滑坡;部下能力得到充分发挥,企业又有可能失控。前者是授权所付出的经济代价,而后者则是授权所付出的文化代价。

其实,是否可以授权,在找到能够胜任的人才之后,还有一个重要的前提就是要有放权的文化。很多企业的管理专家和讲师都以刘邦和刘备为例,说明了放权的效果,却忘了他们的放权是有一定的文化条件的。刘邦必须先斩白蛇,让所有人都相信他是真龙天子以后,才能放权;而刘备则必须借助汉室宗亲的身份和桃园结义老大的地位,才能放权。如果企业内部没有积极清醒的意识,放权就是一件危险的事情。

从企业管理的实战角度考虑，领导者不是神仙也不是圣人，他们辛辛苦苦地打拼出的事业，如果因放权而出现威信下降、权力悬空、业务失控、骨干叛离等问题，我想这是任何一个领导者都不愿看到的。怎样才能心安理得地放权呢？关键是要建设适合放权的文化。

那么什么样的文化才适合放权呢？

1. 要明确各级领导岗位的职责、价值和素质要求。让所有人都明白，某领导是因为能够胜任这项工作才坐在这个位置的，目前处于较低岗位的人员，是因为其综合素质还没达到更高职务岗位的要求。

2. 基层员工由于受眼界的影响，很难看清楚领导工作的真正价值，他们是根据看得见摸得着的事情判断问题的。所以，他们很容易误认为直接操作业务的领导才是最能干的。面对这种情况，如果领导者能预先做一些高水平的成功演示，然后再授权，就更容易得到认同。

3. 企业要形成推崇领导的文化。这并不是指个人崇拜，而是树立以企业领导人为核心的企业文化的必要措施。只要企业领导人的确是有志向、有才华、人品好的人才，就值得推崇。当企业内部形成了这样的文化时，放权就变得相对安全。只有放权的条件成熟，放权才有可能取得理想效果。

适当放权事半功倍

任何管理者的时间和知识都是有限的，管理者应当懂得授权的艺术。授权是领导职责的一个重要内容，也是一种重要的管理方式。授权就是将权力授予其他人，使其完成特定的任务。它将决策的权力从组织的一个层级移交至一个更低的层级。如果管理者想使工作落实得更富有成效，就必须向下属授权。管理学家坦恩·皮特就曾说过：能用他人的智慧去完成工作的人是伟大的。

孔子的学生子贱有一次奉命担任某地方的官吏，当他到任以后，时常弹琴自娱，不管政事，但是他所管辖的地方却治理得井井有条，民兴业旺。这使那位卸任的官吏百思不得其解，因为他即使每天起早贪黑，也没有治

理得那么好。于是他就请教子贱："为什么你能将这个地方治理得这么好呢？"

子贱回答说："你只靠自己的力量做事，所以十分辛苦；而我却是借助别人的力量来完成任务。"可见，倘若一个管理者"无权不揽，有事必废"，不愿授权、什么都干，那么他将什么都干不好。

第二次世界大战时，英军统帅蒙哥马利就提出：身为高级指挥官的人，切不可事必躬亲于细节问题的制定。他自己的作风是在静悄悄的气氛中"踱方步"，在重大问题的深思熟虑方面消磨很长时间。他觉得，在激战进行中的指挥官，一定要随时冷静思考怎样才能击败敌人。对于真正有关战局的要务视而不见，对于影响战局不大的末节琐事反倒事必躬亲，这种本末倒置的作风，必将使下属们无所适从，进退失据。

现代社会活动错综复杂，一个管理者即使有三头六臂，也不可能事必躬亲，独揽一切。一个高明的管理者，其高明之处就在于明确了下级必须承担的各项责任之后，授予其相应权力。从而使每一个层次的人员都能司其职，尽其责。经理除了作出必要的指示外，对下属无须进行太多干预，不宜事无大小一律过问。这样的经理，就是懂得授权艺术的现代管理者。

领导者将所属权力的一部分和与其相应的责任授予下属，使领导能够做领导的事，下属能够做下属的事，这就是授权要达到的目的。合理授权可以使领导者摆脱能够由下属完成的日常任务，从而专心处理重大决策问题，还有助于提高下属的工作能力，有利于提高士气。授权是否合理是区分领导者才能高低的重要标志，正如韩非子所说的"下君尽己之能，中君尽人之力，上君尽人之智"。领导者要成为"上君"，就必须对下属进行合理的授权。

一个懂得授权之道的管理者才是成功的管理者。

查尔斯是纽约一家电气分公司的经理。他每天都要应付上百份的文件，这还不包括临时得到的诸如海外传真送来的最新商业信息。他经常抱怨说自己要再多一双手，再有一个脑袋就好了。他已明显地感到应付疲惫，并考虑要增添助手来帮助自己。可他最终刹住了自己的一时妄想，这样做的结果只会让自己的办公桌上多一份报告而已。公司里人人都知道权力掌握在他手里，每个人都在等着他下达正式指令，查尔斯每天走进办公大楼的

时候，就开始被等在电梯口的员工团团围住，等他走进自己的办公室时已是满头大汗。

终于，查尔斯忍不住了，他终于醒悟过来，于是，他把所有的人关在电梯和自己的办公室外面，把所有无意义的文件抛出窗外。他开始让他的属下自己拿主意，不要事事都来烦他。他还给自己的秘书做了硬性规定，所有递交上来的报告必须筛选后再送交，不能超过10份。刚开始，秘书和所有的下属都很不习惯。因为他们都已养成了奉命行事的习惯。而今却要自己对许多事拿主意，还真有点不知所措。但这种情况并没有持续多久，不久后公司便开始有条不紊地运转起来，下属的决定是那样地及时和准确无误，公司的运营没有出现差错。相反，以往经常性的加班现在却被取消了，因为工作效率由于员工们能真正各司其职而大幅度提高了。

从此，查尔斯有了读小说的时间、看报的时间、喝咖啡的时间、进健身房的时间，他感到惬意极了。他现在才真正体会到自己是公司的经理，而不是凡事都包揽的"老妈子"。

管理者要学会授权。一个成功的管理者不会因为授权而动摇自己的位置，相反，他会通过授权使自己的工作更加趋于完美。

当我们刚刚开始工作时，事事亲力亲为，什么事情都自己做。但稍不注意，我们就养成了事必躬亲的习惯，陷入忙碌、混乱、效率低下的怪圈。这些问题的症结就在于没有合理授权，结果导致自己不能将精力集中在最重要的事情上。

授权是现代管理者必须具备的一项技能。只有合理地把责任分配给其他成熟老练的员工，才有余力从事更高层次的活动。授权成功，我们所得到的会远远多于我们亲力亲为所得到的。

放权不是放任自流

保罗·盖蒂派乔治·米勒去勘测洛杉矶郊外的一个油田。米勒先生是著名的优秀管理人才，他对石油行业很在行，而且诚实、勤奋，对管理企

业也有一套。对于这样的优秀人才，保罗·盖蒂总是委以重任并给予其极高的待遇，而米勒也乐于为保罗这样的老板效力。

为了考察米勒的真正本领，保罗·盖蒂在米勒到岗后一个星期便到洛杉矶郊外的油田去视察，结果发现那里的面貌并没有多大变化，仍然存在不少浪费及管理不善的现象，如员工和机器有闲置现象，工作进度慢等。另外，他还了解到米勒下工地的时间很少，他几乎整天都待在办公室里。因此，该油田的利润并没有提高。针对这些状况，盖蒂要求米勒提出改进的措施，米勒答应他自己会马上处理这些事情。

可是一个月后，当盖蒂又来到那里去检查，发现改进还是不大，盖蒂认为米勒没有按照自己的要求去做，是时候和他谈一下了。

盖蒂在米勒办公室坐下，严厉地说："我每次来到这里不会太久，却总能发现有许多地方可以减少浪费，提高产量和增加利润，但你整天坐在这里仍然无动于衷，对我的要求不置可否。"

米勒说："那是您的油田，油田上的一切都跟您有切身关系，所以您有如此锐利的眼光，能看出一切问题来。可是如果您换一个角度想一下会是什么样子呢？"

米勒的回答引起了盖蒂的很大震动，问题的症结也找到了。于是，他决定给予米勒更大的权力，并将其做事的动机与利润挂钩，同时告诉米勒，过一段时间他还会过来视察的。

第三次去油田，盖蒂直截了当地对米勒说："我打算把这片油田交给你，从今天起我不付给你工薪，而付给你油田利润的百分比。正如你所明白的，油田愈有效率，利润当然愈高，那么你的收入也愈多。我想你是不会反对这种做法的。你先考虑一下。"

米勒思索一番后，觉得盖蒂这一做法对自己虽然是个挑战，可也是一个展示自己才干和谋求发展的机会，于是欣然接受了。从那一天起，洛杉矶郊外油田的面貌便开始一天天改观了。

由于油田盈亏与米勒的收入有密切的关系，因此他对这里的一切运作都精打细算，对员工严加管理。他把多余的人员遣散了，使闲置的机械工具发挥最大的效用，他还把整个油田的作业进行一环扣一环的安排和调整，减少了人力和物力的浪费。他改变了过去那种长期坐在办公室看报表的管

理办法，而是几乎每天都到工地上去检查和督促工作。这样不光提高了米勒自己的工作积极性，同时还影响了其他人的工作态度。

几个月后，盖蒂又一次去洛杉矶郊外的油田视察，他想看看米勒在这次大胆用人改革后的表现如何。

这次视察让他很高兴，因为这里已经没有浪费现象了，产量和利润也大幅度地增长了。

这次尝试，使得米勒的潜能得以充分发挥，而盖蒂的收益更是呈几何级数增长，可以看出，盖蒂靠这一做法不仅摸索出了用人之道，同时获得了双赢的效果。

企业在授权这一问题上要抱定"授权而非放权，监控而非监督"这样一条原则。只有将授权与监控正确结合起来，在企业里才会能者占其权，使"人才"与"业绩"兼得。

树立员工的主人翁意识

当前，我们的多数企业都处于一个成长期，企业的领导者在创业和发展的过程中都起到了核心的作用。但随着企业的发展壮大，管理上的问题也层出不穷，这其中的一个主要表现就是，规模扩大后，企业管理已经跟不上企业发展的速度了，老板们"管不了、管不好"的情况严重。我们的企业在发展之初，多数情况是企业与老板合为一体的，企业是"体"，老板是"魂"，企业发展可以说完全是依赖老板的"照看"。但当企业的项目增多、规模扩大后，再有能力的老板也将面临控制乏力的问题。如果此时企业老板们不知道如何从事必躬亲的"管家"转化为抓大放小的管理者，那么，企业将永远都只能是小作坊式的工厂，而无法发展成为大公司。

绩效管理所说的分权并不是要把权力通过"上令下达"的方式向下"传输"，而是从目标管理的角度出发，把组织的总目标分解为若干小目标，然后"包产到户"，分配到人，由相应人员掌握和控制这一工作目标的全部过程。那么，我们如何才能做好这项工作呢？

1. 管理者必须让员工明白。他就是自己工作的老板，要让员工具备主人翁意识。绩效管理和目标管理的一个基本原则就是将组织目标进行分解，然后将事归人。通俗地讲，就是让每个人都有自己的一份专属工作，让他具有主人翁意识，让他们实实在在地成为自己工作的老板。要做到这一点，首先，就是要让员工具有权利意识，享有自决权，台旨够自由支配自己的行为并全程参与到决策当中。韦尔奇说："挖掘员工潜能的有效办法是尊重他们的人格，重视他们的权利，让他们参与到公司管理当中，尤其是决策、监督活动，使他们对公司产生所有权感，觉得自己对公司很重要。否则往往会出现适得其反的效果。"所以，培养员工的主人翁精神，让他们把工作当成自己的事情来做，会在很大程度上提高工作的效率。韦尔奇在实践中领悟了这个道理，他告诫下属："鼓励每一位员工，让他们感到自己是公司的主人，这是一种激励员工的有效手段。"要做到这一点，既需要培养员工的敬业精神，又需要组织为他们提供一个良好的环境和激励机制，这样员工和组织之间才能形成比较和谐的关系。在这一方面，许多大公司的做法就是给优秀员工适当的股票。赠予股票是物质奖励、现金分红之外的另一种福利办法，它的最大优点就是真正意义上让员工成为企业的主人。

2. 领导必须做出大胆而适度的分权。分权一般包括三个内容：一是用钱之权；二是用人之权；三是做事之权。大胆而适度的分权就是指老板要在这三个方面做到合理的放权和授权。大胆指的是在用人上必须遵循疑人不用、用人不疑的原则，认准了某一个人，就要大胆地把财权、人事权和决定权交给他，让他独立地完成工作任务。而"适度"则是指放权不能没有止境，要根据任务的性质来决定人、事和决策方面的授权幅度。我们不能让一个仅有一百元自由经费的员工去"搞定"一栋大楼的工程，更不能允许他拿一百万元去"引进"一名清洁工。英国的英诺顿银行就曾犯过这样的错误，决策层把公司的全部决策权都授予了一名新加坡籍的年轻男子，而最终这名男子根据自己对市场的判断，做出了一项重大但是错误的决定，这直接导致了银行的最终倒闭。所以说，大胆和适度是两个辩证的问题，大胆要以适度为基础，而适度则应以大胆为条件。适度是一种谨慎地用人的态度，而大胆则是一种激励性质的用人技巧，二者缺一不可。一个优秀的领导者应该学会适度授权，大胆放权。这里，放权还需掌握几个原则：

①有目的的授权；②因事设人，视能授权；③无交叉授权；④权责相应授权；⑤逐级授权；⑥单一隶属授权；⑦充分交流授权；⑧信任授权；⑨有效控制的授权等。

3. 领导授权之后还应当尽量少去干涉员工的工作，这表现在"少干活"和"少发言"两个方面。我们的领导有时候喜欢亲力亲为，甚至事必躬亲，经常会越权做一些本该由员工来做的工作。有时候，员工还没准备好，领导自己就把工作做了。这从表面看来，员工的职责范围内的工作都完成了。而且完成的还不错，应该在绩效考核的时候得一个高分。但实际上，员工并未从中得到任何提高和进步。而所谓的高绩效也只是一个表面的假象而已。同时，领导还要注意，放权以后切勿轻易否定员工的意见。作为一名领导，你必须要懂得加强员工的信心，切不可动不动就打击你下属的积极性。应极力避免用"你不行、你不会、你不知道、也许"等字目艮，而要经常对你的下属说"你行、你一定会、你一定要、你会、你知道"。而且，领导还要明白，"最有可能知道某供货商的产品质量问题的人应该是工厂车间中试图把它固定在底盘上的工人，而不是一位坐在公司总部的副总裁"。领导不随便否定员工的意见，让基层人员有根据具体情况做出决定的权力，这样就可以节约层级间上下传递信息的所有成本。

第四章

有明确的目标,管理才能有的放矢

　　目标是本,任何一项工作都必须以目标为中心。它是一种"行动的承诺",有助于推进工作速度,借以达成你背负的使命。它同时又是一种"标准",借以测度你的行动绩效。对于任何人,只有把注意力凝聚在目标上,你才能清楚地懂得自己应该做什么,应该怎样做,并能准确评价自己做得怎么样。

任何一项工作都必须以目标为中心

没有目标的行动与梦游没有什么两样。如果你在工作时没有目标，就会失去方向，这样自然不利于提高工作速度，更不要说什么更高的绩效了。如果你想让现有的效率有所突破，达到更高的水平，首先一定要确定自己的目标。猎豹是众所周知的捕猎高手，它之所以有如此好的捕猎成绩，是因为它在每次捕猎行动前，总是先锁定一个清晰的捕猎对象。

目标是本，任何一项工作都必须以目标为中心。它是一种"行动的承诺"，有助于推进工作速度，借以达成你背负的使命。它同时又是一种"标准"，借以测度你的行动绩效。对于任何人，只有把注意力凝聚在目标上，你才能清楚地懂得自己应该做什么，应该怎样做，并能准确评价自己做得怎么样。也只有了解了这些，你才能更好地完成任务。

不管做什么事都要有个目标，如果确定的目标被证明是正确的，那就应该像卫星导航船一样，坚定不移地为目标而奋斗。风平浪静时，卫星导航船将一直朝着它要到达的港口航行，当风起云涌时，卫星导航船即使在狂风暴雨中也会一直坚持着它的航线。卫星导航船在海中航行时永远只会看到一样东西，那就是它所要到达的港口。任何一项工作也要始终围绕目标，心中始终认准目标的指引，才能成功。

做任何事情都要有目标，以目标为中心，为了目标而不懈地努力，目标终会实现。有一案例说1984年日本东京举办国际马拉松邀请赛，一名名不见经传的日本选手取得冠军。赛后，各路记者问这名日本选手取得冠军的秘诀，他只淡淡地说："用心去跑"。第二年应邀到澳大利亚参加马拉松邀请赛，他只跑了不到一半的路程就退了下来。第三年应邀到美国参加马拉松邀请赛，他又一次取得冠军。赛后记者又问他取得冠军的秘诀，他还是只淡淡地说："用心去跑"。记者追问："用心去跑"为什么澳大利亚马拉松邀请赛没有取得冠军？他说，我每次马拉松赛都要提前多少天沿途试跑，记下沿途的标志性建筑，把跑程在心中分成很多段，当看到这个建筑我就

知道还有1000多米就到一个广场，到了广场我知道再有800多米有个花坛。我就是这样一点一点让自己有目标有动力跑完的。澳大利亚马拉松邀请赛，是因为天气原因没有提前去试跑，没有记沿途的标志性建筑，所以不到一半的路程就退了下来。这个案例告诉我们：做事要有目标，只有围绕着目标的指引去行动，就能够到达成功的终点。

做事要有目标才能把事情做好，才有助于事业的建立，最常见的阻力也许就像很多人所表示的这个感觉，"我不太确定自己要干什么，所以我只有做一天算一天。"缺少长期的指引，往往使一个人不能集中冲刺的力量。成功人士断言，先准备好再上路，是很重要的。从现在起十年的事业规划，必定会有点幻想，谁知道以后发生什么事情呢？任何一幅"事业图"都可能不完全，但令人吃惊的是，却有那么多人实现了他们长远的目标。期望最好的成绩，最好是根据实际情况做好计划，随时为意外发生事情妥善作好准备。你无法控制别人所为，但是你可以预期各种不同的情况，尽你所能作好万全准备，你也能控制你在意外发生时的反应。如果有明确的动机，还应该再将思考和感觉结合在一起，一天一天推进自己的成功。

总之，目标是做任何一项工作的中心，不管环境如何复杂多变，我们都要明确目标；要意识到明确目标是为了有效地配置资源，衡量一个目标体系是否有效的最终标准是它是否有助于我们有效地实现我们的追求；目标不是一成不变的，重要的是在任何时候都必须要有明确的目标；而要实现目标，就必须在实施过程中以目标为中心，围绕着目标开展各项工作。

明确的目标是公司前进的方向

明确的公司远景规划是制定战略的前提条件，如果公司前进的方向尚不明确，也不明确为在竞争中获得成功需要建立哪些能力，那么公司战略制定及经营决策便缺乏明确的指导，就像在黑暗的大海中航行的轮船缺乏灯塔一样，因而根本不可能取得成功。

公司的远景规划描述的往往是一段较长时间后公司的理想状态，要达

到这种理想状态需要公司的管理者和员工付出持久、积极的努力。在这个过程中，需要不断地对公司的运营状况进行评估与监控，衡量公司的现实运营是否保持正确的方向，前进的速度是否足够快。建立目标体系就是要将公司的远景规划和业务使命转换成明确具体的业绩目标，从而使公司的发展过程有一个可以衡量的标准。明确一致的目标是高效率公司共同的特征之一。好的目标体系使公司的各级执行者在采取行动时方向更加明确，努力更加有成效。同时，好的目标体系具有一定的挑战性，具有挑战性的目标往往能使公司更具创造力，使员工的紧迫感和自豪感更强烈。也就是说，如果你想获得卓越的结果，就应该制定卓越的目标。

一个有成就的领导者，总是能够为他领导的组织选准前进方向，确立明确的目标。众所周知，人类的实践活动都是在自觉的目标指导下进行的，人们在行动之前都要自觉地预先提出目标。所以，领导者对目标的决断至关重要。

一个领导者能不能作出英明决断，主要体现在他能不能为其组织找对前进的方向，特别体现在发展战略目标决断上是否正确。因此，成功的领导者不仅要有创造美好未来、争取做成盖世无双的大事业的雄心壮志，而且更要有远见卓识、把握趋势、洞察先机的过人能力。

在成功的企业中，领导层必须设计一个明确的远景目标，这个目标明确了整个组织前进的方向，不论对客户、股东还是员工都有很强的吸引力。基于理性的分析和思考，再加上一部分梦想的成分，一个清晰、明确的远景蓝图就会产生，相应地，赖以实现这个远景的行动战略和执行精神都将水到渠成，使公司全体向着一个方向前进。在顺驰公司就是这样，他们制定的是一种追求第一的企业战略目标，他们称之为高目标。他们认为：只有第一，才具有在市场风险中最强大的抗击打能力；只有第一，才能在市场份额中最有效率地生存；只有第一，才是最能激发员工激情的企业远景；也只有第一，才能够十分清晰明确的指引公司的全体员工向着同一个方向努力，指导公司前进的方向。

如果一个企业的战略目标不明确，那么它的管理活动就会迷失方向。对那些目标不清晰的企业来说，展开管理也会一团糟，因为没有人知道前进的方向是否正确，没有人知道自己的目标是否能够达成，也没有人知道

自己的努力是在加速成功还是在加速失败，更没有人知道企业明天会怎样。所以，企业要想真正获得前进的方向和动力的前提，就是要有明确的企业战略目标。

目标设定的关键是明确与合理

在设立目标时，你的目标必须是明确的，否则你付出的努力再多也是白费。这就犹如一个弓箭手，如果无法看清靶心，姿势摆得再正确、弓拉得再满也没有多大意义。

明确的目标可以让你少走弯路，是你制定工作计划、明确工作责任的基础。明确的目标会维持和加强你的行动动机，让你总能有足够的动力推进工作，创造更大的价值。

某商学院的学生集体到野外登山，老师想让这次活动更有意义，于是预先将一面红旗插在隐蔽的地方，对学生们说："在这座山上我插下了一面红旗，你们现在就出发去找到它。最先找到的人就将拥有这面红旗。"于是，学生们兴高采烈地出发去寻找了，可他们越找越累，最终失去了兴致，都在山石上坐了下来。

老师鸣哨集合，对大家说："现在我把红旗放在了下一座山头的山顶上，从这里到那儿有四五条路径，你们分成三组，各选一条路，哪一组能率先到达，哪一组就能拥有这面红旗。"于是，三组学生各自推选出了一名队长，这三位队长各自选了一条路，同时出发了。

他们先后接近山顶，就在他们即将到山顶处时，都发现了那面红旗，结果是每个队员都奋力向前，没有一个人因为劳累和疲倦而抱怨和放弃。

登山结束后，老师意味深长地说："山上的红旗就是目标，在你们长长的一生里，每一次行动都要有明确的目标做指引，千万不要漫无目的地到处乱跑，否则你们可能什么也得不到。天底下所有的收获都属于那些有明确目标的人。"

企业不能没有目标。只有当企业有了一个明确的目标，才会使企业职

工产生一个共有的信念和期望的模式，才会产生较强的内聚力，职工才会对产生更强烈的责任感，才会有职工个人的业绩，才会有企业整体的业绩，才会有在激烈的市场竞争中立于不败之地的资格。

目标应该是合理的，可以达成的，只要努力一把，给自己一点点挑战就能够达成的。尤其是刚刚开始设定目标的时候，你应该让自己从小目标开始设定，最为重要的就是让你能够感受到达成之后的成就感。当你达成以后一定要记得给自己一些奖励，这样才会让你把目标和快乐的感觉连接在一起，以至于下次你会很愿意设定并达成更重要的目标！

制定一个合理的目标是实现目标的一半。目标关键在于它的内容而不是它的形式。设定目标很关键的一点是为企业成员设定个人目标，个人的一年、一季度、甚至一个月的目标。只有把目标分解到个人，才能使目标完成的效果更好。

如何制定合理的目标？

第一条：制定尽量少的目标，目标太多，到最后肯定哪个都实现不了。企业从上到下都应该知道什么是我们的优先目标（少数目标），是我们要优先完成的任务。

第二条：我们要制定大的目标，目标可以少，但这个目标一定要制定得足够大，要让这个目标有挑战性，要让人跳起来才能够完成、才能够得着。

第三条：制定的目标要是现实的，如果我们的目标让员工跳起来都够不着的话，那么这个目标肯定是没办法实现的。

第四条：作为管理者要学会用目标来引导和管理团队而不是人盯人，不是你来盯住这个下属，让他这样或者是那样来做事情。

第五条：应该把目标量化，如果一个目标不可以测量、量化的话，那么你就很难进步、很难实现它。

第六条：目标要和措施、资源相匹配，可以有一个很大的目标，但如果这个目标资源和措施不相匹配，那肯定没办法去实现它。

第七条：当局面困难危险时，我们需要短期、具体、小的目标。因为短期目标比较容易实现，当你十次、二十次地实现了短期目标的时候，会发现你的大目标也实现了。

第八条：目标应该有书面的记录，很多企业不把自己的目标书面记录下来，结果到了年底检查工作的时候，发现大部分的目标没有实现，但是又没有办法对证。所以，作为管理者应该具备的一个很基本的习惯是把目标书面地记录下来。

目标的实现有很多影响因素，而一个明确且合理的目标是能够实现它的基础和前提。不单单是企业如此，个人的目标制定也应牢记并遵循这一点，只有明确合理的目标才具有实现的最大可能。

目标只有切实可行才会有效

关于目标与企业的关系，中国有句古语叫"人无远虑，必有近忧"。作为企业来说，切实可行、高瞻远瞩的企业战略目标是必不可少的。目标管理是企业为了实现自身的任务与目的，根据企业所处的环境，从全局出发，在一定时期内，为企业组织各层面从上至下制定切实可行的目标，并且企业各层级人员必须在规定时间内完成的一种管理方法。目标管理作为现代化管理方法之一，在实践中不断发展，现已成为企业管理的重要组成部分，被誉为"现代企业之导航"和使企业起死回生的有效手段。

目标应该不是伸手可及，但也不可好高骛远。许多人在读过成功励志的书籍以后，往往会因一时激动而立刻拟订无法达成的大目标，结果却大都是踌躇不前。这种情形等于是把挫折当成了目标。做事情一定要量力而行、一步步来，设立目标也是同样的道理，目标只有切实可行才会有效，下面这个故事就说明了这样一个道理。

有一位大师隐居于山林中，平时除了参禅悟道之外，还对武术颇有研究。

听到他的名声，人们都千里迢迢来寻找他，想跟他学些武术方面的窍门。

他们到达深山的时候，发现大师正从山谷里挑水。他挑得不多，两只木桶里的水都没有装满。按他们的想象，大师应该能够挑很大的桶，而且

挑得满满的。

他们不解地问："大师，这是什么道理？"

大师说："挑水之道并不在于挑多，而在于挑得够用。一味贪多，适得其反。"

众人越发不解。

大师从他们中拉了一个人，让他重新从山谷里打了两满桶水。那人挑得非常吃力，摇摇晃晃，没走几步，就跌倒在地，水全都洒了，那人的膝盖也摔破了。

"水洒了，岂不是还得回头重打一桶吗？膝盖破了，走路艰难，岂不是比刚才挑得还少吗？"大师说。

"那么大师，请问具体挑多少，怎么估计呢？"

大师笑道："你们看这个桶。"众人看去，桶里画了一条线。

大师说："这条线是底线，水绝对不能高于这条线，高于这条线就超过了自己的能力和需要。起初还需要画一条线，挑的次数多了以后就不用看那条线了，凭感觉就知道是多是少。有这条线，可以提醒我们，凡事要量力而行，而不要好高骛远。"

众人又问："那么底线应该定多低呢？"

大师说："一般来说，越低越好，因为这样低的目标容易实现，人的勇气不容易受到挫伤，相反会培养起更大的兴趣和热情，长此以往，循序渐进，自然会挑得更多、挑得更稳。"

挑水如同做事，同样的领导者在为企业设立目标的时候也要循序渐进，逐步实现目标，才能避免许多无谓的挫折。

因此，为企业拟订目标时，首先要切合实际，兼顾理想与现实；其次是要尽量减少定为目标的事项。确定目标之前，要确信目标有利可图，了解行情之后确信企业有足够的竞争力与对手抗衡，员工有能力及潜质并能够齐心协力实现公司目标，所需资金能够获得，时间进度表安排合理等等一切相关因素。切实可行的目标是可以量化与测量的，是服从于切实可行的战略指导，是结合具体的方法以取得预期的效果。切实可行的目标是由领导与员工一起制定与实现的，领导不是单单制定奖罚机制督促员工采取措施，而是与员工并肩作战，向他们解释目标设定的依据以及实现的途径。

每个企业的成员包括管理者自身都要根据自己的情况来设定可行的目标，不能定得太高，也不能定得过低，要切实可行。只要你能定下切实可行的目标，然后按照这个目标去努力，目标就可以实现。

在当今社会，有的人就像上文中那个打了两满桶水的人一样喜欢好高骛远，这种人过于急功近利，因此往往事与愿违，很难达到自己的目的。企业与人生一样，有许多成长发展的阶段，必须量力而行以做到循序渐进。人的成长要先学会翻身、坐立、爬行，然后才学会走路、跑步。每一步骤都十分重要，而且需要时间，没有一步可以省略。同样，企业的各个发展阶段也莫不如此。管理者了解了这一原则，根据企业每个不同时期的情况制定相应的目标计划，才能少受挫折，最大限度地去实现企业利润的最大化。

制定共同的管理目标

在中国的企业界，当我们一谈到管理这个话题，就常常会提道：企业管理者往往会遇到一些不服管理的"刺头"，他们狂妄自负，充满创新精神而又野心勃勃，或拥有某一方面不可替代的资源（比如背景），或聪明、好动，是某一方面或某几方面的专家。他们不会循规蹈矩，也不会轻易被权威折服。更让管理者头痛的是，这些人不但在专业上有一套，而且在组织内的"兴风作浪"上也很有一套。对于这种现象管理者应该如何处理呢？

事实上，当我们碰到这样的部属时，最好的方法就是给他们制定一个明确的目标。只有在他们明白了自己的目标之后，他们才能给自己做一个智慧的职业规划，避免受错误信息的误导，影响自己的前程。

无论是对管理者，还是对员工来说，人生的成功之旅，却是从确定方向开始的。在撒哈拉沙漠腹地有一个小村庄叫比塞尔，它紧贴一块仅有1.5平方公里的绿洲旁，要走出这块沙漠，只需大约三昼夜的时间。为贫困的生活条件所迫，村民们曾一次次试图离开那里，但无论向哪个方向走，最后他们却又都一次次地返回了原地。

1926年，英国皇家科学院院士肯·莱文，带着极大的困惑来到了这里。他收起了指南针等设备，雇用了一个比塞尔人，让他带路，想看看他们究竟为什么走不出沙漠。他们准备了足够用半个月的水，牵上两匹骆驼，一前一后上路了。

他们走了10天，大约走过了800英里的路程。可是第11天早晨他们面前又出现了熟悉的那小块绿洲，他们竟然又回到了比塞尔。此时，肯·莱文终于明白了，比塞尔人之所以走不出沙漠，是因为他们没有指南针，又不认识北斗星。

要知道，在一望无际的沙漠中只凭着感觉前行，一定会走出许多大小不一的圆圈，而比塞尔人在方圆上千公里的沙漠中是没有指南针的，他们最后的足迹十有八九也会是卷尺的形状——最终又回到了起点。

弄明白了这个道理，肯·莱文就教比塞尔人认识了北斗星，这样，比塞尔人沿着北斗星指引的方向，只用了三天，就走出了大漠。

其实，在我们的管理中，有很多事情都像这个小故事一样，有许多的员工忘记企业的目标是满足客户的需求，每当有客户前来企业拜访，那些员工总是心不在焉地将客户打发走；每当接到客户的建议信，员工们从不拆封，而随手将信扔进垃圾桶里。诸如此类的情形，有可能发生在任何一个员工身上。

所以，当我们在笑话比塞尔人的时候，自己也在被他人笑话。在这样的情况下，我们就要认识到，仅有热情和能力是远远不够的，最重要的是要选准走向成功的方向，只要朝着非常明晰的方向努力，就一定会走出荒漠，找到希望的绿洲。只有我们在工作中时刻铭记自己的目标、自己的使命，检查自己所做的事情是否与目标相背离，我们才能提高工作效率。

作为一个管理者，他在管理的过程中就要认识到目标的作用，目标不仅是界定追求的最终结果，它在整个人生旅途中都起作用，目标是成功路上的里程碑，它在管理中的作用主要体现在以下几个方面：

第一方面：目标能够促使部属产生积极性。没有明确的目标就没有做事的标准，没有明确的目标就没有前进的动力；有了目标，才有为之奋斗的方向，才有为之奋斗的计划。没有明确的目标，只能是徒然分散精力，浪费光阴，到最后追悔莫及，甚至感叹：终日忙碌，为何命运对自己如此

不公。所以说，重要的事情往往都与工作的目标或者企业的目标有关，也可以与个人的目标相关。凡是有利于工作目标的实现，有利于人生幸福的事情都可以认为是重要的事情，都能调动每一个人的积极性。

第二方面：目标使我们看清使命。作为一个管理者，他工作的每一天，都可能遇到令自己不满意的人和事。要知道，在那些对自己处境不满意的人中，有98%的人心目中没有一幅清晰的前景图画，没有生活的目标，没有人生目的。如果有了一个清晰的目标，他们就能够树立起自己的人生使命，在工作中他们就会变得兢兢业业，能尽职尽责地做好每一件事情。

第三方面：目标有助于我们分清工作的轻重缓急。制定目标的一个最大的好处是有助于我们安排日常工作的先后顺序。没有这些目标，我们很容易陷进烦琐的事务当中，成为琐事的奴隶；有人曾经说过，"智慧就是懂得该忽视什么东西的艺术"。道理就在于此。

第四方面：目标引导我们发挥潜能。确认目标的关键是把你的目标制定出来，写在纸上。把原来在心里想的东西，变为每天可感可见的现实，从而加深头脑中的印象。一段时间之后，你自然会产生自信，从而激发出内在的潜能。

为什么这样说呢？这是由于潜意识的不断督促和指挥，神奇的创造力就从我们的身上不断地发挥出来。这么一来，要达到目标，就不再是一件难事了。我们应该把消极的，无所作为的想法尽量抛弃，以积极的、肯定的强烈信念来充实你的精神。毕竟潜意识往往表现在行为上，也就是说我们的行动常受到潜意识的控制。如果能影响潜意识并加以巧妙地运用，那么我们心中所梦想的目标终有成为现实的一天。

第五方面：目标使我们有能力把握现在。人在现实中通过努力实现自己的目标，正如希拉尔·贝洛克说："当你做着将来的梦想或者为过去而后悔时，你唯一拥有的现在也从你手中溜走了。"

虽然目标是朝着将来的，是有待将来实现的，但目标使我们能够把握住现在。为什么呢？因为这样能把大的任务目标看成是由一连串小任务和小的步骤组成，要实现任何理想，就要制定并且达到一连串的目标。每个重大目标的实现都是由几个小目标小步骤的实现组成的。所以，如果你集中精力于当前的工作，心中明白你现在的种种努力都是为实现将来的目标

而铺路，那你就能成功。

第六方面：目标有助于评估进展。不成功者有个共同的问题，他们极少评估自己取得的进展。他们大多数人或者不明白自我评估的重要性，或者无法量度自己取得的进步。

目标提供了一种自我评估的重要手段。如果你的目标是具体的，看得见摸得着的，你就可以根据自己距离最终目标有多远来衡量目前取得的进步。有了目标，我们就不会像某个制作模型的发明家一样：他制作的模型有无数的飞轮、齿轮、滑轮和电灯，一按电钮，就动起来，而且灯会亮。有人问："这个机器是干什么的？"发明家回答说："它不干什么，但是，这机器的运转不是挺优美吗？"这样岂不可笑了。

第七方面：目标让我们未雨绸缪。成功的管理者总是事前决断，而不是事后补救的。他们提前谋划，而不是等别人的指示。他们不允许其他人操纵他们的工作进程。不事前谋划的人是不会有进展的。我们以《圣经》中的诺亚为例，他并没有等到洪水泛滥才开始造他的方舟，因而存活下来。

目标能帮助我们事前谋划，迫使我们把要完成的任务分解成可行的一个个小步骤。要想制作一幅通向成功的交通图，你首先就要有目标。正如18世纪发明家兼政治家富兰克林在自传中说的："我总认为一个能力很一般的人，如果有个好计划，也是会有大作为的。"

第八方面：目标使我们把重点从工作本身转到工作成果。不成功的管理者常常混淆了工作本身与工作成果。他们以为大量的工作，尤其是艰苦的工作，就会在某一天为他们带来成功。但任何活动本身并不能保证成功，且不一定有利。要一项活动有价值，就一定要朝向一个明确的目标，也就是说，成功的尺度不是做了多少工作，而是做出多少的成果。看看那些不成功的管理者，他们总是遵守着自己过去的本能、习惯、传统、经验、惯例，或者随便你叫它什么，他们干得很卖力，但毫无成果。许多不成功的管理者，他们自以为忙碌就是成就，干活本身就是成功。其实，这恰恰与成功的管理者形成了鲜明的对比。

目标有助于我们避免这种情况的发生。如果你制定了目标，又定期检查工作进度，你自然就能把重点从工作本身转移到工作成果，单单用工作来填满每一天的做法，看来再也不能接受了。做出足够的成果来实现目标，

这才是衡量成绩大小的正确方法。随着一个又一个目标的实现，你会逐渐明白要实现目标要花多大的力气，你还能悟出如何用较少时间来创造较多的价值，这会反过来引导你制定更高的目标，实现更伟大的理想。随着你的工作效率的提高，你对自己，对别人也会有更准确地看法。

每天都有可以实现的目标

作为一个管理者，他在做事情的时候，既有大目标，也有小目标，因为任何伟大的事业都是从点滴小事做起来的。也就是说，一个人必须具备小的目标才能一步步走向成功。小的目标同样很重要，它能使你看到奋斗的希望，从而树立你的自信心。

很多人在制定目标时，不注意树立小的目标，只树立了长远目标。可随着岁月的流逝，他们看到实现目标的希望越来越渺茫，便放弃了自己制定的目标。这样往往难以成事。

所以，在事业的起步阶段，懂得具体而清楚地将自己的目标表述出来，不仅能产生清晰的思路从而有利于你着手做出计划，而且能够帮助你始终关注自己的目标。我们中有太多的人盲目行事，或者将事情的成败托付给命运。你若向10个人发问："你是如何走到今天这一步的？"也许有9个人会这样回答："噢，偶然吧，我从来没想到会是今天这个样子。"即使他们中间有一些在你看来算作成功的人士，实际上他们也从未把现在的处境当作一个目标来追求过，他们大多数是糊糊涂涂地走到了现在。

在一次对哈佛大学商学院的毕业生进行的调查中，曾有人提出了这样的问题："你们中间有多少人确定了一个具体的、已经书面化的目标，并且依据它做出了详细的计划，打算在离开哈佛之后始终不渝地为之奋斗？"答案却是出乎人的意料，3％的人回答他们写下了自己的目标；13％的人回答他们没有将自己的目标书面化；84％的人回答他们没有制定过目标。

时间转眼过了10年，这些同学在一次聚会上重逢了，那3％的人都获得了成功，他们的财富是另外97％的人的10倍。虽然这不是衡量成功的唯一

标准，但却是一个重要的标准。

大多数目标的实现都需要你聚精会神地为之努力奋斗，有些目标的达成还要求你自身先发生某种改变，要求你掌握某些新的技能，要求你创造性地开展工作。在付出这些努力的时候，你或许会感到惊恐，觉得是在冒险，或者感到过于艰难。然而，一旦你实现了目标，无论这一目标是大是小，你的自信会更加充分，你的自尊会更加坚定，你的生活会更加丰富而充实。

下面这个例子听起来非常简单，但事实往往就是这样。然而尽管如此，我们还是要向你强调，将你的目标变得越具体越明确越好。

安姬有十足的理由埋怨命运对她不公平。她母亲在她还是婴儿时便去世了。她从来不知道父亲是谁，也不知道什么是家庭的温暖。安姬是个孤儿。八年级时，她被迫搬到阿肯色州和亲戚同住。此时，安姬的体重急剧增长，超过常人体重二十磅，以致许多衣服都不能穿。

面对特殊的家庭境况和糟糕的身体，安姬没有向命运低头，也没有怨天尤人，而是开始制定自己的人生目标：做一个长跑运动员。她决定首先练跑步以减轻体重，消耗多余的脂肪。渐渐的她愈跑愈体会出其中的快乐，体能也逐渐得到增强，之后她又经过刻苦的训练，终于成为一名出色的长跑运动员。她继续训练自己，并且开始参加长跑竞技比赛。

几年后，安姬，这个阿肯色州立大学四年级的学生，已经赢得三项马拉松及十公里长跑的冠军了。其中包括两次奥尔良马拉松大赛、孟菲斯快捷马拉松赛，以及亚特兰大雅芳十公里大赛。

安姬不向命运屈服，她拟订人生目标，并不断行动，终于发挥潜能，获得了成功。

制定目标或许还不算太难，可是要能贯彻到底得执行就不是件容易的事了。你可能以前就有过这样的经验，刚订好目标时很有摩拳擦掌的热情，可是过了三个星期后就没劲了，更别提达到目标的自信，早已荡然无存了。所以，在你的管理生涯中，当你拟订一项目标后，首要的步骤就是把它写在纸上，这样才能使目标具体化，遗憾的是大多数人连这么简单的步骤都不做。

当你把目标写下来后，随之最重要的一步就是立即让自己行动起来，

向着实现目标的方向拿出具体的行动,别一拖再拖。一个真正的决定必然是有行动的,并且要立即行动,此时你就要针对自己那些迫切要达成的目标拿出实际的行动。你先别管行动到什么程度,最重要的是要动起来,打一个电话或拟订出一份行动方案都是可行的,只要在接下去的十天内每天都能有持续的行动。当你能这么做时,这十天的行动必然会形成习惯,最终把你带向成功。

如果你个人制定的目标是一年之内学好爵士舞的话,那么就"先让手指头动起来",你不妨今天就去翻一翻电话簿找个训练班,然后注册入学,安排出学习的时间。

如果你的目标是一年之内买辆奔驰轿车的话,那么就请代理商寄一份有关奔驰汽车的各种资料给你,或者当天下午亲自跑一趟去了解一番。这并不是要你马上就买,只不过当你了解了价钱和性能之后,会强化你要购买的决心。

如果你的管理目标是在一年之内要使自己所领导的部门的业绩有所增长的话,那么就立刻拟出必须采取的步骤。到底有哪个已经在这方面取得成功的管理人士可以为你提供建议?你是否应该去学习一些管理知识?你是否需要去寻找你的上司,以获得他的支持与帮助?别忘了,每天你至少得体验一下实现目标的成功感受,当然最好是一天两次,一早一晚。每六个月你得重新回顾先前所写下的目标,以确定它们是否还"活生生"的。当你决心过积极奋发的生活后,你一定会有与以往不同的认识。很可能你会将先前的目标进行某种程度的修改,那么就好好动动脑筋增减一番。

要有符合自身的情况目标

作为一个企业的管理者,他在管理的过程中难免会不断遇到问题,分析问题,解决问题,只有这样,他才能成长起来。同时,管理者一定要心胸开阔,要不断学习,跟自己人学习,跟古代人学习,跟外国人学习,只有这样,他在工作的过程中,才能比他的下属更快地完成属于自己的工作。

那么，管理者与他的下属相比，为什么能在相同的时间，相同的工作岗位上首先完成工作呢？一位企业家曾这样作出解释：这是因为管理者把目标建立在了现实的基础之上。正是这样，他才能把那些吞噬他时间的琐碎事情排挤出去了。

不过，这样做比较困难，因为每个人的现实情况是不一样的，每个人的目标也有千差万别。这里我们希望你做到的是，既不要把目标定得太低，也不要把目标定得太高。

目标定得太高当然对自己不利，而目标定得太低甚至放弃目标自然也不行，因为这样一来，你会失去许多可能创造奇迹的机会。那么，如何判断你的目标是否现实呢？有这样一个方法你可以试试，即看看你的总目标能否分解为许多阶段性的、具体的、较易实现的小目标，而把这些小目标综合起来，又是否能累积成你的大目标。我们现在来看这样一个例子：

杨某现在30岁了，他进入了一家IT行业的知名公司，在这个公司里，他打算成为一名杰出的管理者。可是目前，他对这个公司的各个流程都不甚了解，任何条件他都尚未具备，所以他不得不先去了解这家公司具体的操作程序，不得不去与各个部门的经理沟通。

经过这样的一段时间以后，杨某很快从最初制定目标的兴奋中冷静下来，他觉得自己很难实现这一目标，因而有点儿灰心。为此，他去找他的上司，于是上司建议他将目标细化，也就是分解成阶段性任务，然后一个任务一个任务地去完成，最终实现成为一个杰出管理者的总目标。最后，上司对他说道：

你要这样做：把你下一个想法（不论看来多么不重要），变成迈向最终目标的一个步骤，并且马上去执行。时刻用下面的问题来提醒自己，用它来评估你做的每一件事："这件事对我的目标有没有帮助？"如果答案是否定的，就马上放弃；如果是肯定的，就要加紧推进。

我们无法一下子成功，只能一步步走向成功，所谓优良的计划就是自行确定的每个月的配额或清单。

请你想想看，怎样才能提高你的效率。请你利用下面的"30天的改善计划"来自我衡量一下。你可以在标题之下填入你一个月以内必须做到的事情，一个月以后再检查一下进度，并重新建立新的目标。请你经常留意

那些小事，以便增强你承担大事的能力与实力。

坚定的决心是别的东西所无法代替的。下决心将你的计划坚持到底，不要理会障碍、批评、不利环境，或别人怎样想、怎样说、怎样做。以不懈的努力、专注及集中的力量来加强自己的决心。机会不会落在等待者的头上，只有敢于出击的人，才能抓住机会。而成功出击的能力取决于规划制定及实现目标的能力。正如牧师兼演说家罗伯特·H·舒勒所说："目标绝对重要，不但调动着我们的积极性而且维持着我们的人生。"

今天就开始制定目标，规划未来的航向。罗伯特说："如果你没有明确的目的地，你很可能走到不想去的地方。"尽一切能力实现自己的理想，不要最终走到不想去的地方。

（1）把你确定自己人生理想时写下的东西重读一遍。以这个理想为基础，写出一份陈述。要写得简单，但要包括你想做的一切。这是你需要记住的，写的时候一定要包括以下几点：

第一点：你生活的重点是什么。

第二点：你为什么想做这些事情。

第三点：你打算怎样做到这些事情。

写好目的陈述之后，在最初几周每天看一次，看看这份陈述是否准确代表你的人生目标。

（2）花几个钟头的时间定出你的目标。

从人生的总体目标开始，找到实现人生目标所必须达到的主要目标，你大概会想出 2~10 个目标。同样要花点儿时间从头看一遍这些人生目标，看看你是否真的觉得它们很重要。

（3）花一个钟头的时间阅读一遍每个人生目标。

把一个人生目标分解成几个必须达到的中长期目标，再把每个中长期目标分解成几个小的中短期目标，然后把中短期目标分解成每天、每周、每月可以执行的任务。这些活动将为你描绘成功的蓝图。

这样处理过每天的人生目标之后，你应该明确要成功就必须做什么，从而组织好每天、每周、每月的活动。

和许多人一样，杨某总要去计算一下，为自己的目标做出尝试将会付出多大的代价。也许他在最初阶段就会犹豫不决，因为在这一阶段需要他

抱着强烈的欲望去刻苦学习，才有可能获得自己的职业发展。

可是，如果他按照分阶段进行呢？

答案是：第一阶段要集中精力做好自己的本职工作；第二阶段是对自己所管辖的各个部门有所了解，并获得这些部门经理的支持；第三阶段是与上司不定期地沟通，以便获得上司的支持。假使杨某能够成功地完成第一阶段和第二阶段的任务，他就能获得一个积极的信息，他离做一个杰出的管理者就不远了。

他和许多人一样，总是害怕失败。但他的上司却鼓励他，一定要给自己一个机会去试试。在尝试过程中他真的会付出代价吗？我们认为并不如此。

不过即使他最终没有成功，但他在尝试的过程中获得的知识和经验依然有用，他在适应各种各样的环境中获得的感觉依然富有价值。他实在没有失去什么。

记住，作为一个管理者，虽然没有义务一定要去获得成功，但你却有责任抓住任何一次机会去进行尝试以证明自己的价值。这一点是非常重要的。

知道自己的管理目标

看看那些在管理工作岗位上取得杰出的成绩的人，他们都有两个共同的特点：一是明确地知道自己事业的目标；二是能不断地朝着目标前进。他们知道，目标的意义不仅仅是目标本身，它更是我们行动的依据，信念的基础，力量的源泉，追求的境界。美国"精神之父"爱默生说过："一心向着自己目标前进的人，整个世界都会为他让路。"

我们每天都行色匆匆、忙忙碌碌、疲惫不堪地在工作的道路上奔波，我们可能因为昨天没有完成工作而感到烦躁不安，也会因为同事的恶意挑衅而大发雷霆，为上司的不满意而心烦意乱，为同事之间的小小争执而愤怒，为上级的批评而烦恼，为能拥有一辆汽车而费尽心机，为孩子能够出

国留学而劳神费力，为赚到一千万还想赚一个亿而每天想着争斗……面对这些负面情绪我们不妨在夜深人静之时扪心自问：我究竟要什么？

"我要什么？"选择一个时间和地点，把你在管理中的问题找出来，这对你会有极大帮助的。你要什么？你要知道你必须做什么事才能得到你想要的。当你还是第二名时，你是否想成为第一名？你究竟想成为一个什么样的人？弄清楚自己真正的需要，就是抛开那些可做可不做的事情，认真地思考你一生中真正非做不可的事情，让自己所有的能量都集中在那件你非做不可的事情上面。就像那只丑小鸭，它最先需要的只是不被鸭子同伴嘲笑；后来需要能够同它们一样游水；直到有一天，它抬头看见从天空中飞过的一队美丽的白天鹅，才发现自己真正需要的是在蓝天上展翅飞翔。弄清楚自己的真正需要是一个不断自我发现的过程。

弄清楚自己的真正需要，是一个管理者不断调整目标的过程。对于一个管理者来说，人生的目标往往并不是一开始就清晰的，也是随着公司的不断发展而不断改变的，其间你要不断地抛却你目标中那些不切实际的部分，补充那些还可以做得更好的部分。

能弄清自己真正的需要是一个人成熟的标志。你再也不会将时间与热情浪费在那些不会有结果的事情上，你开始学会让一切努力都服从于自己的管理目标。

所以说，在你的一生中，你必须制定明确的目标，而且你制定的这个目标必须是长期的、特定的、具体化的、远大的。

1. 目标必须是长期的。没有长期的目标，你可能会被短期的种种挫折击倒。理由很简单，没有人能像你一样关心自己的成功。你可能偶尔觉得有人阻碍你的道路，故意阻止你进步，但实际上阻碍你进步最大的敌人就是你自己。其他人可以使你暂时停止，而你是唯一能让自己永远坚持下去的人。

如果你没有长期的目标，暂时的阻碍可能构成无法避免的挫折。在工作中，当你设定了长期目标之后，你就能克服所有的阻碍，这样会使你很快地在管理方面获得成功。

2. 目标必须是特定的。目标很重要，几乎每一个人都知道，然而，一般人在人生的道路上，只是朝着阻力最小的方向行事，这是那些平庸的管

理者所做的事，而不是那些取得成功的管理者所做的事。如果你想成为一位杰出的管理者，你必须是一位意志坚强的特殊人物，而不是一位普通人。

面对公司的所有事务，不管你具有多少能力、才华或能耐，如果你无法管理它，将它聚集在特定的目标上，并且一直保持在那里，那么你将永远无法取得成就。只有你为自己设定了特定的管理目标，你才能把你的管理知识应用到实际中去。

3. 目标要具体化。如果你不能具体而明确地确定你的目标，并清楚地表达出来，如："这就是我的目标，这就是我想要做的。"那么，你就不能目标真正内化为自己的东西，你就不可能因此而产生强大的动力。

4. 目标要远大。目标远大会给人以创造性火花，使人更可能取得成就。正如约翰·贾伊·查普曼说的："世人历来最敬仰的是目标远大的人，其他人无法与他们相比……贝多芬的交响乐、亚当·斯密的《国富论》以及人们赞同的任何人类精神产物……你热爱他们，因为你说，这些东西不是做出来的，而是人们凭借他们的真知灼见发现的。"

成功的管理者像成功人士一样，且都是这样取得成功的。奥运金牌得主不光靠他们的运动技术，还靠远大的目标为推动力，商界领袖也一样。远大的目标就是推动人们前进的梦想。随着这梦想的实现，你会明白成功的要素是什么。没有远大的目标，人生就没有瞄准和射击的目标，就没有更崇高的使命能给你希望。正如道格拉斯·勒顿说的："你决定人生追求的目标之后，你就作出了人生最重大的选择。要想如愿，首先要弄清你的愿望是什么。"有了理想，你就看清了自己想取得什么成就。有了目标，你就有一股无论顺境逆境都勇往直前的冲劲，目标使你能取得超越你自己能力所能得的东西。要有远大的目标。有了远大目标，才能有伟大的成就。

5. 构筑目标的实践。这一点非常适用于一个管理者制定职业和个人生活的目标。没有明晰而坚定的目标，是人们对未来感到迷惘的首要原因。没有将目标付诸实践，则是无法走向成功的重要因素。对个人而言，目标混乱将导致情感从满足发展到厌倦和缺乏安全感，甚至会陷入深深的忧虑。对企业来说也是一样，对未来没有明确构想的企业会产生猜疑气氛，员工也会因此士气低沉。一个对未来一无所知的公司难以有前途，而没有前途的公司不值得投资者考虑。从明确目标中会发展出自力更生的精神、个人

进取心、想象力、热忱、自律和全力以赴，这些全都是成功的必备条件。明确目标促使你行动专业化，并使你的行动达到完美的程度。

你对于特定领域的领悟能力，以及在此一领域中的执行能力，深深影响你一生的成就。一旦你确定自己的需要和欲望之后，便应立即学习相关的专业知识；而明确目标就好像一块磁铁，它能把达到成功必备的专业知识吸到你这里来。

一旦你确定了明确目标之后，就应开始预算你的时间和金钱，并安排每天应付出的努力，以期达到这个目标。

由于经过时间预算之后，你在每一分每一秒都有进步，故时间预算必然会为你带来效益。同样的，金钱的运用应该有助于明确目标的达成，并确保你能顺利地迈向成功。

执行自己的管理目标

如果你是一位杰出的管理者，你就应该知道如何去调动全体员工的积极性，改善组织结构，提高企业效益，以达到提高管理水平和发展生产的目的。

如果你是一位企业的中层管理者，只有通过自己所确立的目标，你才能在企业组织中找到自己的定位，才知道如何去了解和缓解自己上下级关系的压力和情绪，矫正管理中的偏差，找到最佳的激励自我和下属的有效方法，从而充分发挥每一位员工的能动性，逐步成长为真正意义上的优秀职员和管理高手。

在管理的过程中，你还要知道，如果要达到一个目标，你必须事先要有一个清楚的概念。因此，你要决定你在远期、中期以及近期真正所要的是什么。不要把目标悬浮在半空中。如果你现在还不能够决定你长期和中期的目标，那么你就要加油了。对你最有利的是你应该在这个时候决定你的一般目标是什么；要在什么时间达到一个符合自己情况的管理阶段，你需要通过学习哪些知识，才能更好地认识自我、完善自我、提高修养，才

能纠正理智上、行为上的"错位",才能在工作中充分体现出真实的人格与实现自我。

我们下面来看这样一个事例,也许对大家是非常有帮助的:

杨某想改变自己的管理工作。我们请她详细谈谈自己的想法,以便帮助她尽可能具体地确认她的目标。她说:"我是一家大公司的行政经理,我非常喜欢我所从事的工作。公司里许多重要的工作都是由我独立完成,比如安排公司的生产流水线、组织市场销售活动等等。"她还说,"我特别喜欢公司全员性的娱乐和旅游活动。尽管如此,我还是想离开我目前的工作,因为我在工作中感觉孤独——我更愿意成为团队中的一分子。"

听完杨某的谈话之后,我们感觉到——其实你也可能感觉出——杨某想改变工作的原因似乎只有一个,那就是,她感觉很孤独,她想在团队中工作,或者她希望她的工作中有团队因素。对此,我们向杨某提出的问题是:"有没有这种可能性:既不离开目前的工作,又使你成为团队的一部分?为什么不把你的想法向公司的人事部门谈谈呢?"

我们不是想改变杨某的目标,我们想做的只是帮助杨某抓住目标的核心,然后能很好地执行下去。到目前为止,她想到的只是离开这家公司,而不是去和人事部门沟通。当然,她的目标和人事部门的态度并没有必然的联系,这里最关键的一点是,杨某的目标中最核心的内容是什么?她有没有可能在追求改变的过程中把不该改变的内容也给改变掉了?也就是我们通常说的:"在倒洗澡水时也将盆里的孩子倒掉了!"因此,我们还是建议杨某认真地与人事部门谈谈,看看能否出现两全其美的结果,毕竟她是很喜欢她所干的工作的!

如果你在管理的过程中,你的目标是要使自己跃上一个更高的台阶,那你就必须把这一工作具体描述出来,并自我限定准备在哪一天得到这份工作。如果你的目标是使你自己所管理的企业组织充满和谐的气氛,那你就必须确切地描述一下如何使你所在的企业组织能够达到这种和谐的氛围。

如果你目前的理想和愿望还不够明确,不足以成为一个目标,那就这样试一试:想象5年后的你。你可以自问:"我想受多高程度的教育?我想做什么样的工作?我期望得到他人什么样的尊敬?我喜欢什么样的领导?我认为我的自我价值如何得到实现?我想结交什么样的朋友……"

你还可以这样试一试：在一周内每天花 10 分钟列出所有你能考虑到的目标。一星期后你手头就会有几十个甚至上百个可能实现的目标。这样做会迫使你写出自己的愿望，这是开始把你的目标变为具体要求的最好方法。

树立目标的最大价值在于可以避免浪费时间，避免漫无边际地瞎干。而无论你采用什么原则，一定要运用积极的态度才能实现你生命中的高尚目标。积极的态度是一种催化剂，使各种成功要素共同发生作用来帮助你实现目标，而消极的态度也是一种催化剂，却会造成罪恶、灾难等一系列悲剧。

这就说明了有了目标并不是成功，而只有去实践，去执行，才能有助于你走向成功。在我们的管理生涯中，之所以有很多人没有成功，主要原因就是他们往往不明确自己的行动的目标。

我们必须首先确定自己想干什么，然后才能达到自己预定的目标。同样，只有明确自己想成为怎样的人，才能把自己造就成那样的有用之材。

我们要怎样做，才能找出自己成功的目标呢？只要遵循着如下规则所示的要求点来做即可：

规则一：找出自己确实想要的事物、想去的地方——有形的，无形的。

规则二：将这些目标排出先后顺序。也就是说，哪些目标会自动引出下一个目标，我们要确定哪些是当务之急的目标。

规则三：一旦明确了自己的目标，便可以开始规划如何去完成它们。不要陷入"我要的不是它"这类游戏当中。你可曾看见你的朋友玩这种"游戏"？他们买了部电脑，玩了一阵子后却说"我要的不是这个！"继之可能是一艘船或别的什么东西，但永远以"我要的不是它"结尾！如此的模式一次又一次地上演，只因他们从不花些时间来确定什么是他们真正想要的。

第五章

确定正确的管理策略

很多企业严重存在这样一种错位:"管理层级的错位"。高层做了中层的事情,中层做了基层的事情,而基层则在做高层的事情。这样的企业怎么可能管好?所以,企业管理的变革必须从正本清源开始,哪一个层级该干什么,把它分清楚,如果不分清楚,永远也管理不好企业。

战略目标对企业至关重要

做人要有远大的理想和抱负,要有勇气去探索和实践未知的领域。经营企业也是如此。管理者的思路决定着企业的出路,这不是一句空话,而是有其实际意义的。

归根到底,企业发展的战略胆识对于企业未来的成长至关重要。还记得希腊传说中的奥德修斯和阿伽门农吗?阿伽门农率领希腊军队围攻特洛伊城,10年未能攻破。奥德修斯接替阿伽门农后,向特洛伊人呈献了一匹潜伏了希腊士兵的巨大木马,希腊军队在一夜之间就取得了战争的胜利。小思路使战争陷入10年的僵局,而"木马战略"则是一个打破僵局的大思路。

诺曼底战役结束后,美国大批高级军官脱下军装,说:"我们得去打另一种仗。"他们从军界转入商界,并进入企业决策层。在战争中形成的战略思维特质亦随之移植于经济活动之中,并与企业发展的需要相融合,从而萌发了企业战略思想。20世纪五六十年代美国企业战略尚处启蒙阶段,七八十年代进入战略管理阶段。许多大企业引入战略管理而获得了巨大成功,如微软、可口可乐等。日本通过学习借鉴,在战略管理上更提升一步——于80年代率先进入战略经营阶段,并创造了世界经济奇迹。

当你的企业确定了一个遥远的目标并为之努力的时候,你的企业就已经具有了一种无坚不摧的力量。但与此同时,若心中的目标很小,则收获的希望也很小;若心中的目标很大,则收获的希望会更大,不要顾忌专家们口中的"不可能",放手去干就是了,成功永远属于那些胸怀大志的人。只要有信心,只要不断进取,即使是表面看起来不可能的事情,也会变得轻而易举。

管理者要给自己准确定位

管理者要注意认清自己的角色性质，做到准确定位，避免角色错位，从而实施正确的领导方法，提高领导艺术和工作成效。

1. 由"运动员"向"教练员"转变。

领导职责的变化，要求管理者由"运动员"向"教练员"转变。因为，领导的责任主要是出主意、用人。但是，有许多企业领导往往是事必躬亲，什么事情都是自己亲自干，对谁都不放心，这是典型的"运动员"式的领导方式。现代领导观认为，领导应该做一名"教练员"，要退居边缘，实施具体指导，让下属自己去行动。

运动员与教练员的区别在于：运动员是靠自己成事；教练员是靠用人成事。所以，高明的管理者都懂得，领导是一门用人成事的艺术，即要善于通过组织指导好下属来实施领导。美国管理学家彼得·圣吉在《第五项修炼》一书中提出，21世纪领导的新角色是教师。基辛格就说过：一个伟大的领导人必须是一个教育家，使远见与人们熟悉的现实之间得到沟通。

教师和教练员的职能是相通的。那么，管理者要扮演好教师或教练员的角色，应该教会下属什么呢？一要培养下属的责任心；二要教会下属行动；三要鼓励下属创新。作为管理者，我们不要忘记自己是一个教育者，要学会由"运动员"的角色方式向"教练员"的角色方式的转变。

2. 由"领头羊"向"牧羊人"转变。

领导拉动方式的变化，要求管理者由"领头羊"向"牧羊人"转变。因为，领导拉动的方式有两种：个人拉动和组织拉动。个人拉动，主要是靠管理者的个人业绩或精神来带动他人前进，我们把这种管理者比喻为"领头羊"。组织拉动，主要是靠组织形成的合力或惯性来带动他人前进，我们将这种管理者比喻为"牧羊人"。

"领头羊"与"牧羊人"的区别在于：领头羊只能在前面起带头作用，至于后面的羊愿意不愿意跟它走，它也无能为力；如果管理者只充当"领

头羊"的角色，充其量当一个劳动模范，只能发挥榜样的作用，其力量是有限的。而"牧羊人"，身处羊群之外，能有效地控制整个队伍的行动，能担当起领导的重任，其作用是巨大的。

管理者是领导活动的主体，并不意味着总要位居行动中心，更不意味着管理者应大权独揽，事必躬亲。领导不是"领头羊"——体力劳动者。管理者要大踏步往后退，退至后面视野开阔的高地，去指明方向。因此，高明的管理者是组织者，他们懂得通过经营一个组织来实现领导，而不是靠个人的单打独斗。

3. 由"船长"向"设计师"转变。

管理者控制方式的变化，要求管理者由"船长"向"设计师"转变。因为，领导控制的方式一般有两种：一种是直接控制，一种是间接控制。船长是一船之长，他只能在船上就事论事解决问题，所实施的控制方式是直接控制，其影响力是有限的；而设计师是在陆地上设计好可能出现的问题的解决方案，所实施的控制方式是间接控制，其影响力是巨大的。船长与设计师的根本区别就在于：船长是解决问题；设计师是避免问题。直接控制解决问题与间接控制避免问题，在领导效果上是完全不一样的。

管理者如何才能成为一个高明的"设计师"呢？这就需要管理者树立避免问题的领导理念。管理者的主要任务是指引方向、规划未来、掌控全局。作为一名管理者，能够在事后解决问题固然可喜，但能够在事前避免问题出现，才是管理者追求的最高境界。

管理要设定预期目标

对于一个管理者来说，应该本着务实的精神，制订切实可行的计划，让他的团队有一个可以实现的目标，而不是作出一个不可能实现的决定，同时管理者要对这个目标作出承诺。在承诺的同时，上下级之间要能够相互沟通，建立一个交流网络来寻求共同的价值观与信念。同时，管理者要以身作则，以自己的个人行为作为员工学习的典范。

许多公司现在也开始在一些社会议题上彼此互相合作，同时也透过一些公有与私有合伙关系的重组，以及通过制作各种保护环境、改善教育水准、发展提升医疗保健等计划来回馈社会。在这里，就有许多机会，可以吸引各行各业以及各层面的优秀分子的注意。

管理者通过与下属之间的"互动过程"，有效地协调了子系统之间的竞争与合作关系，树立了领导权威，促进了系统的有序化，这才是现代领导的本质所在。显然这种领导权威不是管理者个人素质的单独结果，而是管理者与下属双方相互作用的结果。管理的关键是公司文化的建立

企业文化是推动企业发展的原动力。它对企业发展的目标、行为有导向作用，能有效地提高企业生产效率，对企业的个体也有强大的凝聚作用。优秀的企业文化可以改善员工的精神状态，熏陶出更多具有自豪感和荣誉感的优秀员工。

那么如何建立优秀的企业文化呢，在我国有相当一部分管理者对于企业文化的认识存在误区。他们认为企业的文化就是自己的文化，自己设定一个什么样的文化、什么样的制度，员工就应该照葫芦画瓢。不管这个瓢是圆是扁，作为下属只管照样子画就对了。如果有什么疑义那就是对领导的不忠，对企业的不忠，就该受到惩罚，甚至走人。

然而正确的、优秀的企业文化是应该得到全体员工认同的。每个员工都应是企业文化的创造者、完善者和体现者，而不是被动的承受者。若企业文化仅仅停留在口头或者纸上，仅仅依靠严格的规章制度来强制员工遵守，就不能称其为企业文化。

正确的企业文化能成为员工的自觉之物，形成一种强大的自然整合力。实际上，文化的根本标志就在于它的自动整合功能，它强大得无须再强调或者强制，它不知不觉地影响着每个人的思想和精神，从而最终成为一种自觉的群体意识。只有达到这种程度，一个企业的价值理念体系才可以被称之为企业文化。

一个企业如果没有和员工建立起共同的信念，谈何利益相关？但凡优秀的企业，都是通过确立共同的愿景，整合各类资源，牵引整个组织不断发展和壮大，引导成员通过组织目标的实现，实现个体目标的。

对于一个企业而言，要想让员工全心全意地热爱、信仰、遵从企业文

化，最好的办法不是强制其全盘被动地接受，而是让他们参与进来。只有员工自己参与了，有关员工的切身利益、自身目标和企业的利益、愿景目标达成一致了，员工才会从心底到行动都接受、认同企业文化。

建立良好的企业文化，首先要努力在企业和员工之间建立起一种长期的相互信任和相互依赖的关系。以长期雇用为出发点，以外部劳动力市场为依托，强调对员工个人能力的培养与开发，重视客观公正的绩效考核，注重公平合理性，强化企业与员工之间的互利合作意识以及一般员工的参与意识，才能得到员工的信任并最终留住员工。然后，在各项具体的人力资源管理政策与实践上，注意积极推动企业的文化建设。

通过建立正确有效的企业文化，可以构筑全体员工共同的价值观，进而改变落后的、消极的思维方式和工作模式。于是，文化的激励功能就能够发挥出来了，进而就能转化成无往不胜的战斗力。

管理要设定发展方向

不少人认为天才或成功是先天注定的。但是，世上被称为天才的人，肯定比实际上成就天才事业的人要多得多。为什么呢？许多人一生一事无成，就是因为他们缺少雄心勃勃、排除万难、迈向成功的动力，不敢为自己制定一个高远的奋斗目标。不管一个人有多么超群的能力，如果缺少一个认定的高目标，他都将一事无成。设定一个高远目标，就等于达到了目标的一部分。

1969年，从小就喜欢吃汉堡的迪布·汤姆斯在美国俄亥俄州成立了一家汉堡餐厅，并用女儿的名字为店起了名——温迪快餐店。在当时，美国的连锁快餐公司已比比皆是，麦当劳、肯德基、汉堡王等大店已是大名鼎鼎。与他们比起来，温迪快餐店只是一个名不见经传的小弟弟而已。

迪布·汤姆斯毫不因为自己的小弟弟身份而气馁。他从一开始就为自己制定了一个高目标，那就是赶上快餐业老大麦当劳！

20世纪80年代，美国的快餐业竞争日趋激烈。麦当劳为保住自己老大

的地位，花费了不少的心机，这让迪布·汤姆斯很难有机可乘。一开始，迪布·汤姆斯走的是隙缝路线，麦当劳把自己的顾客定位于青少年，温迪就把顾客定位在20岁以上的青壮年群体。为了吸引顾客，迪布·汤姆斯在汉堡肉馅的重量上做足了文章。在每个汉堡上，他都将其牛肉增加了零点几盎司。这一不起眼的举动为温迪赢得了不小的成功，并成为日后与麦当劳叫板的有力武器。温迪一直以麦当劳作为自己的竞争对手，在这种激励中快速发展着自己。终于，一个与麦当劳抗衡的机会来了。

1983年，美国农业部组织了一项调查，发现麦当劳号称有4盎司汉堡包的肉馅，重量从来就没超过3盎司。这时，温迪快餐店的年营业收入已超过了19亿美元。迪布·汤姆斯认为牛肉事件是一个推翻快餐业霸主的机会，于是对麦当劳大加打击。他请来了著名影星克拉拉·佩乐为自己拍摄了一则后来享誉全球的广告：

广告说的是一个认真好斗、然而喜欢挑剔的老太太，正在对着桌上放着的一个硕大无比的汉堡包喜笑颜开。当她打开汉堡时，她惊奇地发现牛肉只有指甲片那么大！她先是疑惑、惊奇，继而开始大喊："牛肉在哪里？"不用说，这则广告是针对麦当劳的。美国民众对麦当劳本来就有了许多不满，这则广告适时而出，马上引起了民众的广泛共鸣。一时之间，"牛肉在哪里？"这句话就不胫而走，迅速传遍了千家万户。在广告上取得巨大成功的同时，迪布·汤姆斯的温迪快餐店的支持率也迅速飙升，营业额一下子上升了18%。

凭借针对麦当劳的不懈努力，温迪的营业额年年上升，1990年达到了37亿美元，发展了3200多家连锁店，在美国的市场份额也上升到了15%。直逼麦当劳坐上了美国快餐业的第三把交椅。

开始时心中就怀有一个高的目标，意味着从一开始你就知道自己的目的地在哪里，以及自己现在在哪里。朝着自己的目标前进，至少可以肯定，你迈出的每一步方向都是正确的。一开始时心中就怀有最终目标会让你逐渐形成一种良好的工作方法，养成一种理性的判断法则和工作习惯。如果一开始心中就怀有最终目标，就会呈现出与众不同的眼界。有了一个高的奋斗目标，你的人生也就成功了一半。如果思想苍白、格调低下，生活质量也就趋于低劣；反之，生活则多姿多彩，尽享人生乐趣。

管理要把握好时机

1975年初春的一天,美国亚默尔肉食加工公司的老板正躺在沙发上看报纸,突然,一则短信让他双眼圆睁:

"墨西哥将流行瘟疫。"

这位老板立刻推测,如果墨西哥有瘟疫,必定从加利福尼亚和得克萨斯两州传入美国,而这两州又是美国肉食供应的主要基地。这两地一旦瘟疫盛行,那么全国肉类供应必定紧张。

于是,在证实了这个消息的可靠性之后,他倾囊购买得克萨斯州和加利福尼亚州的生猪和牛肉,并及时运往美国东部。

不出所料,从墨西哥传来的瘟疫蔓延至美国西部几个州。美国政府立即严禁这些州的食品外运。于是美国全境一时肉类价格暴涨,肉类奇缺。

亚默尔公司数月内净赚900万美元,一时尽占风光。

机不可失,时不再来,在进退之间不能把握时机者,必将一事无成,遗憾终生。凡成大事者,他们可以在机会中看到风险,更在风险中抓住机遇。能迅速抓住机遇的人才能获得成功,对于那些随遇而安,犹豫不决的人来说,机会即使摆在他面前,也把握不住。

西奥多·罗斯福有句名言:在你做决定的时候,最好的情况是你作出了正确的决定,其次是作出了错误的决定,最差的就是你什么决定都没作。

纵使千言万语,也抵不上一次实际行动。能迅速作出决定,知道自己要什么的人,通常能得到他所想要的东西。过度的疑虑会拖延我们作出决定,使你错失本该获得的成就。

企业必须果断地抓住时机,确定新的行进方向,集中所有资源不遗余力地向新方向进发,这是一位优秀决策者应有的前瞻性能力。

"看清了再做"越来越成为一种理想状态,而不会在现实决策中出现,因为当你看得非常清楚的时候,所有的竞争对手都可能看得很清楚了,那么这个战略方向就不可能孕育着"大赢"的机会了。因此,大致看清楚一

个方向的时候，企业就必须全力进取，才能够有所突破。

实际上，在没有全力进入新方向之前，没有人可以准确地看清前行的道路，为了抓住机会，企业必须果断地作出决策。有时候，企业甚至需要进行一场"豪赌"，这是企业最高决策者必须承担的一项责任。在这个过程中，最怕的是"浅尝辄止，四面出击"。"浅尝辄止"，很可能在快要挖到井水的时候放弃，而并不能探索出真正的道路来。"四面出击"，只会分散有限的精力和资源，不可能找到未来的增长点。

大赌有赢也有输，这种现象是必然的。但如果长时间犹豫不决，代价可能更大。格鲁夫在回忆英特尔转型时谈道："路径选错了，你就会死亡。但是大多数公司的死亡，并不是由于选错路径，而是由于三心二意，在优柔寡断的决策过程中浪费了宝贵的资源，断送了自己的前途。所以最危险的莫过于原地不动。"选择可能是错的，但是不选择的代价可能更高。严重地说，后者无异于一种慢性自杀。随着竞争的损耗，企业的资源越耗越薄，选择的空间越来越少，看起来选择多元化的企业像是保留了"东边不亮西方亮"的权力，但实际上丧失的是在任何一点获得突破的可能性。

防止管理层次过多

一个企业从无到有，本来就是一件十分不容易的事。通过数年的苦心经营，企业已经具备了一定的原始积累，正面临着如何做大、做强和持续经营。但不少中国企业却因无法突破发展"瓶颈"而纷纷"落马"。中国的民企大多是短命的，平均仅有3.9年的生命历程，可谓"昙花一现"。究其原因，是因为不少企业无法突破各种发展瓶颈，其中管理瓶颈是横亘在众多中小企业面前的一大障碍。对于民企来说，管理越来越成为一种持久竞争力。一个管理混乱的企业当然谈不上什么市场竞争力。严格意义上来讲，目前绝大多数的民企都面临着不同程度的管理危机。正如"蝴蝶效应"一样，管理危机很可能导致成本管理危机、组织机构的制衡危机、人才管理危机、企业文化危机、市场信用危机等种种危机。

对于广大中小企业而言，在其发展的初始阶段，如果盲目穿上"大衣服"，得了大企业病，管理体制盲目做大求全，等待它的只有失败。这一阶段最合适的就是家庭作坊式管理，尽管听起来难听，其实就是直线管理：管理层次不能超过两级、报表不能超过10份。要知道，过度管理也是会增加企业成本和降低企业活力的，创业阶段的灵感/灵活比计划/方案更为重要，创业阶段的当家人直线管理对团队的凝聚力和战斗力也很重要。

如果把企业比作一个天平，当外部竞争对手增多、竞争压力增大时，来自市场的不确定因素骤然增多，经营风险和管理成本的一端在悄然而迅速地上升；而经营灵活性、利润和员工积极创造性一端却在下降，那么，这个企业很可能碰到了管理瓶颈。

企业发展到了管理瓶颈，最明显的表现就是组织架构重叠、管理层次繁多、人员冗余。因为我国许多中小型民企的投资者对整个企业具有绝对的控制权，组织架构设置随意性比较大，很可能出现几个人或部门都在做同样的事情，无形中造成人力资源的浪费。不少企业的组织架构是金字塔状，管理层次七八层甚至十几层的都有。中间管理层过多，会使部门之间信息沟通不畅，协调困难。不合理的组织架构设置导致机构臃肿。一般员工上万的大型企业才设置总经办、行政部、人力资源部等部门，但一些员工仅数百人的企业也这样设置。部门划分过细就会使部门之间业务交叉，导致权责利分配不清晰。机构臃肿的并发症是人员冗余，人浮于事。这样的企业管理层次过多最直接的后果是人力资源成本居高不下，间接后果是政出多头，员工职责不明晰，士气低落，从而导致工作效率降低。

不仅如此，管理层次过多的企业，其经营管理必然还会有如下症状：

一是决策效率和效果低下。企业经营管理是否有效，很大程度上取决于生产经营情况和决策管理信息能否快速、准确、及时、无误地上传和下达。企业管理层级过多、链条过长，势必使上下信息沟通不畅或延误或失真，既会降低决策效率，又容易导致错误决策。

二是管理成本增加。企业经营管理不仅有人工成本，也有组织成本。管理成本投入后的产出利润大小，可以反映企业内部管理效率的高低。

三是内部监管失控。企业监督管理的有效性必须在一定的合理层级范围内才能发挥。企业管理层级过多、链条过长，行业覆盖面过宽，鞭长莫

及，母企业对子企业的监管势必成为问题。有的集团公司连自己下属的子公司、孙公司、重孙公司具体有多少家都搞不清楚，监督和管理只能流于形式。

四是竞争和适应能力下降。由于机构臃肿、决策低效，因而反应迟钝、行动缓慢，往往难以适应快速多变的外部经营环境。加上涉猎行业过多，经营范围过于分散，往往不能把有限的资源和精力集中在自己擅长的领域，造成主业过多，主辅不分。

五是由于管理层级过多，管理链条过长，造成相关控制人员也随之增多，从而形成各种各样难以控制的资产流失渠道。

传统管理模式的企业强调分工，组织结构也是传统的高尖式组织结构，也就是金字塔式、自上而下、递阶控制的管理组织形式。随着时代和经济的发展，这种管理层次过多的组织结构，由于存在对外界环境变化响应迟缓和压抑组织成员全面发展等弊端，越来越无法适应新经济时代企业管理的需要。

陷入此种管理瓶颈的中小企业，则可以根据杰克·韦尔奇的"无边界组织"的理念，注意加强科学的组织设计，减少不必要的管理层级。"无边界组织"的概念，寻求的是减少管理链条，对控制跨度不加以限制，取消各种不必要的职能部门。面对庞大的公司机构，通过"无边界组织"减少公司内部的资源浪费和政令不通，消除公司的内部管理障碍，为企业管理营造更畅通高效的条件。

因此，科学的企业管理意味着首先要有一个科学的组织设计。组织设计是为组织目标的实现服务的，是以自己的生产特点、人员实际能力作为基本的考虑依据。科学的组织设计可以使组织形式与企业的运作需要达到最佳的契合，可以通过科学的、合理的组织设置减少不必要的管理层次，避免人力资源的浪费和提高管理工作效率，从而为企业获得最佳效益奠定基础。

避免管理错位

在中国，很多企业严重存在这样一种错位——管理层级的错位。高层做了中层的事情，中层做了基层的事情，而基层则在做高层的事情。这样的企业怎么可能管好？所以，企业管理的变革必须从正本清源开始，哪一个层级该干什么，把它分清楚，如果不分清楚，永远也管理不好企业。

企业的各个层级应该各司其职，高层要做高层该做的事，中层和基层就要做中层和基层该做的事。

具体来讲，作为企业的高层，首先要做好企业的发展规划，也就是说企业的高层管理者必须有能力和责任为自己的企业做出持续发展的规划；其次是结果的检验。企业的高层管理者还要不断检验有没有真正把企业带到目的地，如果带到了，下一步的目标和规划是什么？如果没有带到，如何调整？

而企业中的中层管理者也要明确自己的本职工作，第一，确定工作目标并制订工作计划。也就是说您能不能设定您及您的团队的工作目标，基于工作目标，做出相应的工作计划和资源需求计划。第二，团队建设，也就是说您能不能基于工作目标，组织您的团队，以及协调您的团队和别的团队的配合。那么企业的基层应该做些什么？还是两件事情：第一，必须具备实现计划的能力。第二，信息的反馈。因为最末端显现出来的信息往往是最重要的。

许多主管每天用于有效工作的时间很少，大部分时间用于琐碎的事务，或用于根本不该干的事。主管干了自己不该干的事，主管干了下属该干的事，主管干了无效的事，这种现象称为管理错位。管理错位浪费了主管最宝贵的资源——时间和精力。那么，怎样避免管理错位呢？要避免管理错位，作为企业的主管每天工作时都要问自己这样几个问题：

（1）我是谁？

这个问题看似简单，实际上有很多人对此理解不够正确和深刻，这在

心理学上称为自我暗示。管理者确实需要不断的自我暗示，明确自己的角色身份和职责。因为主管只要进入工作岗位，就会被各种各样的事务和人包围，往往身不由己，特别容易出现管理错位。

（2）我今天应该干什么？

回答这个问题，实质上是在做一天的工作规划。能够有效工作的管理者，必定干自己想干的事，自己应该干的事。主管应该主动工作，干计划内的事；而不是被动工作，干不属于自己干的事，干计划外的事。主管们工作时，很容易犯的错误就是"来什么事，就干什么事"。

（3）哪些事情别人做，可能干得更好？

通常企业的中层管理者们特别容易犯一个毛病：事必躬亲。事必躬亲的原因很多，有的是为了对上级显示自己的忠诚，有的是不信任下属，遇到问题，总怕下属做不好，于是亲自动手干起来，做了下属该干的事。其实，即使经理比下属干得好，仅从经理有更重要的事要做这点考虑，也应该让下属去做。

主管最大的困扰就是，太多来自外界的干扰，随时得放下手边的工作去做别的事情。担任主管的责任之一就是集合多人的努力，共同完成一份工作。换句话说，主管的工作有很大的一部分需要与别人互动，外界的干扰是主管工作的一部分。你可以排定某些时段作为你的缓冲时间，当有人临时找你需要讨论事情时，可以请他在你有空的时间再来。

有句形容主管的话很形象但也有警醒作用：一个主管只会压制自己，那叫怕；一个主管只会纠正自己，那叫乱；一个主管只会节省自己，那叫贱。主管没有必要告诉自己不要做这个不要做那个，纠正这里那里，总是为自己节省。有本事，自己乱七八糟，手下一切正常，每天在外面应酬客户，公司平安无事，这叫厉害。如果你一天到晚穿得标标致致，台灯照着你孤独的背影工作到深夜，最后还口吐鲜血，积劳成疾，这叫犯贱。为什么？管理层就像金字塔，如果只是顶上有点烂，下面稳固，不会有什么大事；如果底下坏了，顶上再好，也会摇摇欲坠。

如果主管们能正视上面的问题，并能很好地去做，就会大大减少管理错位现象的出现，就会发现主管的工作实际上很轻松，工作效率也会大大提高。因此，管理的层级要定位准确并坚定执行，万不可高层做中层的事，

中层做基层的事，这样的管理错位带来的不仅仅是工作效率的降低，时间久了更会影响企业的纵深发展和长远的效益。

小制度也能有大成效

社会经济需要管理，企业公司需要治理，"大事务"的管理和治理需要"大制度"，"小事务"的管理和治理需要"小制度"。前者譬如计划经济制度或市场经济制度，后者譬如福利奖惩制度或独立核算制度。暂且撇开技术创新的意义不谈。不言而喻，管理效率的高低、治理效能的优劣，取决于制度的有效性如何，而制度的有效性并非取决于制度的大小，有时，小制度同样能有大成效。

一个企业、一个部门可能有成千上万个职工，主管不可能认识每一个职工，也不可能亲自来激励、监督每一个员工，那么，主管凭什么来管理成千上万的员工，让所有的员工围绕企业的战略共同努力呢？唯一的答案就是制度。好的企业一定有一个好的制度，管理最终要靠制度来保障。

其实在管理的过程中，并非是说要建立多么高深多么严谨的制度条文，有时候即使是一项小的制度，也能发挥很大的效益。

现代的企业管理已经由过去的一边倒，管理者即是权威，不容许有丝毫置疑的模式，转为互动型管理了。这其中，员工扮演了一个重要的角色。员工拥有无比巨大的潜能，只要发挥得当便能为企业创造更高的效益。管理者所要做的便是顺应这样的潮流，采取各种手段来引爆员工的潜能。

有句话叫"没有规矩，不成方圆"。无论是什么单位，国企也好，外企也罢，总有着这样那样的制度、规章来规定着员工们的行为。许多公司的小制度却能在人力资源管理上面发挥着不小的作用。

小刘喜欢现在的工作多半是因为公司的福利待遇好。这也是她所在的公司最拿得出来值得一说的"光荣"制度。公司的医疗和社保都比较好，无论是什么病，小到拔鱼刺，大到生小孩的医疗费用都可以全部报销。有的时候仅仅因为这一点，就会让人觉得很安心，生命和生活都有最基本的

保障。除此之外，公司经常会组织员工进行各类培训。每个员工的培训课程各不相同，根据员工的职能特点，公司人力资源部门进行"个性化"的课程安排。比如在一年中，员工必须完成从最基本的语言培训、销售计划培训、成本控制培训、财务培训、财务预算培训等。对于公司的管理人员来说，一些管理类的培训就占了他们年度培训的主导，而对于销售助理等非管理人员来说，公司则更注重对他们在基础财务知识、语言、销售计划制作等方面的培训。员工在公司工作的同时，也接受了良好的职业方面的专业训练，对于日后的个人发展也更有利。

这样一个在细微的地方都能够照顾到员工的利益，无论多小的制度都不会忽视的公司是没有理由不具有向心力的。往往一个公司或一个企业，制定并执行一些小制度，尽管制度小但作用不会小，无论在公司的任何一个发展阶段，小制度的作用都同样不能忽视，小制度也能有大成效。

用铁拳维护秩序和纪律

老好人不一定是好管理者，他也不适合长期的管理工作，从理论和逻辑上推论，这个观点没错，完全成立。实践的大海实在是浩渺无边，深不可测。平静的海面，保不准会突起风浪。光当老好人的管理者谁也不敢打保票不会换换岗位、挪挪地方。

某企业进行了人力资源战略规划，从战略出发对企业人力资源情况进行了盘点，并制定了针对性的人力资源政策，以保障战略实现。根据人力资源战略规划，为完成优化员工年龄结构、学历结构和专业结构的目标，第二年，企业在短时间里将一批年轻的主管提拔至部门正职或副职的岗位上。一时之间，这些年轻人被压抑许久的积极性得到了充分调动，也在各个部门烧了几把火。

过了一段时间，人力资源总监着手对这些新中层的工作情况进行一番调查。调查过程中，他接到了一些普通员工对新中层的投诉，反映新领导是老好人，对下级要求过松。特别是有一些的普通员工认为，新中层"很

少对他们红脸"，跟着新中层对个人成长无益。他感到奇怪：这些新中层虽然年轻，但均已担任过相当长时间的主管，为什么做主管时一直都没有暴露过这样的问题呢？

在我们周围也有这样一些以老好人形象出现的管理者，在作出决定时，总是摇摆不定，犹豫不决；在碰到一些问题时，当"甩手掌柜"，久而久之，管理的魄力小了，胆子小了，办法也少了。有什么事，满头大汗去找上级领导，您看应该怎样处理，您给拿拿主意吧。或者干脆不管，假装什么都没有发生。

作为管理者，往往管理着许多下属，管理着一摊子工作，他们的首要任务就是把下属管理好，把方方面面的工作安排得井然有序、有条不紊，从而维持日常工作的正常运转。

任何一名企业管理者都应该扮演好管理者的角色。在实际工作中，有的中层管理者认为自己不是高层领导，不愿管，不敢管，没有资格管。在情感方面，更是如此，不好意思，怕得罪人，做老好人；有的中层管理者则认为下属做的是一些鸡毛蒜皮的小事，不值得自己去管，结果工作秩序混乱，甚至导致严重后果。

小王在一家公司做产品设计工作，由于各种原因，公司业务做得不是太好，很多员工觉得没有前途，不是整天无所事事，就是迟到早退。看到这种情况，小王就去问主管："公司照现在这个样子发展下去，肯定非常危险。我们该采取什么办法挽救公司呢？"谁知主管却说："你管这么多有什么用呢？先挺挺看，也许过一段时间会有些起色。"小王听到主管如此没有信心的话之后，第二天就和公司拜拜了。

小王为什么会远走高飞呢？也许在他的心目中，主管就代表着公司，主管对公司都没有信心，自己怎么能对公司有信心呢？还不如跳槽痛快。

可见，管理者需要树立自己的威信，要严格要求下属，不能放纵不管。管理者在管理中使用一些技巧是非常有必要的：工作中，要用严格管理来体现组织的制度；私下里，要用情感来体现自己对下属的关怀。如果你老是想着做老好人，那么你将组织的规章制度置于何处？如果下属犯了错误，你不惩罚他，你的威信何在？

许多人普遍认为，做人就是如何搞好人际关系，做事就是如何提高公

司效益，搞好人际关系、提高公司效益就是管理。只会做人，不会做事，是一团和气，是和稀泥，管理上等于零。相反，只会做事，不会做人，常常得罪人，他的管理也等于零。因此，要先会做人，然后会做事，这就是管理。

但是在日常的管理中我们经常遇到事与人纠缠到一块的时候，其实也难怪，人是做事情的人，事是人做的事，怎么能分得清楚呢？所以，管理就是得罪人的事，在日常的管理中不要怕得罪人，但不要得罪大多数人，更要注意对事要制度化，对人要人性化，特别是在不是很正规的小企业，首先做的应该是有法可依——建立可行的规章制度，然后再是有法必依，执法必严，违法必究。

管好一个企业和一群人往往是需要给企业动一系列"手术"的，会让企业中的不少人感到"疼"。改革会调整企业原有的利益格局，可能要堵一些人的财路，降低一些人的收入，使大部分人感到压力增加，甚至要揭人之短……都是得罪人的事。企业要抓管理，就需要顶着这些压力、冒着这些风险，大刀阔斧地把一项项新制度贯彻下去，要敢于管理。

经营者如果空有管理之心，却前怕狼、后怕虎，这个不愿招惹，那个不敢得罪，希望什么麻烦也没有，一心想做"好好先生"，管理根本不可能有什么改进。企业抓管理就是要既无情又有情。在深化改革、贯彻制度方面要"无情"，制度至上，没有什么讲情面的余地。奖惩分明、能上能下，对于一部分员工来说可能很"无情"。但是，只有通过加强管理，企业才能更具竞争力，才能有更大的发展，使员工收入增加，提供更多的岗立，这恰恰是"有情"的一面。

管理是为了什么？难道是"老好人大赛"，看谁比较受人欢迎？不要说大胆管理，再小心的管理也不可能让人人说好，那种只说"好好好"的管理早晚把大家都送进地狱。管理应该是好人、真心为企业的人大部分人都会说你好，管理者明白自己的职责就是要管理好公司的业务，只有用铁拳来维护秩序和纪律，企业的规章制度才会真正的贯彻执行，企业才会在正常的轨道上运转。

改变众人所循的管理规则

管理创新,首要的、关键的在于企业经营管理者的观念创新。墨守成规,在一些企业的经营管理中形成了"老办法不顶用、新办法不会用、不敢用"的尴尬局面,这些,究其根源,都是陈旧的观念所造成的结果。观念左右着人的意识。

从中国企业的现状看,情况似乎并不乐观,观念陈旧,制度僵化,管理落后,技术落后,等等,与外部环境对企业的客观要求相比,着实令人担忧。根本原因,还是缺乏创新,尤其是在思想观念上的创新。所谓创新就是打破旧的规则、秩序、平衡,是对现有秩序的一种破坏,是人们对事物发展规律认识的深化、拓展和升华,而不是随心所欲的主观臆想和标新立异。概括起来,创新其实只有一个字:"变",而且不是被动的变,是主动的变。而这种创新很大程度上取决于人们在观念上能不能允许、接受这种破坏,取决于观念能否创新。因此,观念创新是一切创新的前提和向导。

所谓制度创新,也就是用一种效率和效益更高的制度代替旧的制度。当前,制度创新仍是我国企业创新的一个瓶颈,可以说,制度创新是企业发展振兴之本。而企业制度创新又从观念创新开始。要实现制度创新,难的不是如何去做,而是如何改变人们的观念。

绝大多数人宁愿相信,遵守既定规则是非常重要的概念,否则,如果人人都想要打破规矩,岂不是天下大乱?然而,管理专家强调,这只是一种鼓励突破思考的方法,让你更准确、有效地达到目标。换句话说,要打破的是规则,而不是法律。

专门从事运动心理学研究的美国斯坦福大学教授罗伯特·克利杰在他的著作《改变游戏规则》中指出:"在运动场上,很多运动选手创造的佳绩,都是因为打破了传统的比赛方法。"杰出的运动选手普遍具有这种"改变游戏规则"的特征。

在国外,那些处于鼎盛时期的企业还都在"未雨绸缪",而我们有一些

已经难以为继、濒临倒闭的企业，仍抱残守缺，安于现状，不求进取，怎么不令人担忧呢？

很多人总是在遭遇很大危机的时候，才想到要改变，但到了这一步已经太晚了，应该未雨绸缪，在最好的时候，发展最快、最得意的时候，就要考虑改变。一般人最可怕的心态是，习惯于某一种固定的模式，他们认为："我过去做得很好啊！为什么要改变？"他们丝毫没有察觉，其实，失败往往就从现在开始。

有句话说，最大的风险是不敢冒险，最大的错误是不敢犯错。大多数的人之所以不敢冒险，也不敢犯错，因为他们只相信看得见的事。那些他们还没见到的事，他们习惯用经验去分析，而经验告诉他们的答案往往令他们不敢轻举妄动。

但对那些成功的人就不一样了。成功的人通常具有一种特征：喜欢做梦，而且不怕尝试错误。他们相信，心中的梦是支撑他们勇往直前的力量，而不怕犯错，才能积累成功的资本。因为有了梦想，所以他们对失败与风险比较能持乐观的看法。而且，这些成功的人，通常是成功了两次——他们在潜意识里相信自己已经成功，然后他们真的就成功了。

同样道理，企业也是如此，一个企业敢于去打破既定的管理制度、管理规则，敢于尝试改变"游戏规则"，那么，这个企业就会焕发出无穷的生命力和创造力。

因此，做任何事在任何一个领域没有规则不行，但过于因循守旧、墨守成规也不行。适当之时，要善于改变众人所循的规则。

行业不同，规模不同，机制不同，人员素质不同……也就注定了不同的企业有其符合自身发展的管理模式，同一企业在不同时期的管理模式也不同。未来企业的管理模式应该是：以制度管理模式为基础，综合运用其他模式的有利因素。总之，企业要生存和发展，就要不断创新。因循守旧只能使企业停滞与萎缩，只有创新与开拓，才能使企业发展壮大。我们要打破国内与国际业务界限，要在世界范围内优化资源要素的配置，培植自己的国际化经营能力，赚取世界各国的财富。

在当代经济全球化、信息化、网络化、一体化趋势下，科学技术日新月异，经济生活瞬息万变，每个企业和企业家，都应当放眼世界，随时发

现自己的弱点和缺点，以创新的思维和观念，不断改革和创新，不断追求卓越，方能赶上和超越，否则，随时都有被淘汰的可能。"不破则不立"，我们要有海尔砸冰箱的精神，不断打破长期禁锢在人们思想观念中的层层枷锁，做到勇于创新，善于创新，这样才能在残酷的市场竞争中站稳脚跟。

第六章
简单管理更注重创新和执行

质量意识的淡薄,质量控制能力的欠缺,质量控制环境的不足等都将导致企业因质量问题而交上巨额学费。很多企业都是在抱着侥幸心理办事,一开始是初生牛犊不怕虎,受到中国人固有思维方式的影响,认为无论什么事做得差不多就行了,于是在这种惯性思维的前提下,质量开始逐步下降。这样的改变是在不知不觉的情况下发生的,终于有一天,因为产品质量问题,而被客户巨额索赔,才如梦初醒,但为时晚矣。

创新是企业发展不竭的动力

我们经常在谈创新,但对如何创新却十分茫然,中国目前大部分民营企业都还停留在粗加工或者单一仿制的生产制造阶段,企业产品附加值非常低下。我经常说现在很多企业都只是赚取一些微薄利润,甚至只是在做一个搬运工,因为他们只是把材料买进来,经过简单加工再把产品卖出去。由于市场竞争的原因,他们只能在材料成本的基础上收一点加工费。有很多企业由于要维持企业正常运转,甚至在做亏本的生意。针对这样的市场情况,创新就成了企业不得不考虑的企业发展战略问题,不能够总是步别人后尘,不进行创新。因为没有创新,企业就失去了发展的动力和增加企业附加值的机会。

中国目前很多企业都处于从事贴牌加工阶段,有些自产自销的企业也只是一味模仿别人,并没有进行真正意义上的创新。

创新的内涵很广,主要有品牌创新、制度创新、管理创新、技术创新、制造工艺创新等。本书中我们将重点分析产品质量创新。对于质量的控制,现在有很多已经非常成熟的标准,如 ISO9000 质量控制体系、TQC、TQM 全面质量管理体系、零缺陷质量管理体系,所有的这些方式都是很规范而且是很权威的质量控制手段,但是这些方式很难在企业里得到贯彻执行和落实,特别那些中小型企业就更是望尘莫及了。中小型企业的质量创新到底应该如何有效展开呢?我们经常在一些学术论文及技术创新的著作中能够找到一些创新方法,但最后为什么都只能是停留在书面上不能够帮助企业找到创新方法和进行创新呢?问题是中国大部分的企业都还没有在公司内部形成一种创新意识,创新文化氛围,现在企业里通常理解的创新应该就是企业的老板凭着敏锐眼光及过人胆识和魄力寻找市场空隙而进行的创新产品。由于生产工艺日益改进及加工设备的日益现代化,很多同行企业生产出来的产品在质量上基本旗鼓相当,不相上下,所不同的只是产品某些细节方面的处理不同而已。

简言之，创新就是比你的同行竞争对手强一点，你就能受到市场的青睐。有一个非常成功的企业家是这样进行质量创新的，他们判断质量标准及技术创新的一个简单的方法就是把生产的同一种产品随便拿20个摆在桌上仔细观察（当然这些都是经过标准检验被确认为合格的产品），如果你能够发现有一个产品与其他产品不同的话，那么企业的产品质量控制就肯定有问题，但如果这20个产品无论你怎样看都看不出什么不同的话，那么公司的质量控制就已经在同行业中处于领先地位了。有可能很多专家学者听到这样的说法会持反对意见，甚至会感到不可思议。但事实却证明了这种做法非常有用，他让这家公司在同行业中一直都处于领先地位。

适用制度标准化

很多企业都会出现一些质量问题，这些问题或大或小，小的问题大多数企业也都采取不了了之的态度化解了。虽然海尔砸冰箱的意识在很多企业都还没有具备，但当出现一些比较大的问题的时候，直接牵涉公司利益的情况下，企业老板是断然不容许的。这时候首先被骂的就是中高层管理人员，其次就是基层主管和员工。事情过去后，该处罚的处罚，该处理的处理，该开除的开除。可是，我们总是缺乏这样的习惯和思考问题的方法，为什么会出现这样的事情呢？其实这就是没有在公司建立起标准化的适用制度。

我们经常说一个企业员工的素质是多么不好，员工的道德是多么坏，其实在企业里永远都没有不合格的员工，只有不合格的领导。员工没有做好，是领导没有教他们或者告诉他们怎么做，这在很大程度上导致了过错发生率的增加。由于市场经济的原因，各行各业都发展很快。在所有行业都快速增长的情况下，本来就良莠不齐的管理人才结构就更显得捉襟见肘了，从某种意义上讲，有些企业完全是在跟着感觉走，公司的各级管理人员知识的缺乏及管理经验的欠缺，使得公司里根本就没有非常适合企业情况的适用制度，更谈不上标准化了。

杰克·韦尔奇总结过一句话，只有身处一线的人员才最了解工作的实际情况。通过对现场的总结，再结合行业标准制定一套简单易行的适用制度并将其标准化应该是一个企业良好运行的第一步。

统计制度持续化

统计手法在六西格玛管理体系中得到很好的应用和实现，但根据目前大多数民营企业的实际情况，我们为了所有参与质量改善和控制的人员便于理解和接受，可以采用质量管理看板来实现。海尔的5S大脚印，实际上已经把5S管理方式很好地应用到公司质量管理和质量控制中。根据前面标准化质量控制程序，在各主要工序执行单位通过质量管理看板每日把产品质量问题以最直观的方式在看板上表现出来。在具体执行时可以采用一些比较轻松的方式来实现产品质量的持续改善和提高，按照我们所说的，如果我是消费者，我会怎么样？是客户要我们这样做的吗？我们不能让公司员工在进行实际工作时总是抱着局外人的态度，一旦一个人养成一个习惯后就不容易能够改变。

提高企业环境和员工满意率

我们经常在埋怨中国人的素质问题，到处乱丢垃圾，不注意公共卫生。是这样吗？事实并非如此，只是我们没有把这些人放在一个很好的环境中而已。如果把他们放在合适的环境中，就不会发生这样的事情。比如当一个平时不是很注意个人卫生和公共卫生的人来到五星级大酒店的时候，他会随地吐痰吗？答案当然是否定的。为什么会发生这样的事情呢？道理其实很简单，就是有没有可以避免一些事情发生的环境，这个很重要。

企业管理和质量的提高，同样需要建立员工满意的企业环境、建立良

好的环境品质，正如在美国人在过马路的时候，所有的人看到红灯亮都会主动地停下来，等绿灯亮再通行，因为在整个国家已经建立起了这样一个大的环境氛围，他们都会明白一个道理，给别人方便就是给自己方便。而在中国却很少看到这样的现象，不管绿灯是否亮，他们都会照样通行，因为在中国目前还没有具备这样的环境。另外中国人从小就受到各种压抑性的教育，无论是小孩，还是成人，都会存在一种抗逆心理，而且这种抗逆心理会与日俱增，以至于他们稍有这样的机会时就会表现出来，而且立刻就会引起其他人的仿效。所以如果要从根本上解决公司的产品质量控制问题，就必须要建立员工满意的企业环境、建立良好的环境品质。而能够较容易实现这个结果的最好方法就是在公司内部全面导入现场管理，并结合自己企业的实际贯彻执行。

很多企业都希望顾客能够对品质要求松一点，不要太苛刻，这样就可以让我们减少一些压力和麻烦。表面上看来这样无可厚非，但对企业的长远利益是非常不利的。因为这样我们就会失去前进的动力和创新的激情，就会让企业停留在原来的水平上。一旦当市场发生变化或者这个客户失去的时候，再想临时抱佛脚改善产品质量就会非常困难。

所以我们不但要有好的供应商还要争取对品质要求严格的顾客，他们可以不断鞭策我们进行产品质量的提高和改善，而不会消极对待公司产品质量所存在的问题。然后我们可以用同样的方法来要求我们的供应商，从根本上消除公司各环节影响产品质量的因素。

用简单方式执行标准

提到"规矩、方圆"就会和行事的标准联系在一起。《墨子》天志中曾经提到过"轮匠执其规矩，以废天下之方圆。"其意在于说明仪法的原则，就像工匠、轮人手中的工具——规和矩，是不可缺少的。如果手中没有了规和矩，就难以成方圆。将这句话进一步展开，可以这样认为：画方圆必须有规和矩。同样，做一件事必须提前设定标准，然后依据标准行动，这

样才能实现预期的结果。

事实上，标准的重要性对目前的企业管理与长远发展是不可估量的。很简单，现在很多企业通过的一些认证，诸如 ISO9000、HACCP 等都是一个对企业标准运作的认证。同一类产品，如果说能够通过相关的国际标准认证，市场的接受度就要高。这里，并不是单纯凭一个证书就能让市场接受的。现实中通过认证的产品和企业在产品生产、企业管理等方面的确要严格、标准得多。可以说，通过标准认证的企业，在企业管理上遵循标准的设定，企业内部的管理水平、员工的素质、工作的效果都得到了明显的提升。

此外，标准对企业的运作过程体现出来的是一种指导和监督，对企业内部的员工来说更是如此。众所周知，员工的行事风格和方法基本上是不一致的，片面地追求一致必然导致员工的"机械化"。然而，正如企业生产的产品都有统一的标准一样，员工的工作唯有统一的标准才能生产出具有统一标准的产品。没有标准，员工将无所适从，工作中就体现不出效率和效果，结果自然也就无从保证了。因此，如果我们把员工的工作过程看成是一种执行的话，标准是执行的参照物，是体现执行力的保证，是执行产生结果的必然。显然，在我们广泛探讨企业和员工执行力的今天，我们更有必要"追本溯源"重新定义我们早已认识的标准。

泰勒的科学管理可以看作是标准应用于企业管理的开始。在泰勒之前，虽然机器化大生产已经带动生产力的提高，但机器的利用率并不高。因为是人为操作，而且企业式的管理基本上还出于萌芽阶段。在这一时期，人们工作的时候除了凭借自己以往的经验和认识，更多的还是通过口述的方式让别人配合机器完成工作。可见，在一种相对朦胧的管理意识形态下，机器化的生产缺乏科学的操作标准以及管理标准。

泰勒的科学管理在前面已经有所阐述，在这里从标准的角度看，泰勒从提高工作效率入手，通过一系列的试验总结出工作的标准，提出了科学管理的概念。具体来说，泰勒在科学管理中关于标准的重要性源自他对有效完成一件任务的合理时间的测定。为了找出合理的完成时间，他把每一项工作进行最终的细化，直到工作不能再进行合乎逻辑的细化。接着他用时间测量工具逐一测量每一个细化的工作完成需要的时间，最后汇总分析，

找出最合理的时间。可见，时间在这里就是一种完成工作的标准，它遵循了一切活动都可以通过测量来界定标准的科学管理。

与泰勒同一时期的管理学者吉尔布雷思夫妇也是标准的倡导者，他们发展了动作研究法，也就是目前一些生产制造业广泛采用的标准工作方法——现场IE。早期，吉尔布雷思夫妇从事建筑行业的工作。在此期间，他们发现，建筑工作的过程中有许多动作的浪费，因此，通过一系列的测试，比如重新放置设备、改变装置的操作高度、人与设备的工作距离以及对工作环境的调整等，他们找出该以什么样的标准工作才能做到节约劳动时间、更有效率，也不用浪费过多的资源。

不仅仅是生产的过程需要借助一定的标准，现代企业管理的各项工作同样要有标准的界定与执行。大凡成功的企业在管理的各方面都有严格的标准作为执行的参考和考核的依据。这里，我们可以举一个最常见却又最容易被忽视的例子。对于麦当劳或是肯德基这样的企业在世界各地的成功得益于其内部管理的精湛，也就是一个标准的"克隆"模式。凭借着标准，你在全球任何一家店里的感受都如同你家附近最常去的一家。此外，当我们进入店里选购任意一种快餐的时候，你决不会听到诸如"对不起，您点的今天已经卖完了"这样一句话。他们可以做到营业期间随时提供、期间不会出现产品"断档"的情况。事实上，他们做到这一点最根本的原因在于标准的设定，提前设定标准的配送与制造体系，原料提供的周期以及产品制造的时间都有明确的标准，因而，你不必担心在人多的时候是不是买不到你想要的快餐。

可见，标准对工作效率的提升和结果的保证具有非常重要的意义。此外，说到标准由来已久也可以通过对质量的认识得以体现。

在一定程度上，对质量的界定相对模糊。比如通常我们提到的质量的概念，不同的人、不同工作背景的人认识可能就不一样。

一般来说，人们对质量的认为就是"好"，"好"也就成了质量的代名词。其实不然，"好"是一个非常模糊的概念，正所谓"公说公有理，婆说婆有理"，不同的人对质量的概念认识截然不同，比如生产者认为符合工艺要求就是质量；检验者认为符合数据要求就是质量；销售者认为满足消费要求就是质量；而消费者认为产品能正常使用，甚至超值才是质量。虽然

理解不同,但他们都会有一个参照的标准来对待质量,而这也就是质量的一个更深层次的概念,即,质量就是要符合标准。

不论是早期泰勒的科学管理还是现在企业进行的各方面管理都可以看成是对质量的追求,而体现出的具体形式就是标准。真正建立标准的意识尽管从机器化大生产就开始了,但对于今天的企业,其运营的各个方面依然需要标准来衡量。符合标准的要求,企业的运营才会有最终的结果。

标准的重要性不言而喻。与追求个性化、多元化发展不相违背,标准依然起到指导、规范的作用。就像我们提到的本章的主题一样"没有规矩,不成方圆",规矩就是一个标准的代名词。没有规和矩就画不了圆。当然,有的人也可能认为,没有规和矩照样能画圆。不同的认识会产生不同的结果,随之而来的就是对标准的多重认识,其中不乏对标准的困惑。

经验就是标准

人力资源的工作之一就是对新员工的招聘。为了适应企业的发展需求,结合各部门对员工的具体要求情况,人力资源部门会对此进行审查与招聘。一般来说,招聘前人力资源部门都会对拟招聘的员工进行预先假想,如性别、年龄、经历、专业、能力等方面。根据既定的计划,利用媒体或现场等资源平台与人才双向选择。在此过程中,虽然事先设定的各方面都要综合考虑,但更多的时候,人力资源将考察的重点放在经验上。事实证明,不管是对招聘的企业来说,还是对应聘人,经验都会作为重点考虑的要素。特别是在目前人才供大于求的市场环境中,更多的招聘企业把选择员工的重点放在了经验上。

经验的重要性无可厚非,不是有这样一句话,叫"姜是老的辣",说得就是一个人的经验对思考以及行动的帮助。特别是针对技术性的工作,经验无疑是最宝贵的财富。但有时,我们也可以发现,过多地依赖经验反而会起到相反的作用。有经验并不意味着工作能够顺利完成,在某种程度上,经验甚至起到的是制约和错误导向的作用。

经验不完全代表标准,甚至与标准形成对立。记得曾经服务过一家生产肉制品的客户。客户在当地的同行业中是较早通过国际质量体系认证的企业,应该说产品的质量是没有问题的。但恰恰是这样一家企业,收到的产品质量投诉却比其他对手要多。经过与客户的沟通和对问题的分析,得

以发现，影响产品质量固然有一定的内因和外因，但员工的经验行事却是一个很重要的原因。虽然说产品已经通过认证，有一套标准的操作流程和控制方法，但事实上这个标准却被放在柜橱里，员工所有的工作基本上都是按照经验，也就是认证前的生产经验生产产品。特别是一些老员工，对产品的量化指标不以为然，单纯地通过自己的经验采取控制的手段。显然，按照传统的思维方式和经验，背离现代生产标准，生产的产品很难做到统一，质量问题也就"见怪不怪"了。

结合提到的客户案例，不难发现，单纯的经验操作存在很大的误区。为了保证结果，改善是必要的。当然，涉及彻底的变革对任何一个企业、任何员工来说都是较为困难的。强制性的变革不一定能带来事先的预期，因此，在适当发挥经验的前提下，结合必要的管理形式和方法，将经验转化为标准才是解决问题之道。经验如果能够转化为标准，一方面是对经验的肯定和总结，避免"重复过去"；另一方面用标准的思想指导经验，工作的主动性和科学性得以结合，工作的效果自然就体现出来了。

标准是个人的事

员工作为企业的一部分，任何的举动都可能牵动到企业的"神经"。对企业的发展来说，企业希望通过每一个员工的努力形成合力推动企业快速地成长。在企业这个系统内，任何的局部最优并不意味着系统达到最优；只有每一个局部都做到最优，系统才能最优。就像集团制企业倡导的"联合舰队"式的组合一样，每一个舰只都能够参与战斗，"联合舰队"的威力才能得以显现；否则，其中的一支或几只拖后腿，"联合舰队"就要拿出额外的精力考虑掉队的舰只，整体的作战效果就不好。

对一个企业来说，它好比是一个"联合舰队"，是由每一个舰只（员工）组合而成的。因此，对每一个员工来说都要最大限度地发挥个人的主观能动性，提高自身的综合素质，这样"联合舰队"才能行驶得既快又稳。将此引申到标准，可以这样认为：每个员工都按标准工作，对企业来说就会形成一个按标准工作的合力，企业要求的各项工作才能以标准的方式做到位。不过话又说回来，要求员工自身都要按标准工作并不是要"事不关己，高高挂起"，自己能按标准做好本职工作就行了，对别人、对其他的工序标准就不用考虑了。用最简单的一句话说，那就是"标准是个人的事"。

"标准是个人的事"对标准来说也是一个误区。正如企业处在一个前所未有的开放市场链中一样，具体到企业内部员工的工作也不是完全意义上的独立，他必然要和上下工序、其他员工打交道。尽管自己按标准行事，但没有遵循其他工序和员工的标准，就会造成工作上的被动，不利于整体工作的开展。比如对生产线上的员工，我们要求"下道工序就是市场"。也就是说，上道工序不仅要在本工序内提供给下道工序标准的产品，同时在传递的过程中也能按对方的接收标准提供产品，甚至是服务。对于不符合下道工序标准的行为就是对下道工序的不负责任，体现在整个流程中就是局部的不标准，因而，整体的流程也不会做到标准化。所以，"标准是个人的事"尽管没错，但更应将这种认识放到一个开放的系统中去，不仅自己要按本职标准工作，更应结合系统的整体标准要求，为系统提供标准的服务。

标准是刻板的

标准是一种制度，体现出来就应该是"不折不扣"的。如果说标准还能"讨价还价"，那么任何的工作都不会有结果。一般来说，标准是一种"约定俗成"，也就是事先按照一定的约定、规则、要求制定共同遵守的"纲领"。这就好比是法律。在法律健全的情况下，法律就是一种标准，它不会以人的意志转移，不受情感、道义所约束，必须严格执行它既定的规则。对此，法律是"冷漠的""无情的"、甚至是"刻板的"。但事实证明，恰恰是法律的这些特点，设定的行事标准极大地约束着人们的行为，体现着公平的利益原则。

企业的发展不会一帆风顺，员工在实际的工作中也会遇到很多的"意外事"，甚至有许多是不符合工作标准的事。遇到这种情况，员工第一反应就会认为设定的标准不合理，他会按实际情况给标准下定义，这就违背了事先制定的标准。此时，员工通常都会认为"标准是刻板的"，一点变通都没有。其实，从管理的角度看，"标准是刻板的"有一定的道理。员工会考虑自己的利益，总希望标准能对自己有利；而管理者会站在一个全局的角度考虑标准，考虑的是通用性和全局性。如果管理者面对每一个员工关于标准的问题时，不能坚持始终，频繁改变标准，则管理工作不能有效开展。所以，对于"标准是刻板的"这种认识的困惑源自对标准的片面认识。既

然标准是一种事先的设定那么就应该坚决地执行，必要的时候可以根据需要进行标准的再设定。因此，"标准是刻板的"是对标准的正确认识，所谓困惑也只能是我们的主观臆断。

哪些可以作为标准的替代品

"说一不二"是一种标准的体现，这种体现通过书面的、口头的，甚至是意会的形式形成标准。在企业管理中，标准通常由书面制度来体现，管理者有管理制度的标准，员工有工艺操作的标准，质检员有检验的标准等等。作为标准的代名词或体现形式，类似的书面制度都能有效地指导工作的开展。随着管理认识的加深、市场环境的不断变化以及新兴技术的出现，标准的体现也出现了多种形式。在这里，我们称这些适应目前企业发展现状的标准体现形式称为"标准的替代品"。其中，流程再造以及信息技术的应用是最好的替代品。

流程再造

众所周知，ISO9000作为一种通用的质量认证标准已经为市场所接受，它不仅为企业带来了标准的生产与管理体系，也是一个进入市场的"准入证"。标有认证已通过的产品就要比没有标准上认证通过的产品市场接受度高。可以说，ISO9000认证就是一个标准的替代品。事实上，ISO9000标准的认证的确为企业带来了收益，但对于今天处于市场激烈竞争的企业来说，ISO9000并不能起到更高的标准要求。

一般来说，ISO9000标准更多的是一种方法和模式，它在细节的管理上还有些欠缺，比如除了描述业务程序外，关于责任的标准或是控制的标准等项目还不是很完善。相比而言，目前企业开展的流程再造则是一种较好的标准替代品。

所谓的流程再造（Business Process Reengineering）简称BPR，就是一种通过流程的优化提升企业管理水平的手段。具体包含的内容主要是：业务流程图、操作手册、主要控制点、相关表格、部门职责说明、岗位职责说

明、流程目标、流程范围、涉及部门，等等。它详细描述了流程各环节的标准，比如主要控制点、涉及的部门、政策，等等。其中流程的说明以及部门职责都强调了业务流转和相应的职责在不同部门之间的明确划分。流程再造对流程的优化主要体现在：

- 控制产品和服务质量，保证对客户有价值的业务流程；
- 降低成本；
- 缩短流程时间，提高工作效率；
- 增强企业的抗风险能力。

流程再造总体来说就是对企业业务流程标准的细化与规范，是一种更便于员工操作和企业管理的指导与考核的标准。相比较而言，流程再造是执行力体现的手段，也是对结果的有效保证。比如上一节中我们提到过的这家肉制品生产企业。通过业务流程再造，与之前相比较，工作的效率以及产品的质量都有很大的改观。比如产品生产流程中灌制工序的一个主要控制点，流程再造前，第一步工序是这样的：装好灌肠机的叶片，关上真空室盖，把料斗推到垂直位置并锁定。而进行流程再造，我们将第一步工序细化：

1. 检查肉馅；
2. 清理方车外壁；
3. 上提升机；
4. 将肉馅倒入料斗，放下方车；
5. 将方车内残留的肉馅倒入料斗内；
6. 加盖沙网。

经过流程再造前后的对比，可以看出，改造后的流程将工序细化到每一个环节，并强调对关键点的控制，比如要求清理方车外壁，避免附着物掉进罐里，从而规范了员工的操作行为，对产品的质量也有了一定的保证。

信息技术

前面我们提到的流程再造作为标准的替代品对一般规模（管理、人才、资金等）的企业比较适合，在企业的发展进入到一定阶段，管理水平和员工素质均有明显提高的情况下，充分利用信息技术作为标准的替代品，效果更加明显。

流程再造以书面的形式确定了流程的标准，尽管有它的可取之处，但在某些环节上，特别是流程的衔接上还是不完善。毕竟，流程再造涉及企业中每一个员工，人的意识偏差也会导致流程的不足。

为了解决流程的适应性，尽量避免流程再造过程中的人为因素，信息技术的充分运用可以最大化地确保流程的执行，而且基本上也能降低或弱化人为因素导致的流程障碍。

其实，从管理的角度看，信息技术的运用是一种最好的最有效的管理工具。它的最大优势在于通过信息平台，做到全员的信息共享，人在这里的一切工作行为都通过信息平台的指示，而对外的部门沟通、员工协调等工作也可以通过信息平台完成，因而少了许多的"推诿扯皮"。同时，信息共享无形中也成了一种责任，员工根本没有为完不成工作"狡辩"的机会和理由。

就目前的企业管理来说，信息技术作为一种标准的替代品有很多体现的工具，比如目前应用较为广泛的 ERP 等借助软件的管理提升信息技术的适用性。

ERP——标准化管理的集成

ERP——Enterprise Resource Planning，企业资源计划系统，是指建立在信息技术基础上，以系统化的管理思想，为企业决策层及员工提供决策运行手段的管理平台。ERP 系统将信息技术与管理思想结合在一起，成为信息时代的企业运行模式，为企业的发展提供了强劲的动力。

为了迅速适应市场新环境，使企业管理模式与国际管理模式接轨，缩短新产品的研发周期，降低产品成本，提高工作效率，提高企业的整体效益和核心竞争力，通过实现业务处理电子化、数据传输及时化、资源共享网络化、经营决策科学化，使企业决策层及时准确地了解企业的实际运营状态，以便对企业的发展做出正确的判断和决策，能够更好地适应快速变化的市场需求，提高企业的竞争力。因此，ERP 作为现代管理信息化结合的有效工具对企业实现全方位的管理创新与变革具有重要的作用。

一般来说，ERP 系统的总体要求是以财务管理为中心，以成本控制为重点，以产品技术数据管理为基础，对企业生产经营全过程进行全方位控制。整个系统由：财务系统、销售管理子系统、库存管理子系统、采购管

理子系统、基础数据子系统、生产管理子系统、车间管理子系统、成本管理子系统及办公自动化等部分组成。突出业务的流程控制管理：业务流程的业务批准权限能够进行条件设置，对经济业务能够按照权限的大小，进行分级控制。突出预算管理：实行目标预算管理，能够实现预算目标的制定、预算执行情况的检查。目标成本管理在预算管理中具有重要地位。系统要求安全可靠，建立安全的防火墙系统，防止计算机病毒的入侵。建立数据备份功能，确保数据安全可靠。整个系统具有先进性、集成性、适应性、安全性和可扩展性。

企业通过 ERP 最大限度地将运营程序进行标准化的集成，降低烦琐的人为管理模式，一切以信息指令为工作重点，真正实现了管理的最大价值。所以，从企业管理的角度看管理，将信息化技术作为管理的模式和手段可以看成是一种简单管理，一种最有效的管理，因而也是未来的管理发展趋势。

对于标准，企业在不同的发展阶段、不同的市场背景下有不同的理解方式。虽然说信息化技术有助于对标准的认识和推动管理效果，但并不是适合每一个企业。因此，结合自身的实际情况，企业建立标准可以从多个方面进行。尽管处于原始的创业阶段，我们也希望企业能够从现在开始建立运营的标准。

事实上，建立企业标准的方式有很多，结合工作与咨询的经历，我考虑应该包含以下 3 种较为可行的方式。

建立标准体系

正如管理制度不能简单地"以事论事"，特别是当管理出现问题时再有针对性地制定制度一样，标准不仅需要事先设定，而且一定要将标准形成体系。

标准形成体系，不是针对企业运营过程中的单一环节，而是将各个环节考虑的标准与企业整体的标准相结合，共同构成企业运作的执行标准。标准形成体系对企业各方面的工作都是一个规范，并且能够将每一个工序、每一个部门的工作纳入企业内部运转的链条，彼此绞合，形成合力。标准形成体系就好比是目前人力资源开展的薪酬体系一样。企业在设计内部薪酬的时候通常会参考一定的标准，并最终形成每一个环节的标准。薪酬在

设计前参照的标准通常会是纵向与横向的比较。比如横向比较就是要结合所在区域的整体薪酬水平，既要考虑到区域性的薪酬现状，也要考虑到行业内的薪酬区别，以此确定企业内部薪酬的基调；而纵向考虑薪酬的时候通常要结合企业的经营水平和能力，并充分考虑到目前员工的整体素质、岗位现状以及薪酬预期，等等。通过纵向与横向的标准借鉴，结合企业的现状，以岗位需求标准、能力胜任标准以及级别标准等具体的标准将每一个员工的薪酬放在体系内，既体现出标准性，又能充分考虑到具体的员工，保证薪酬能成为帮助人力资源开展工作的有效工具。

薪酬设计需要建立一个标准的体系，同样，企业在其他方面，比如质检、物流等，也应该建立符合企业整体发展目标的标准体系。唯有建立标准体系，才能尽可能避免"一阵风"似的工作，真正将工作落到实处，提高管理工作的效率。

培训

培训是企业提高员工思想意识和具体工作能力的一种有效方式。因此，我们可以将培训作为保证员工认可各项工作标准以及按标准工作的最佳方式之一。

一般来说，我们强调工作的标准应该最大化地考虑到执行标准的员工，但现实是，很多工作的标准都是企业单方面提前设定的，对员工的具体要求就是完全按标准行事。员工在能力达不到标准或是主观意识有抵触的时候，标准的执行就打折了。通常在这个时候，很多企业都采用诸如借开会的间隙宣传标准或是发资料让员工自己学习标准。其实，这样做的效果并不好。一方面，利用开会间隙强调标准，显得企业本身就不重视标准，员工自然也不会认识到标准的重要性；另一方面，自己通过资料学习不仅耽误时间而且也不便于理解。因此，企业既然倡导标准的重要性并希望员工都能以标准的要求对待到自己的工作，那么，企业就应该采用有效的方式让员工接受标准，而培训显然是一种较好的方式之一。

培训与开会不同。培训通常是利用一定的学习环境，通过多种形式，比如游戏、图片、故事、讲解等，让员工集中精力短时间内掌握知识和技能的一种学习的方式。利用培训，企业重点明确地讲解对各项工作标准设定的来龙去脉以及必然性，以便让员工能够对此达成共识，接受标准并能

落实到具体的工作中取得成效。

测量

通过对企业标准的培训可以建立员工的标准意识以及对标准的认可。此外，通过测量的方式也可以达到以上的效果。在某种程度上，测量的方式更能让员工以自己的感受主动地按标准行事。

以测量的方式认可标准就好比是做试验。在试验之前，事先设定的标准可能会有很大的歧义，但又找不出能够让别人信服的依据。因此，通过做试验来验证最后的标准就能让每个人认可。

说到测量之所以被认为是一种认可标准并按标准行事的有效方式之一来自服务客户的经历。同样是前面提到过的生产肉制品的客户。在为其进行流程再造项目的时候，由于员工的经验行事以及管理不到位，在设定新的流程标准的时候员工大多有抵触情绪。此时如果通过上级领导的强制性要求，标准也能得以执行，但效果就很难保证，而要求制定的方案能见到效果是对咨询顾问服务客户的基本要求。基于各方面的原因，最后的标准得以有效执行则是通过测量的方式。具体的做法其实很简单，就是根据产品生产过程各环节关键点控制效果的前后比较，具体以数字来验证流程再造后的标准更具有可行性。

比如前面我们已经提到过的在灌制工序中有一个环节：腌制好的原料肉通过方车经由提升机倒入罐中进行灌装。以往进行这个工序的时候是直接灌装，流程再造后则要求灌装前先要用指定的抹布擦拭方车的外壁，避免外壁上的附着物抖落在罐中。尽管是一个简单的工序细化，但最初执行起来并不到位，员工似乎很不习惯增加这样一个动作。后来，通过几个产品批号的前后试验对比，我们发现，按改进后的标准操作，员工的工作效率并未下降，而且从数字上体现就是"肠内异物"相对下降。经过测量的方式，流程再造后的标准得到了认可并一直坚持执行。可见，强制性的要求员工按标准行事，并不一定能取得最佳的效果，而通过一定的测量方式，员工自己感受到标准的重要性，也就能在主观上遵循并执行设定的标准。

简单执行很重要

提起企业的管理必然会想到执行,而且企业的成败也更多地归结到企业的执行力问题。任何好的思想、好的管理模式都要通过执行才能体现出来,执行的确是企业管理的重中之重。

谈到执行就不能不提及执行力和"落地"的话题。在简单管理的杠铃管理模式中已经明确地把执行作为管理者管理的重点工作之一。这就好比是举重运动员一样,通过抓杆才能举起两个杠铃片,企业也必须通过执行才能实现企业的发展目的(举起杠铃)。进一步说,执行是一个动态的过程,每一个过程都需要体现出"力度"。否则,没有"力度"就没有执行的效果。在这里,所谓的"力度"也就是执行的能力如何。执行的能力强,任何一件事都能产生良好的效果;反之则会出现"费力不讨好"的工作效果。因此,企业应注重通过提高执行力保证工作效果。此外,工作的过程最终是要保证一个结果,也就是执行"落地"的问题。执行"落地"就是强调工作要做到位,要有结果。否则,那就是空欢喜一场。尽管在过程中执行的能力没问题,但最终没有预期的结果,不仅影响对工作的信心,更会影响下一个执行过程的执行能力。

可见,执行的重要性固然是企业持续发展的保证,但执行过程中的能力以及执行结果的"落地"更是企业管理者在企业动态管理过程中的重要工作。而要想实现上述对执行的预期,建立起对执行的充分认识和行动准则就是当务之急的工作。围绕着对执行的认识,本章重点从执行应具备的要素以及体现执行力的不同角度来阐述执行的重要意义。

执行,我们说它是一种企业管理过程中涉及的执行能力。对于成功的企业来说,他们的执行力相对较强,因而在企业管理的各个方面都能有突出的表现。不过,话又说回来,对于很多成功的企业来说,执行力强是一个促进企业成功的因素,但这并不意味着仅仅重视了执行力就意味成功,至少在某些方面如此。比如说一些以服务为特色的服务行业,尽管提出诸

如"温馨服务""星级服务一条龙"等服务承诺，但在细节执行上却无法做到尽善尽美，提出的口号在某些细节上体现不出来，这也就是执行不到位。事实上，执行力不强是任何一个企业都面临的问题，执行力不强总会为企业的发展设置各种障碍。由此可见，执行力对企业长久发展以及内部管理的重要性。因此，加强企业的执行能力，是企业在发展过程中必须静下心来，务实去做的事。

提到执行的重要性以及由此产生的执行力强弱可谓"仁者见仁，智者见智"。这里，我想通过一个团队游戏来说明执行的重要性。

一般来说，咨询顾问在做培训的时候通常会采用诸多的方式以增强培训的效果，游戏就是其中最好的方式之一。团队的"运桶游戏"则是做培训的间隙我经常组织学员参与的一个游戏。不同企业性质的客户、不同素质的客户体现出的游戏效果截然不同，也能看出游戏过程中执行力的不同。

运桶游戏

游戏类型：团队游戏

参加人数：全体学员，10人为一组，8人直接参与游戏。其中一人为组长，负责指挥；另一人为副组长，负责监督其他小组的行为。

道具：蒙眼布、水桶、吊盘（带8根绳索）、障碍物。

游戏说明：

（1）每组成员蒙住双眼在组长的指挥下，前往目的地，将目标水桶通过吊盘的挂钩搬运至指定地点；

（2）在搬运的过程中，需要面临跨越障碍物、临时更换组员、更换组长等困难；

（3）最短时间完成游戏为赢家。

游戏程序：

（1）每组学员选出一名组长和副组长，到场外接受游戏总指挥的指令；

（2）组长和副组长在清楚游戏规则后（此时计时开始），回到各自小组，向组员详细说明游戏内容和规则，并为组员蒙眼做好参与游戏的准备；

（3）游戏开始前各小组的副组长确定监督的小组组员蒙眼布是否蒙好，确认后放行，并随时监督整个过程。一旦发现有组员舞弊，可暂停游戏，直到符合标准后才能开始；

（4）蒙住双眼的成员在组长的口令下前往目的地，中途要越过障碍物；

（5）游戏过程中，总指挥可以根据游戏进程为每个小组从本组组员中更换组长和副组长，以增加游戏的难度；

（6）组员将桶搬运至指定地点后放下，游戏结束；

（7）游戏结束后，小组内总结参与感受，并总结游戏过程的得与失。

游戏规则：

（1）组员在游戏的整个过程内都要将双眼蒙住；

（2）每组指挥必须在全程游戏中以口令指挥组员，身体不能与组员、道具以及障碍物等接触；

（3）组员在游戏的过程中必须做到双眼被完全蒙住，除了可以抓住绳索外，不能与吊盘、水桶、障碍物等有身体接触。

以上这个游戏虽然定位为团队游戏，总结的过程中更多的是结合团队方面的认识展开讨论的，但在具体指挥和参与这个游戏的时候，我还是会将游戏与执行力结合起来考虑。

单从游戏本身来看应该很简单，就像一群人打篮球一样，通过彼此的配合将球投进指定的篮筐。而如果是想通过游戏得出对某些方面的认识还是比较适用的。从执行力的角度看，游戏本身的诸多环节都能体现出执行对团队各方面的重要性，比如目标完成、团员配合等。

事实上，每次做这个游戏关于执行的感受都是颇深的。具体来说，组长在明确地接受任务后如何管理团队就体现出一种执行的能力。在最短的时间里，遵循一定的规则，接受必要的监督，最后带领大家完成任务是组长作为执行层面执行者的工作。虽然组长都明确具体的工作，但在执行的过程中力度不一样，因而必然就会有先后。经常会看到，个别团队在游戏过程中不是违反规则被扣时间，就是乱成一团糟，不知该听谁的。更有甚者，当其他团队已经吊起水桶的时候，有的团队还在布置游戏任务等。可见，具体体现在执行的时候，各个团队执行力有一定的差异，执行力强的团队必然会成为赢家。由此引申到企业也是如此。执行力强的企业最终会成为市场竞争中的赢家。

通过成功的企业看执行力可以更好地帮助我们建立起对执行的认识。"都是做超市的，为何沃尔玛能够成为零售界的航母，而同期的普尔斯马特

为何关门大吉；同是做电脑的，为何戴尔会成为成长速度最快、利润最高的公司，而即使是像IBM这样的公司也要剥离个人电脑业务。"其实，造成这些表现不同的原因，并不是成功企业在战略制定、企业文化建设、员工素质、管理模式等方面有很强的竞争力，而是各个企业在具体运营中体现出的执行力不同。执行力强往往会使企业增强核心优势，走向更大的成功。就像沃尔玛和戴尔一样，她们的成功皆与其杰出的执行能力有着直接的关系。

企业发展过程中的各种行为体现出来的就是执行。在这个过程中，执行绝不仅仅是简单地完成上级布置的任务，执行更需要"执行力度"和"落地"，也就是只有执行的力度好、力度强，执行的结果才能如预期一样"落地"，否则执行就会成为一阵风，来时猛烈，去得也快，吹过之后一切照旧。因此，企业必须要通过有效地执行，最大程度地释放执行力，才会取得预期的效果，提高企业的竞争力。

执行认识

对于执行的认识，一般来说，我们可以从企业性质以及管理者的管理风格两个方面建立基本的认识。

一、企业性质

1. 国有企业

一般来说，国有企业的执行力普遍不强基本上可以归结到体制与思想方面。体制是一个基础的因素。说到体制，这里我们可以理解为企业的所有权问题。道理很简单，解决国有企业所有权是执行力能否提升的一个基本的保证。此外，体制方面的因素还可以导致管理者与员工思想上的保守。用一个词组概括体制与思想上的问题就是"僵化"。在这种僵化的体制下，试图发挥内在的执行潜力有相当的难度，短期内提高执行的力度是不现实的。

现在很多的国有企业，大多通过改制的方式提高企业的竞争力，应该说是一种企业发展的必然。通过改制，在解决投资主体的前提下，管理者思想上首先会产生一定的变化，"为自己做事"的效果显然比做"流动衙门"式的工作要好。体现在执行上就是多了一份激情，少了一份懈怠。同时员工也会因为体制的调整而被推向了市场，工作的执行力有所改善。

2. 民营企业

在民营企业中，客观地说，执行的力度相对于国有企业来说并没有特别的超越。一般来说，民营企业家在对人才的使用上多少有一些弊端。比如缺乏对人才的信任、重用"自己人"等，特别是对外来的高级人才往往会"大材小用"或"虚拟使用"，也就是在招聘的时候开出很多"空头支票"，在实际的工作中很难兑现。很明显，在这种情况下，执行必然是停在纸面上，不会有效果的。

此外，民营企业因为有效地解决了体制的问题，因而在执行上相对国有企业来说显得决策快、顾忌少。在民营企业，老板"一手遮天"，其他人没有发言权。老板决定后，就立刻执行，不管这种决策是否正确。这种执行的出发点固然是好，说干就干。但在执行的过程中，决策往往会因为缺乏正确的基础而影响执行。大多数情况下，民营企业的管理者没有充分论证和估计实际执行中的问题和变化，决策是拍脑袋得来的，事后很容易会出现与原意相悖的情况。同时，因为是自己说了算，任何人没有发言权，经常会出现武断的行为，体现在执行上的效果就不尽如人意。

3. 外资企业

外资企业在决策层面的执行，是一个反复推敲、科学论断的过程，时间比较长。一旦确定，执行起来也不会动摇，这种自信的背后是非常详细的调查研究、快速适应的学习型组织以及先进的管理模式。

在正确制定决策的前提下，加上较高素质的组织以及扁平化的体制，执行相对变得简单而且更有实效。外资企业在执行的过程中避免了国有企业的体制僵化以及民营企业的老板意识，它给了执行者充足的执行空间，强化了个人的执行能力，因而在某种程度上也保证了整体的执行效果。

二、管理风格

管理风格对执行的影响在民营企业中非常突出，同样，在其他企业中也是如此。将管理风格与执行联系在一起很容易认识执行的现状。一般来说，管理者的风格往往会体现在执行力上，而且对执行力的影响很大。管理者的行事风格"雷厉风行"，体现在执行力上强调的就是速度；管理者如果是"谨慎甚微"，体现在执行力上就是稳重。因此，虽然执行力受诸多因素影响，但管理者的风格还是能"耳濡目染"地制约或促进执行力。

一般来说，任何一个企业的荣辱兴衰在一定程度上取决于管理者的管理，包括管理者的战略能力、管理控制能力、专业知识等综合素质。其中，管理者个人的风格对企业全体员工的影响是非常明显的。不论企业的员工经验、能力、背景如何，当他置身企业的大环境，自然会受到"感染"，也就是"近朱者赤，近墨者黑"。员工在和管理者长时间接触的过程中，管理者的言行举止、工作的习惯和风格等都会"潜移默化"地反映在员工具体的工作中。当然，这里也不排除一部分员工主动地使自己更加接近管理者的风格，以便在完成工作的同时获得管理者的认可，为日后更有效地开展工作创造条件。可见，管理者的行事风格对企业各方面的影响，应该是"利弊皆有之"。对企业运营有利的行事风格如果能转化为大多数员工的行事风格，体现在执行力上就像管理者自己做事一样效果好；反之，管理者如果不注意自己的行事风格而对企业运营产生副作用，尽管一再地对员工提要求，真正体现在执行的效果上仍然是"凤毛麟角"。

所以，管理者行事的风格对执行具有一定的影响作用。事实上，有很多因素导致了现在企业的执行现状。企业提升执行力不仅仅要避免这些因素的制约，更为重要的是建立提高执行力的意识，将不利的因素化解为积极的动力并进行合理地变通与调整，促进企业执行力的进一步提升。

什么是执行

对执行的描述有很多，不同的管理专家、学者，甚至是企业管理者本身都对执行有不同的认识。比如说"执行是企业组织完成任务的能力""执行是目标与结果之间不可或缺的一环""执行是公司领导层希望达到的目标和组织实现该目标的实际能力之间的差距""执行是实现既定目标的具体过程"，等等。可以看出，不同的角度看执行，会有不同的解释。通过进一步的研究与总结，我们可以这样定义执行：执行不是简单地将工作完成，而是一个通过过程来实现目标的科学系统流程。

从执行的定义可以看出，执行首先应该是一个系统的流程，它需要各

方面有效资源的配备，比如人的素质、快速反应的组织体制、简效的考核体系、有吸引力的企业文化、管理者的魅力等；其次，执行的流程还应具有一定的科学性，包括企业为保证执行而设计的若干制度、标准等。具体来说，通过建立并完善执行的流程设计、执行过程的跟踪、对执行结果的定义等，最大程度地发掘和提升企业的执行力。

建立科学的执行流程也就是建立一套到位的执行体系，它能够保证执行力最大限度地"落地"。在执行的过程中，影响执行力的因素有很多，在这里我们可以将其简单地分为直接执行影响因素和间接执行影响因素。因此，建立执行体系的内容中就包含着直接执行与间接执行。

一、间接执行

所谓间接执行就像企业文化建设过程中的精神建设，可以更好地促进企业在物质、制度等方面的建设。它更多的是一种"无形"的力量辅助具体的工作得以开展，也就是看不见的执行。比如像企业战略、企业文化、员工的心态、管理者的执行能力等都能于无形中促进企业的整体执行力。

就战略而言，任何具体的执行都是为了完成既定的战略任务。因而，有效的战略，并且能和具体的执行相结合才是促进企业发展的战略，能够有效指导企业在各方面的执行。

企业文化也可以促进企业执行力的提升。当企业文化被员工充分认可并达成共识后，作为一种"潜移默化"的习惯，将企业倡导的内容体现在工作上，因而执行力得以充分体现；反之，一个"病态"的企业文化会阻碍执行，降低执行的效率。

而对于人员的问题，除了人的素质具备执行的能力外，还要解决三个问题。首先，企业的领导者要善于挖掘员工的工作积极性并创造出这样的环境，比如鼓励创新的环境；其次，要通过持续地指导、培训提升人员的综合素质和专业化素质；最后，还要重视制度的规范与约束，这样才能使队伍成为一支战无不胜的执行铁军。可以看出，这三个方面都会在无形中提升企业整体的执行力。

二、直接执行

前面我们提到了间接执行，特别是"杠铃管理"的前两部分：决策和人心，其中的内容诸如企业文化的建设、员工的管理艺术、管理者的自我

管理能力等都可以看成是间接的执行。而在实际的具体执行中，除了必要的间接执行外，还必须要有相关的可以直接借鉴和参照的执行样本，这些就是直接执行。

所谓的直接执行包括了执行的标准、制度、流程、控制、改善等。这些具体到执行过程中的每一步的原则和标准可以保证执行过程中执行能够"落地"。

直接执行不同于间接执行。与其说间接执行更多的是一种"无形"的执行，通过无形的力量带动具体工作的执行力，那么，直接执行就是"可见"的行为。通过可见的流程约束、行为标准强制性地提高企业的执行力。

对于企业的执行来说，不管是直接执行，或是间接执行，二者应融为一体，共同促进企业执行力的提升。缺少了任何一个方面，都是片面的或是极端的。

三、执着行动

既然明确了执行的重要性，在建立起对执行的基本认识后，企业管理的重点工作就是坚持不懈地把目标转化为具体的执行，也就是"执着行动"。在此过程中，企业除了进行必要的执行心理因素调整外，比如加强企业文化的建设，还要建立具体的标准用以规范执行和强化执行。因此，企业建立相对完善的执行体制以及监督控制的准则是执行力能否得以体现的基本保证。

一般来说，强调执着行动可以从完善体制、书面见证和明确责任三个方面入手。

"僵化"的体制绝对不能保证流程的执行到位。体制的完善应该是全方位的，不仅仅是局部的完善，毕竟企业的执行能力是通过局部的完善以求达到系统的完善。在完善体制方面，可以从以下几个方面进行：组织架构、人员架构、执行架构、考核架构。

四、组织架构

组织可以是企业执行的平台，是企业执行的载体，员工的所有执行行为都是背依于组织这个载体，借助组织平台来完成的。所以，一个让员工接受的组织，一个能够充分发挥效能的组织架构能够使执行力最大程度地体现出来。企业通过搭建适合的组织内部架构以及外部架构对内形成执行

力，对外提升参与市场竞争的能力。

衡量一个企业的组织架构是否有利于发挥执行力，主要看它是否适应组织的内外环境，是否有利于协调各种资源关系，是否充分调动组织成员的积极性、主动性和创造性，是否有利于通过组织工具提高工作绩效，从而为企业创造经济效益和社会效益。组织架构是影响组织执行力的重要因素，没有一个合理、到位的组织架构作为保障，企业在执行过程中的执行力就会大打折扣，甚至无法执行到位。因此，组织取得有效执行力的首要前提就是确定有效的组织架构，并将组织体制贯穿其中。

五、组织架构与执行

1. 组织架构为战略服务

一般说来，企业战略先于组织存在。当企业战略明确后，为确保战略实现，必须明确战略要点以及保证企业运作的基本保障，组织架构才能应运而生。对于这种认识应该不同于"鸡生蛋还是蛋生鸡"。比如从管理的角度看岗位和人的关系，通常是这样的：岗位确定后，结合岗位的具体要求选拔合适的员工胜任岗位的工作；相反，如果是先考虑员工就会出现要么员工与岗位不适应，能力与岗位要求不相符，要么增加岗位满足人。这两种情况无疑都是资源的浪费。

组织架构和战略的关系也是如此。组织不论是内部的架构还是体现在外部市场链中的架构都是为战略服务的。因此，企业设置组织架构或是调整组织架构都要围绕着既定的战略，突出组织架构中战略的核心部门。这里，我们可以举一个足球的例子。一个足球队就是一个组织，而其中总会有几个核心的球员。为此，针对每场比赛，教练会根据实际情况制定战术，其中就会设定球场上的一个核心，大家围绕着以核心球员为主制定的战术踢球。这里，核心球员的战术就相当于战略。尽管有的球员非常出色，但他不适合围绕核心球员的战术打法，也就不能上场了。因此，以战略为核心设定组织架构，对不符合战略发展的组织架构作出调整或舍弃，使组织能以健康的状态确保企业管理在各方面体现执行力。

2. 架构体现整合功能

组织架构的一个特点就是确定了组织间的层级关系，也就是确定了管理与监督的上下级关系。传统的组织架构一般都是金字塔型，也就是管理

逐级下分，管理层次和幅度逐渐增多。同时，考虑到管理的等级性，也就是我们常提及"越级管理"，下级不能越过直接上级反映工作，上级也不能具体指挥非直属下级。从目前的市场环境看，这种传统的组织架构越来越不适应信息的快速变化以及员工的个性化取向。因此，涉及组织架构的调整通常会将金字塔型的组织架构调整为扁平式的组织架构，以增强管理的快速反应能力。

组织中任何一个组成的要素彼此都不是独立的，都需要组织内其他资源的协助与指导。因此，组织架构的调整不应仅仅是将组织变为扁平化的架构。虽然组织的组成要素直接面对市场，自身的功能得以体现，但作为整体功能却需要整合来实现。相对于另一种组织架构，也就是矩阵式的组织架构就很好地整合了组织组成要素的功能。组织各要素的功能可以横向和纵向地交叉，既节约了组织资源又可以发挥每个组成要素的功能，提高组织局部和整体的执行力。

六、人员架构

企业的执行关键要靠人，而执行人的架构对执行力会有一定的影响。一般说来，人员架构基本上就是年龄、性别、经验、能力等方面的组合。在这些组合中，企业可以采用一定的原则和方式将组合的力量释放出来，形成执行力。

人员架构与执行

一、年龄比例基于同代

年龄比例基于同代往往会和代沟联系在一起。在一个组织内，特别是组织内的一个部门的员工，年龄最好是在一个同代，这样的好处就是彼此间不易形成代沟，而且不同的思想又可以较为容易地融合。比如说广告公司的员工，年龄基本上属于同代，在合作方面，特别是广告的创意，经过共同的头脑风暴，很容易迸发出灵感的火花，执行力也就体现出来了。相反，在一些企业，特别是老字号的国有企业，家长作风盛行，企业内没有有效的沟通，没有一丝活力，上级和下级的执行力都很差。因此，在部门内进行员工设置时，如有可能应尽量安排同一代的人，而不是无目的地安插。当然，年龄基于同代的设置在实际中肯定会有困难，企业也要因人而异。比如说可以安排年长的员工做一些能发挥优势的工作如顾问、社会关

系沟通等。

二、上级年长于下级

上级年长于下级不仅仅是强调上级的年龄一定要大于下级，而且应该更看重上级在"资历"方面的年长。这里的资历包含了对上级各方面的能力要求，比如经验、专长等。此外，在年龄方面强调上级年长于下级并不意味着与年龄比例基于同代相违背，在一个部门内员工的年龄相仿，但上级不能过多地年长于员工的整体水平。相反，一定的资历、一定的年长会促进整个部门的工作。"上级年长于下级"对工作的开展中很有必要。

三、避免内部晋级

很多因素都会对工作的效果产生影响，这其中员工对新主管缺乏足够的认识、对主管的管理不服，特别是管理老资历的员工等都是不利工作开展的原因。工作的执行需要人，但忽视部门内员工的领导级别安排，同样会影响到企业的执行力。因此，考虑到组织内人员的心理因素，在员工晋级的时候就要尽量避免团队的内部人员直接在本团队提拔，这种做法非常不利于团队的建设。企业在面对这样的问题时可以适当考虑通过引进或调配的形式来完成团队的领导交接，比如企业可以采用换岗制的管理方式。当一个部门的管理者在本部门工作了一段时间后就可以根据部门业绩调往其他部门做管理工作。

执行架构与执行

企业的执行架构可以分为对内和对外的执行架构。企业的内执行可以检验组织的内部管理现状、员工的能力；而通过外执行则可以将企业内执行的效果和企业的目标向外界传递出去，让外界感受到企业的执行力。一般来说，对于内执行或是外执行，关键要做到执行的内容具体量化，甚至要用数据作为执行效果的依据，同时在执行的过程中可以采用适当的方法保证执行力。

一、量化

执行过程中执行行为的量化对执行力起到明显的监督与促进作用。所谓目标的量化是将目标执行的每一个环节都通过数字或具体的标准作为完成的依据，做到目标明确，可检验、可考核，尽量避免人为的行为。具体到量化一般可以分为定性量化和定量量化。有一些工作当采用定量量化的

时候，也就是能以具体的数据检验执行的结果，工作起来效果就很好，比如生产制造行业对产品的产量以及量化指标的规定等；而有些工作不能完全用数据来界定的时候，就比较适用定性量化。比如客户关系管理中的客户维护，虽然可以明确周期内的客户维护数量，但客户维护的质量更重要。所以，对于这项工作，在进行定量量化的基础上，进一步采用定性量化，以提高实际的工作效果。

目前国内的很多企业在工作执行中都会提到量化，但往往是范围细致了，结果却无法考核。比如要求生产现场保持干净就是一个模糊的概念，在执行中就非常难操作；再比如对产品的检验，"下道工序是上道工序的质检员"，尽管思想非常好，但是真体的检验标准以及双方的检验交接工具凭证都没有，这种执行就不会到位。

目标做到量化，结果就会有保证。在实际中，做到量化就是详细地描述人的行为并提出标准，这样的量化基本上可以杜绝人的主观行为，避免"一拍脑袋就做事"。通过量化，任何人都能参照描述的行为和标准做到位，这种执行应该是目前企业中最有实效的。

目标与行为的量化，一方面促进企业人的行为标准化；另一方面又可以加强企业的执行力。企业的执行需要人来完成，而目标的量化则是基础。当企业将目标进行量化到位的时候，执行力就会有明显的突破。

二、收权

所谓收权是指企业在对内执行的过程中对员工工作的约束，这种约束更多的是通过相应的制度、流程以及量化的目标来保证的。对内执行涉及部门内与部门间的执行，而这种收权主要是强调对部门间执行过程的一种约束。

部门间的员工彼此间是独立的，涉及不到相互的检查与考核，虽然说现在有的考核采用不同部门间全方位打分的方式，但由于人为因素的不确定性，效果并不好。因此，部门内的员工执行的结果主要是由所在部门来完成考核的，而完成的效果则受许多因素左右，特别是同其他部门的配合问题。因此，在相互执行的过程中给予一定的收权，明确大家的权利与义务，对促进工作的执行，减少人为的心理阻碍具有一定的重要性。

工作中因为执行部门的权力外放以及配合部门的不接受，而导致工作

的被动比比皆是。权力外放就是执行人将个人的权利及部门的权力凌驾于配合部门之上，同时又无法实际地开展监督工作，因而就会带来工作的被动。比如企业管理过程中经常会出现某部门或某人动辄以上级的名义发号施令，就像个别公司的行政部门（财务部、人力资源部等等）将权利凌驾于营销部等部门之上。这种做法其实就是在执行上将权利强加给配合部门，致使今后的执行工作越发地被动。通过明确的收权（主要是通过制度上的明确以及管理者的郑重表态），让部门与员工摆正各自的位置，一切的执行均按标准和权限范围内的要求去做，在此基础上合理利用执行的方式来完成各自的目标。

三、放权

如果说收权主要是针对组织内部门间以及员工间工作执行的约束与规范的话，那么，企业对外的执行则必须通过一定程度的放权来达到。对外执行的放权不能简单地认为是权力下放，企业只关心结果，对过程不闻不问。一定的放权更多的是将权力的范围和内容具体地明确，执行人可以在此基础上更加灵活变通地完成任务，甚至在特定的时候可以完成"先斩后奏"的执行工作。

企业涉及对外执行，应该更多地考虑放权，这样有助于对外执行的有效完成。企业和外界接触，不可控的因素很多，因而风险大且机会不好把握。此时，一定程度上的变通就是企业体现对外执行力的一种方式。如果任何的对外执行都要依据既定的制度、标准的话，就会增加完成的未知数。当然，这种变通有时间、内容上的范围限定，也就是在设定的范围内，在坚持一定的原则下才能做到变通。所以，既然已经将目标明确且设定了执行的内容和标准，就应该进行充分的放权，让员工从内心认识到，并将这种认识轻松地带到对外执行的工作中去，更好地完成既定的任务。

当然，对外执行的放权绝不能仅仅建立在信任和感情的基础上，必须要建立在目标量化、内容明确的基础上。任何的人为因素都会增加目标完不成的风险，而这种风险来临时又往往会因为人为的因素影响风险的降低和解决。因此，对外执行的放权是必要的，它可以促进目标的实现，但是没有量化的目标、没有明确的执行内容却是不能保证对外执行的效果。

考核架构

就目前的企业管理现状来说，考核是一种比较现实可行的管理员工与

企业预期相符的工具。也正因为如此，企业对员工的考核向来都非常细致，甚至于到了苛刻的地步。其实，任何一件事做复杂了都没有意义，考核更是如此。很多企业都寄希望所谓的科学的考核使员工能有效地开展工作，他们往往对员工的每一项工作都建立与之相匹配的考核规定，通过硬性的考核规范员工的行为。这样的考核结果使员工分不清工作的主次，而会将精力大量集中在考核上，变成了为考核而工作，这种考核自然就失去了考核的效果。

当然，前面我们已经提到了考核的现实重要性，并不是要否定考核在企业管理过程中的作用，而是想通过一个科学的架构完善考核的力度和效果。一般来说，对于考核的架构可以从3个方面建立：否决项、临时项、基础项。而针对这三项的考核又可以建立一个"三动"，也就是通过单动、联动、互动的方式来配合考核的执行到位。

采用单动、联动与互动的考核方式，既可以减少考核的难度，又可以减少因考核带来的摩擦，给工作的执行带来很大的便利。但在具体执行中，这种体制下的执行原则以及依据的标准应该尽可能明确并做到公开化，以保证最终执行的效果。

一、单动与联动

单动与联动主要是针对个人的执行行为。企业管理部门针对每个员工日常的工作均会设定若干个关键的否决项目。对于其中一项否决项，如果没有按计划完成就可以对其进行彻底地否决，也就是单动否决；而没有完成的这一项又直接或间接地导致了其他否决项的未完成，这就需要对有影响的几项进行联动地否决，但不是彻底否决。这样做不仅体现对否决项否决的标准，又体现出考核的人情味，不是一味地对员工的未完成项目进行否决。考核做到这一点，就需要对员工的否决项的具体执行情况进行明确的分析，不能主观臆断。

单动与联动的考核方式不仅强化了员工对单项否决项工作的重视，也能通过这种方式从系统的角度规划自己的工作。一直以来，员工的工作基本上都是提前设定或是口头指令，员工习惯被动地工作。这种工作方式显然不能体现出执行力。此外，员工即使对自己的工作有了明确地认识，但在具体开展的时候方法还是有些欠妥。比如艾森哈维原则提出的重要的少

数和琐碎的多数就是对工作重点的把握原则，但这些原则员工不一定能充分借用。因此，采用单动与联动的考核方式不仅考核到了员工本职的重点工作，也能让员工明确几个重点工作的关联性，尽可能地将这些工作整合到一起，确保每项工作的完成。

二、互动

对于互动，更多的是针对多人的行为。员工在执行工作的过程中，除了需要其他部门人员的配合与协调外，也会不同程度地影响到其他员工的执行行为，其中就会包括否决项。而对此进行考核时就要涉及互动的考核，也就是双方都需要进行互动考核。在互动考核中，根据影响双方的程度在一定的标准上进行不同程度的互动考核，以此增加考核的透明度和力度。

采用互动的考核方式主要的目的不在于为考核而考核，而是想通过这种方式建立起全员的协调与配合意识。与培训、说教的方式不同，利用考核的力度强制性地约定员工的团队合作，一方面可以让员工感受到企业对员工在内部工作中合作的重视；另一方面也可以通过考核带动一定程度的执行力。当然，一定程度地带动执行力也只是暂时的做法，而这种做法的最终考虑是希望能以此建立员工思想上的意识从而真正地通过全员的配合促进企业整体执行力的提升。

书面见证与明确责任

所谓的书面见证，顾名思义，就是在执行的过程中各种涉及的执行要素均以书面的形式体现，包括执行的制度标准、监督与考核、执行资源的配备等。通过书面记录明确执行的内容、执行的标准以及执行人的责任和义务。

书面见证的最大管理优势在于它的"可视性"。一般来说，执行过程中的人为因素对执行能够起到促进或是制约的作用。为了尽量避免人为因素，采用一定的管理办法就成为必然。比如前面我们提到过的信息化工具就是一个降低人为因素，提高实际的执行力的最好方式之一，也是一种书面见

证。它通过一个公开的信息化平台，将企业各方面的管理置于平台之内，做到了"可视性"，因而工作的效率得以保证。此外，企业如果还没有借助信息化的力量作为提高管理的工具的时候，必要的书面见证是必不可少的。道理很简单，通过书面见证，员工对工作的各项要求"心知肚明"，同时明确书面见证也就是明确了责任，一旦达不到标准，考核自然也就成为顺理成章的事。

具体到书面见证，我们可以从以下3个方面认识：

(1) 书面见证是执行过程的体现

很多企业都通过了相关的国际质量体系认证，或是正准备通过。国际质量体系不仅是一个标准的管理流程，更强调对过程的记录，也就是体现整个执行的过程。进一步说，这样的认证体系是将人纳入体系范围内，通过人在体系范围内的执行，关注过程，特别是相关的过程纪录。现实中，很多执行的问题都是发生在过程中，但事后却很少重视过程中的问题。即使重视，因为没有问题产生的现状记录，也就不能清楚地了解问题的当时所在，解决起来的效果就不理想。当问题越来越多的时候，而且又没有必要的书面纪录时，也就越来越不知道该如何解决。对于执行过程中的问题，如果没有书面的见证，只凭人的主观因素是无法对问题进行定性的。找不到问题的来源，落实不了具体的责任人，问题也就会不了了之。这就好比是法律上对纠纷的界定，一切只凭证据，否则一味地相信人的情理，就无法体现出司法的公正，解决不了实际的问题。

(2) 书面见证避免过程危机

书面见证是执行的关键，没有对应的书面见证就无法有效地开展执行工作。同样，书面见证在某种程度上也可以作为摆脱危机的依据。比如当某企业的产品被媒体"曝光"，企业除了会采用各种公关手段解决危机之外，同时也会从科学的角度，也就是提供产品生产的各种数据记录来验证产品是完全符合标准的。当然，这种做法不至于解决最终的问题，但它至少可以让公众感受到危机中真实的一面，从而为企业采用其他解决危机的办法打下基础。

在目前的信息化市场环境中，企业已经最大程度地置于市场中，企业的一举一动都会引起各方面的关注。当然，有利的关注对企业的发展是一

个促进，但更多的关注可能来自竞争对手，他们关注的焦点是如何能在市场竞争中获胜。在这种关注下，企业会面对很多诸如产品质量、服务等危机。当这些问题产生时，解决的首要办法就是提供证据，同时再配合多种公关的手段，从而顺利地解决危机。书面见证是一个很好的证据，它可以充分证实当时的企业现状，比如产品的质量控制、服务单据等。有了这些让人信服的证据，在面对危机的时候企业也能够自圆其说，得到外界的理解和认可。

（3）书面见证确保执行

书面见证更多的是针对流程，特别是流程衔接处就更需要有书面见证的支持，否则就容易"掉链子"。一旦执行"掉链子"，对企业各方面的工作都会造成严重的影响，也就是不能确保企业在各方面工作的有效执行。因此，企业在制定管理流程的过程中，应该尽可能地对流程的衔接处以及涉及的协调的流程提前建立相关的书面见证。在具体的执行过程中，也可以不时地进行补充和完善，以便任何人都能掌握执行的工具，更好地完成执行的任务。

书面见证确保执行的关键之一来自现实中企业内部应用较多的工具表格，这些都是很好的书面见证。书面见证是一个很好的记录过程数据的依据，它不仅可以监督员工的工作执行，更可以在过程中发现问题，解决问题。但在实际的执行中，很多表格都成为一种形式。造成这种现状的原因最主要的不是表格内容设计得不合理性，而是人为意识，特别是上级的重视意识不够。上级对表格中体现的内容不重视，对问题不及时解决，下级自然也不会重视。而如果这些表格中反映出的问题能够充分引起重视，对其中的不足之处能够一步一步地解决，经过一个过程后自然会形成借用表格的形式解决过程问题的工作方式，同时也会给员工打上一针关注过程的"强心剂"，建立注重过程的意识。

工作中对具体的工作约定责任无形中给予执行人以压力，并且将压力转化为动力体现在工作上。因此，在执行的过程中除了要有书面见证之外，还要明确责任。只有责任明确，执行的效果才能有保障。很多人在工作的过程中都会遇到诸如"推皮球"或"推诿扯皮"的事，造成这样的原因就是责任不明确，无法确定问题的具体所在，执行无法"落地"。

执行不到位，不仅浪费了物质资源，更多的是影响了执行人的执行心态，这种影响是巨大的，甚至是不可弥补的。毕竟人心涣散，对执行的工作失去了信心，反映到执行上很可能就是"敷衍了事"。一般来说，企业的管理者在经营的过程中，对员工的执行结果总是不甚满意，总感觉不如自己亲自执行的效果好。其实，这里面就有个责任不明确的问题。如果管理者自己去做，他对自己的责任相当明确，执行中遇到障碍也会努力解决，执行自然就不会存在"不落地"的情况。而对于一般员工，即使他自己的责任明确了，并不能完全保证与此相关的部门或员工责任明确，执行就非常困难，经常会出现无法"落地"的情况。因此，责任明确不仅是要体现在员工个人，也要体现在整个执行流程，这样才能保障执行出效果的。

责任明确最关键的除了要通过书面见证之外，还要有相关责任的具体描述，包括责任界定、责任描述、责任后果等基本内容。这样每一个员工、部门都明确了责任，在执行中就会"三思而后行"，努力做到将执行"落地"。

在责任明确的书面见证方面最有效的就是通过工具表格来体现。通过一张表格将责任人明确、责任界定、责任描述、责任后果等关键项目的内容体现在表格上，可以作为过程考核的依据。关于责任界定方面关键要做到界定的到位性，也就是这种界定的原则是"由上而下"地明确，而保证其界定的有效性则是看其达到界定要求的执行能否"由下而上"地完成，否则这种界定就失去保障执行的意义。具体说来，所谓责任"由上而下"的明确是指在明确工作、确定责任的过程中，执行人对各工作环节承担的责任是由上级确定的，下级需要无条件地承担执行不到位的责任，避免责任产生时的模糊管理；而"由下而上"则是体现执行的效果是由下级具体完成的，并反馈给上级。

在责任界定上下一致的前提下，责任描述就可以通过"双向结合"的原则来进行。一方面将执行与责任联系起来；另一方面又可以在无形中增加责任人的执行力度，确保执行的效果；执行工作结束后，责任结果就基本上得以明确。这种结果是以事实为依据，在表格上体现的，不受人为因素的影响，是可以为各方所接受的。

结合责任制定的"由上而下"以及"由下而上"可以看出：工作界定

明确是当事人的重点执行内容；责任描述则是对执行工作不到位可能产生的影响、浪费等方面的详细说明；责任界定就是明确责任的性质；交付证明是执行工作完成的书面证明，包括完成期限、提供的结果证明等。比如在市场营销工作中的客户关系管理是一项重要而又系统的工作。在责任界定上，其中，周期内固定维护的客户数量可以被列为重点工作；对此工作的责任描述就是客户维护质量（服务差、工作不能及时跟进等等）；责任界定中的责任性质不仅是员工个人的工作不到位，更重要的是公司的客户关系；交付证明中应包含客户名称、维护时间、维护内容以及工作建议等。

以下明确责任的表格可以在具体实施中产生一定的效果。

执行过程责任表

项目	工作界定	责任描述	责任界定	责任人	交付证明	确认人
A	客户维护	客户对某项工作不满意	服务跟进不及时	客户关系	客户名称 维护时间及内容 工作建议	
B	:	:	:	:	:	:

简单执行要落地有声

成功的执行离不开对结果的追求，也离不开结果的验证。从目前很多成功的企业来看，执行力强必然带来成功的结果，而预期结果的实现又能更大地促进执行。因而，在我们反复强调执行重要的时候，执行结果的重要性同样不能忽视。用一句话来形容执行的结果就是"落地，铮铮有声"。对执行不仅要求有结果，而且这种结果必须是符合预期并能产生实效的结果。

围绕着对执行结果的追求，本节从跟踪过程以及定义结果方面展开阐述。

跟踪过程

单纯从管理的性质来看，管理有几种方式（前文已做基本的阐述，这里，围绕着跟踪过程着重强调过程管理的重要性），并且这几种方式又是交叉在一起的：

- 第一代——行为管理，通过自己的行为实现管理。
- 第二代——指导管理，通过自己的指导让别人去实现管理。
- 第三代——结果管理，对于各项工作只要求有符合自己预期的结果，其他的事一概不考虑。
- 第四代——过程管理，在结果明确的前提下，关注过程，力争用最小的代价得到最大的结果。

以上几种管理性质的管理，在任何一个组织中，我们都可以见到，特别是前三种性质的管理。可以这么说，每一种性质的管理都有它发挥的空间，都能起到一定的作用。比如当我们自己独立工作的时候，第一代管理适用；当雇用一名缺乏经验的新手时，就需要严格的监督和指导，对此，第二代管理就适用；而第三代管理虽然能大幅度地提高执行的结果，但同时也带来大量的管理难题。为了达到结果，可以任意扭曲体制、篡改数字、虚假声明甚至是不择手段等。结果是达到了，但付出的代价又如何确定呢？第三代管理的焦点是针对结果来判断和奖励人，很少考虑过程，因此结果的取得并不完全意味着管理的高效。

第四代管理充分结合了前三代管理的特点，避免了第一代管理中对执行的限制、第二代管理中的微观问题以及第三代管理中扭曲体制、篡改数字等问题。第四代管理关注结果，更关注的是要获得可靠的结果必须对过程给予根本的改进。唯有过程的到位，结果才能有真正的保障。

一、关注焦点

执行需要对诸多环节的有效整合才能达到结果。过程管理不仅强调对过程的关注，也强调对过程中重要因素的关注，也就是对过程中的焦点关注。通过焦点带动执行的效果，确保整体执行的到位。一般来说，工作有主有次，就像前面我们提到的"重要的少数和琐碎的多数"一样，多数和少数都是工作的组成部分，在执行的过程中应该善于将执行的焦点放在对结果有关键影响的项目上，这里我们称之为关键项，同时给予其他支持工

作的项目，也就是辅助项一定的关注，以便保证关键项的执行。在执行的过程中，作为管理者应该尽量不要直接插手执行的工作，而应该给予必要的关注和指导。关注可以起到重视和监督的作用，可以给执行人一种无形的压力；而指导则可以配合关键项的执行，最终促成执行工作的完成。

二、关键项

任何一项工作的完成虽然是多种要素的充分结合，但都会涉及几个关键的项目。这些项目中的一个未完成就可以使整个工作半途而废；也有其中的个别关键项未完成，产生连带的作用，影响其他几个关键项，进而影响到执行工作的进度，对整个工作的结果产生不利的影响。对于关键项，通常我们可以考虑计划关键项和非计划关键项。

1. 计划关键项

计划关键项如同企业管理过程中对绩效管理采用的 KPI 一样，提前设定关键的业绩考核指标，也就是将工作的重点项目、对工作产生"致命"影响的项目内容进行明确的设定，并约定责任以及完成期限等硬性指标，用以最大限度地完成工作。一般来说，对于计划关键项，因为有过既往经验和准备时间，甚至一些执行的细节都可能提前预料，因而在执行中会相对顺手，对结果有较大的保障。所以，计划关键项得以实现的关键就是对项目标准的界定，从而确保执行起来"不打折扣"。

2. 非计划关键项

非计划关键项相对于计划关键项来说虽然重要，但并没有提前设定，而是在一些基础的方面，比如意识方面形成的关键项目。对于非计划关键项，由于没有计划中的重点设定，因而执行起来很难有参照或依据的标准，甚至有时会因为非计划关键项的影响而导致整个项目的"功败垂成"。

对于非计划关键项，有时我们会将它看成是一种意识，也就是在工作的过程中自然而然地要意识到一些非计划关键项，从而有意识地关注并解决它。比如危机（前面我们已经提到过，在这里也可列入非计划的执行工作），我们没有针对类似非计划关键项的资源（计划、经验等等），但如果我们建立起应对危机的意识，将它列为工作中同样重点关注的项目，一旦危机来临的时候也不至于产生不良的后果。

三、辅助项

辅助项相对于关键项而言虽然不是执行得以实现的重要促进因素，但它可以为保证关键项完成而提供必要的支持。尽管在对最终结果的影响上看，辅助项不起特别的作用，但没有辅助项的完成，关键项就不能有效地完成。

对于辅助项，虽然没有明确的内容说明以及标准，但却是必不可少的。比如工业品的交货准时能力是保证生产按计划进行的关键要素，而为了做到这一点，前期的准备工作，也就是辅助项的内容像场地的清理、资源的配备等，最终都会对产品的准时到货产生影响，而涉及的考核却并不包括这些；再比如财务的保证方面，它应该是一项例行的工作。作为负责人虽然更多地关注财务的各项指标，但如果没有例行的相关财务工作就不会保证财务的关键项工作的到位性。因此，辅助项尽管在对最终结果的影响上并没有给予充分的重视，但在具体执行中，执行人必须从全局的角度来考虑辅助项，从而取得对关键项的执行结果。

关注与指导

不论是对执行工作的关键项还是辅助项，作为管理者尽管不会直接参与，但必须要给予必要的关注与指导。作为管理者来说，执行的过程中给予当事人随时随地的关注与指导，一方面管理者自己能够尽可能地掌握执行的过程，做到宏观控制；另一方面又可引起执行人足够的重视，让执行人可以更好地主动完成工作。至于随时随地的关注与指导，我们强调管理的及时性以及现场性，也就是关注与指导应该及时关注员工工作过程中的问题并在现场尽可能地指导员工解决问题。

对于关注，可以有很多的方式。前面在讨论人心的话题时，有一些方法可以借鉴，比如及时的激励、双向的沟通等，这里就不再去论述。总之，关注的结果是要让员工把执行的工作变成自己的工作，而不是"应付"。如果员工有"应付"的现象，那么管理者还不如自己去执行工作。

指导同样也重要。因为各方面的因素，比如员工的经验、权限、协调等，会对执行的过程产生影响，因而管理者就非常有必要对于执行的重点给予一定的指导，以配合执行人完成工作。这种指导绝不等同于命令，而是站在执行人的立场上，让执行人能更充分地利用管理者的资源，也就是

借力，完成管理者所期望的执行工作。同时，只要涉及指导，管理者应该给予明确的说明，任何的含混不清都会产生误解和分歧，最终影响的是执行人的执行力和执行结果。

控制过程

执行工作的焦点确定后，跟进的工作便是对过程的控制。所谓过程控制是以执行的标准为主，通过过程衡量实际的绩效，并将实际绩效与标准进行比较，同时采取必要的行动进行纠偏或完善标准。

一、过程问题

工作中的很多问题都来自过程，因此过程产生的问题不容忽视。在实际的工作中，对于结果总会有这样或那样的不满意，而且这些不满意基本上都是重复的，也就是经常犯同样的错误。其实，这些不满意的来源就是过程中的问题没有进行控制。工作结束后，我们都会做一些总结，总结有利的一面以及产生负面影响的一面，但在接下来的工作中又会犯同样的错误。造成这种现象的根源就在于没有认识过程产生问题的重要影响性以及没有对问题进行分析，逐一解决。

如同执行工作需要关注关键项一样，控制过程最重要的就是控制产生问题的关键因素。一般来说，产生问题的原因很多，但其中关键的几个原因却是导致过程问题出现的决定性因素。这就好比是80/20原则一样。在过程中，能够产生一定影响的因素很可能会有20%，但是它们却能带来80%的影响。因此，这20%就是当务之急要重点解决的。而对于这20%，其中同样会有几个最关键的影响因素。这几个因素解决了，其他的问题自然就会逐步地解决。

找出重要的影响因素，一方面通过过程的跟踪记录发现问题；另一方面要在所有的问题中采用一定的方法找出这样的因素并解决它。过程的跟踪记录也是一种书面见证，它会翔实地反映过程的内容，包括对一些问题的记录。而要想确定最主要的影响因素，我们可以采用一定的管理工具，比如鱼骨图分析法，将造成结果的众多原因以系统的方式图体现出来，也就是用图表来表明结果与原因之间的关系。再形象地说，找出问题的要因就好比是筛沙子。面对一堆沙子（问题），大的颗粒（主要问题）需要挑拣出来。此时，借助沙网工具，通过一定的手段（振动）将大的颗粒（主要

问题）留在沙网上，从而挑出合适的沙子（解决问题）。

二、控制结果

过多的讨论管理的过程和结果孰轻孰重显然没有必要。在第四代管理中，关注的焦点是对过程的控制，但这并不否认结果的重要性。对企业来说，它最终是要一个结果，那就是盈利，用一句话概括就是"资本都是逐利的"。盈利是预期的结果，为了保证结果的最大化，必要的过程控制不可或缺。因此，所谓的控制结果，前提是对过程的控制，掌握了过程也就控制了结果。

在具体的执行工作中，通过监督过程，遇到问题具体分析，并及时地予以解决，可以增加对结果的控制能力。相反，如果一味地追求结果，甚至是通过"不择手段"的方式得到表面的结果，那么在最后的结果出来的时候已经不受控了。而此时调整结果，要么为时已晚，要么也只能从表面现象上去控制。比如我们前面提到过的用诸如篡改数字等手段得到结果，就是这种情况。因为没有对过程进行跟踪并控制，到最后发现结果出了问题，也就只好采用一些非正常的手段来弥补对结果的期望值。

定义结果

过程控制可以保证结果，但对于结果还必须要给出明确的定义，以保证整个执行工作能够做到善始善终，避免出现"虎头蛇尾"的现象。做任何一件事，除了对过程有要求、对结果有标准之外，还要对结果进行定义，不能一了了之。否则，在下次执行中类似的问题还会出现，不仅造成了资源的浪费，也会在相关人的心理上产生"累"的感觉，不利于后续工作的执行。对结果进行明确的定义，也就是给其他涉及结果的因素一个说法，明确执行的结果，起到对相关执行工作的借鉴作用。

一、定义

定义也就是将执行工作的结果给一个明确的说明，其中应该包括执行的事、执行人以及执行的结果。没有定义，执行的行为不论是有结果还是没有结果，都不会产生任何的影响，不会对以后的工作产生价值。所以，在每一个执行工作结束后，作为管理者应该明确对执行的工作认识，为其画上一个完美的句号。

1. 定义事

执行的工作是否完成，是否有价值，除了符合事先设定的标准之外，管理者对此的定义非常重要。一般来说，管理者对工作的定义或是评价要比单纯的符合标准的依据效果好。通常情况下，管理者的一句话在某种程度上比制度更管用，这也是目前企业管理中的一个常见现象。对于这种现象的正确与否，这里不过多地论述，只是想借此表明管理者对工作定义的重要性。

所谓定义事，在某种程度上看类似我们经常参加的总结或报告会。但它与总结或报告不同的是在于它可以针对每一项执行的工作，可以是个人，也可以是群体。

对执行的工作给予明确的定义，不管定义是褒还是贬，都可以为后续工作提供借鉴。比如说某员工出色地完成工作，作为管理者首先应该和执行人明确的就是：管理者重视这项工作并给予肯定；另外，针对执行工作的具体内容，管理者可以充分地表达自己对工作前因后果的看法，提出自己的建议和意见；之后，涉及的结果可以给执行人以明示，结果无论到位与否都可以看成是一个总结和借鉴，以便为后续工作的开展提供依据。在明确定义事的基础上，具体到执行人以及结果的定义就显得顺理成章。

2. 定义人

人在执行工作中的努力对执行力的体现以及结果的完成都是决定性的因素。对于执行人的定义，必须给予肯定，不管执行的结果如何。即使执行的工作很不到位，也要给予执行人以肯定，肯定执行人在执行过程中的努力。肯定与批评是相对立的，肯定在先可以最大限度地降低执行人的心理障碍，减少一定的抵触情绪。当涉及批评时也应该在肯定的基础上，一起分析批评的原因，找出改善的最佳办法，这也是定义人的关键所在。

管理者对执行人以明确定义，一方面让执行人感受到自己被重视，获得心理上的认可；另一方面也可以让执行人明确自己执行的工作，分析工作的得与失，便于在今后的工作中少走弯路，提高效率。充分的定义人是对执行人的一个鞭策与鼓励，同时也是提高执行工作效率的保障。

3. 定义结果

对结果的定义较为简单，只需看结果是否达到了预期的标准。对于执

行的工作，要取得的结果事先都会有个明确的目标和标准，因此这种定义完全是客观上的定义，也就是"以事论事"。这就好比是做判断题，对的就打钩，错的就打叉。如果没有达到目标，就要对过程中的事和人进行分析，看看到底是什么地方出了问题。

管理者对结果的定义应该是建立在定义事和定义人的基础上，而不是一上来就定义结果。执行的工作在涉及结果时，作为执行人和管理者都会有个心理预期，好的方面容易接受，不希望的方面则试图尽量回避。但结果是"板上钉钉"，无法回避的。因此，前两项双方都已经建立了对执行工作的认识，彼此以开放的心态面对结果，这就为今后相关执行工作的开展打下良好的基础。

改进

工作结束后，必要的总结与分析是少不了的。针对具体问题，通过总结与分析，深刻地剖析问题产生的根源以及解决的办法，并对此进行进一步的改进，是执行力持续加强、保障后期工作效果的关键。

改进的前提首要的是改进的意识。对此有清晰的认识，才能在执行工作的过程中时刻去留意改进的时机以及内容。同时，建立改进的标准和体系，使执行的工作形成一个闭环，做到执行"落地"。这样持续地改进，才能确保有效执行力的持续。

一、改进的意义

所谓改进就是在具体执行工作的过程中，对那些游离于计划与标准之外的要素进行分析，并通过具体的行动限定它的有利范围，变成可控的要素。

除了建立必要的改进工作的方法之外，改进也是一个不断追求完美的过程。"百分百满意"是理想中的目标，通过改进可以更加接近这个完美目标的实现。因此，在实际的执行中，改进过程要素，使之符合标准，并以此提升标准，达到完美的程度。

管理过程实际上就是一个持续改进的过程，尽管目标远大，但这种追求改进的思想依然可以在工作中发挥它的指导作用，让执行的工作产生实效。从现在的企业管理角度看，虽然各种管理思想和模式"层出不穷"，但这也体现了管理是在不断追求完美与现实的结合，比如目标管理通过对目

标的层层分解并落实到具体个人，辅助一定的管理工具卡片，指导员工针对目标开展工作的同时保证目标的实现；再比如质量控制过程中采用的"六西格玛"也是这种谋求工作改进的有效管理模式。"六西格玛"主要是通过持续地改进而使各项业务达到完美程度，也就是接近近乎完美的目标。由此可见，良好的改进可以强化执行的力度、规范执行的标准、提高执行的效果、满足企业对执行力的要求。

二、建立改进环

改进不是针对执行过程中的问题而解决问题，而是通过一种思想和体系，建立改进意识并做到持续改进。而要做到持续改进，建立改进环是一种较好的方式。

所谓建立改进环，实际上是将改进作为执行工作中重要的一环，最终能使执行工作形成闭环，取得圆满的效果。针对改进环的建立，有两个方面需要了解：执行工作的"四抓"原则以及持续改进的"工作五步法——PDCIS"。在此基础上，通过一系列的执行行为，掌握执行的各个环节，做到环环相扣不脱节，以局部带动整个系统的执行，以便更好地完成执行的工作。

所谓执行工作的"四抓"原则就是在执行工作中要坚持的原则，对任何一项需要执行的工作都要做到"反复抓、抓反复、抓结果、抓落实"。"反复抓"突出的是对执行工作的重视，让执行人对工作能从心态上给予足够的重视；"抓反复"强调的是避免类似执行不力的现象出现，也就是避免重复犯同样的错误，浪费资源；"抓结果"则要求对执行工作有个定义，看工作是否按设定的标准完成；"抓落实"强调的是对结果的跟踪，看后续的工作能否继续保证效果。通过对执行工作的"四抓"，不仅可以让执行人自己清楚如何能够做到真正有效地执行，也可以在企业内部建立一个无形的监督机制，监督各项执行工作的顺利开展。

执行工作的"四抓"原则不仅是一种持续改进的原则，也是一种持续改进的意识。而涉及的"工作五步法——PDCIS"则是一个执行工作得以持续改进的程序，它通过一个标准的程序，以确保在工作中的各个环节都能够执行到位。这里的"工作五步法——PDCIS"指的是对一项工作的执行应按以下程序进行：计划（plan）——执行（do）——检验（check）——改

进（ireprove）——标准（standardize）。

- 计划（plan）——明确目标、确定标准、分析细节、预想执行。
- 执行（do）——Just do it，现在就去做。
- 检验（check）——信息反馈、信息评估。
- 改进（improve）——纠偏制定、执行到位。
- 标准（standardize）——形成标准、用以借鉴。

具体说来，就某一项工作，执行人首先要对工作进行整体设定，明确具体的目标以及指导工作、完成工作的标准。在大方向确定之后，执行人还要尽可能地考虑执行过程中的"细枝末节"，做到心中有数；当计划的工作明确后，执行人就要果断地开展工作，不要"拖拖拉拉"；执行的过程中不要一味地"向前冲"，而是要针对过程问题进行分析与总结，确保过程的顺利实现；当阶段性工作完成后，必要的改进无疑是对后续工作的促进；执行工作要按计划完成，针对过程的每一个环节尽可能地从思想和行动上自我评价，形成对此的工作标准。

三、持续改进

坚持持续改进的"四抓"原则以及建立持续改进环都是一种改进的具体方式。此外，企业若想建立持续改进的机制、发挥它的效果还应考虑以下3个方面：

①管理者的重视

管理者的重视作用不言而喻，在某种程度上可以是执行能否到位的保障。比如现在有的企业为了便于全员参与管理而设置了"合理化建议箱"。尽管出发点是好的，但由于得不到管理者的重视，大多数企业的"合理化建议箱"都成了摆设，这样怎能做到管理上的持续改进？管理者不重视对执行的持续改进，改进只能是一句空话，它的作用是不会带到具体的执行工作中去。同样，管理者的不重视也会导致具体执行人以及相关人员的不重视，因而会对执行的结果产生不利的影响。

②书面见证

持续的改进也应该尽可能地做到书面化。书面见证对执行的促进作用前面我们已经做了阐述，持续改进也是企业执行力的一种体现。没有将持续改进做到书面化，也就是前面曾提到过的书面见证，就形成不了标准；

而没有形成标准，执行人在执行的过程中就没有明确的方向，想当然的意识增强，客观上对执行产生阻碍作用。同时，没有形成书面化的标准，执行的过程就不可能作为经验或样本为其他执行人所掌握，也就不可能实现持续改进对标准的预期。

③标准化

持续改进不仅是对具体执行人的要求，也是企业提高执行力的体现，更是对管理者的一个明确的要求。将执行赋予标准化的概念，通过标准化的方式解决实际的问题，是企业管理工作的重点。建立标准化，包括书面的形式或是借助信息化技术的平台，降低管理难点中的人为因素，确保企业执行力的有效持续和效果最大化。

第七章

简单管理与杠铃模式

不论管理有多少种学派,也不论你用什么样的方式去管理,有一点可以肯定的是,管理是为了保证企业既定目标的实现而使用的一种工具。既然管理是实现企业目标的工具,那么这种工具只要能够让所有使用者很快掌握并能够得心应手地去使用就可以了,也许并不需要我们的管理者去真正弄明白管理的工作原理、设计原则以及管理模式、管理学派,等等。

简单管理就是观念革新

既然谈到态度对人的行为影响到底有多重要，我想在这里就不能不提及第一次带领中国足球队进军世界杯赛场的米卢教练说过的一句话：态度决定一切。的确，当人的行为背景趋向一致的情况下，比如知识、素质、身体等，态度在这里就起到一定的，甚至是决定性的作用。曾几何时，中国的足球被赋予太多的内容，这就不难理解为什么足球越踢越累。而对米卢来说，足球是一项快乐的运动，每个人都能从其中得到最大的享受，这也就是米卢倡导的"快乐足球"。对此，我认为很好理解，只有快乐地踢球，尽情释放足球的魅力，才能踢好球。这就好比是我们的日常工作，抱着快乐、轻松的心态工作，才能享受到工作的快乐；相反，抵制工作或者是对工作了无兴趣，每天的工作都处于心理极度紧张的状态，那么再好的工作条件也发挥不了全部的工作激情。一般来说，导致这种状况的原因，很大程度上是由于心态在作祟，尽管个人的工作能力并不差。

员工在执行工作的过程中，心态对工作结果的影响至关重要。心态的稳定与健康，体现在执行上力度就不同。对此，管理者的管理重点大多会体现在管理员工的心态上。把握员工的心态，管理工作自然就会顺利一些。同时，管理者自身同样也需要一个良好的管理心态。在强制性管理越来越背离现代管理初衷的今天，心态管理才是企业管理制胜的关键。任何强权、等级、官本位的管理心态都是极不可取的，这种心态在某种程度上无异于管理的"自掘坟墓"。

管理者如何拥有一个管理的心态非常重要。但是，作为一个成功的管理者到底应该具备什么样的心态呢？关于管理的心态，可谓众说纷纭。比如强调人性化的管理是一种管理的心态，注重标准的管理同样也是一种管理的心态，等等。每一种管理的心态都会有不同的管理结果，企业管理的过程中管理者的心态也不是一成不变的，因而，管理者具备一个基础的管理心态就显得非常重要，在此基础上可以根据管理的实际情况不断地调节

自己的心态。结合以上提及对管理的认识，可以大概了解管理者应该具备的基础心态。不管企业采用的是什么管理，我认为管理的前提首先要做到简单，而不是日趋复杂。

说到简单，与之相对应的自然就是复杂。现代人对压力普遍感到"不堪重负"，无论是对经理人来说还是普通的员工，大家每天都是忙忙碌碌，真正静下心来缓解一下复杂的工作与生活很难。虽说现在国家规定的周工作时间为40个小时，但很多人工作的时间都大大超过于此，尽管这里还可能包含一些非工作的时间，诸如交际、协调关系等项目需要在正常工作时间以外才好处理。对此，很多人都感到无奈，都是"不得已而为之"。这样，每天的工作与生活都过得非常紧张，人活着越来越累，生活与社会都变得越来越复杂了。

从时间的角度往前看，比如说在二三十年前，人们处在一种非常简单的生活状态下。这一期间，人们大体上每天除了上班就是上班，基本上不用考虑工作以外的事情，社会上也没有什么所谓爆炸性的信息或快速的变化，人们的生活稳定而平和。和现在的社会相比较，虽然人的个性并没有得到完全释放，但那也应该是一种简单的生活。

当然，时代在发展，社会在进步，我们依然对今天的生活充满着渴望和珍惜，尽管我们每天都面临着诱惑与危机，但我们也努力抓住每一次的机会为实现人生的价值尽心尽力。对于工作与生活，呈现出来的可谓是"大千世界，百味人生"。有的人历尽沧桑，有的人碌碌无为，有的人昙花一现，有的人功亏一篑。那么，对于今天的我们又该如何追求一种简单的生活，而又不失时代的特点呢？

其实，现代人无论以何种方式面对生活的压力和社会的竞争，心态应该放在首位。良好的心态是成功的关键要素。具体来说，我想是否可以建立这样的心态，那就是"享受工作，享受生活"。不把工作看成是一种负担、一种压力，而是以享受工作乐趣的心态做好每天的工作，在工作中享受到生活的乐趣，以这样一种简单的观念迎接每一天的工作与生活，尽最大可能从主观上释放自己的能动力，做起事来成功的机会就会大增。

对待人生，每个人其实都应该有一个简简单单的"享受"观念。毕竟人生苦短，"享受"每一天的乐趣才是最真实的。当然，这里的"享受"不

同于"贪图享乐",而是以一颗平常心看待人生,过好人生的每一天。

人生需要简简单单,管理也应该如此。任何一种管理模式的建立与执行的前提都需要参与者能有一个与之相适应的观念,这也就是本书在前面通过大量篇幅的描述所强调的关于管理真谛(观念与工具的平衡)的认识中提及的观念。管理实施的前提是观念先行,之后辅以必备的管理工具实现管理的目的。

关于管理的认识是多种多样的,而且在此基础上的观念也不尽相同。不同行业、不同性质的企业,不同背景和经历的企业管理者对管理的观念有着一定程度的区别。有的倡导并实际执行"以人为本"的管理,有的则倡导绝对权威的专制式的管理;有的管理追求"精益求精",有的管理则强调"粗放"。拥有不同管理观念的管理者在实施管理的过程中就会产生与观念相符的不同的具体做法。比如管理者认为"以人为本"是管理的根本,他必然会在管理过程中体现出很多"亲民"性的制度与做法;管理者强调管理的"精益求精",他就会制定一系列执行的标准与考核制度,或许也会认可诸如追求质量零缺陷的六西格玛管理模式。

总之,管理者观念的不同,管理取向也是不一致的。这里,我们可以看到,对于观念的认识同样是多种多样的,可以说没有一个标准的定义来界定观念。但我们同时也会明确,无论观念的认识如何,管理最终是为实现目标服务的,只要观念有助于管理的实现,我们就认为这是一种适合的,或是与时俱进的观念。因而,围绕管理的实现,我们可以这样认为:既然观念是为管理目标的实现服务的,那么无论管理者是何种的管理观念都可以用简单两个字来概括,用简单的观念、简单的做法实现管理,在管理过程中避免一切复杂的思想与做法,能用最小的资源实现最大的管理目标才是管理价值的体现。所以说,简单是一种管理的观念。

众所周知,管理无定式,也就是说没有任何一种管理模式能够"放之四海而皆准"。不同的管理模式都有它适合的空间,都能提供某一解决问题之道。管理发展到今天,其触角已经延伸到企业管理的方方面面。每一个企业管理的难题都可以从模式众多的管理中找到借鉴和依据的方法和准则。应该说,管理得如此成就完全可以为企业管理的高效率和现实可行性提供极大的指导。但另一方面,管理同样也存在一定的负面作用。企业发展的

动力离不开管理，而在选择管理的过程中如何鉴别适合自己特色的管理就显得非常重要。其实，企业的管理者要做到这一点尽管有不同选择的方式，但完全可以用简单的观念去做。简单地选择一种适合的管理模式，而不是随意地追求或是盲目地采用；简单地执行既定的管理模式，做到管理过程的简单化，而不是将管理过程中的每件事都做得复杂。

管理的简单化不仅仅是管理的返璞归真，也是管理的未来发展趋势。

管理的返璞归真

管理的返璞归真就如同本书曾经提到过的"管理回到原地"一样，管理的发展也是"万变不离其宗的""管理也是要通过别人将自己想办的事情办妥"。在此基础上，管理随着时代和社会的变迁逐步地深入和细化，产生了许多的管理分支。仔细分析今天诸多的科学管理，并同历史中的管理相结合，不难发现，任何一种管理都和基础的管理相一致，只不过是在形式上或是技术上更加完善与贴切。

如今管理的特色就是信息化管理，人类借助信息工具极大地改善了管理，提高了管理的效率。信息化管理通常会借助诸如软件等技术，尽管看似复杂，但它更是一种简单化的管理，也是管理返璞归真的表现。目前企业管理过程中采用的 ERP 管理模式与手段就是一种简单的管理。

为什么会这么说？这里我想通过一个身边客户的例子来说明管理的返璞归真。

说企业采用 ERP 管理是一种简单管理，也是管理返璞归真的表现来自实施前后管理的效果对比。曾经有个化工行业的客户，因公司发展需要，更因管理的需要决定实施 ERP 项目。这里暂不去分析公司上该项目的具体原因，只是想通过一个项目实施过程中的环节对比来说明 ERP 项目的成功实施对管理的推动作用。

公司生产的产品品种较多，涉及的采购任务也相当烦琐和繁重。在没有上马该项目之前，公司对采购部门做了许多具体的规定。比如对某一采购品要进行货比三家，要确保来料供应并将来料控制在合理的库存范围内。以往的这些工作总经理要么会每单都过问，要么会总体来看看采购情况。一方面，总经理不能在第一时间纵向了解采购情况；另一方面采购过程中横向涉及公司内部门间的联系以及供应厂家的协调也存在诸多的人为问题。

在上马 ERP 项目后，所有的信息都体现在网络平台上，总经理可以随时掌握采购的情况，而横向联系因为没有了人为因素，一切关系协调都通过网络，极大地提高了工作效率。这样，总经理自己对采购信息可以做到随时掌握，随时监控，降低了采购成本和管理成本，物流管理的效率比以往大大提高了。

这是一个项目实施过程中其中一个环节管理上的前后对比。可见，ERP 尽管作为一种先进的信息化管理工具，看似复杂，因为它要通过网络做到全员的信息共享。但是，ERP 的实施也解决了一个管理的难题，也就是信息不共享、人为因素的管理瓶颈。前面已经提到，管理是一个管理者关注和理顺的过程。管理者要做到这一点通常会花大量的精力"亲身亲为"，这显然不符合对管理的认识。而上马 ERP 项目后，管理者很明显就能够以一种非常简单的方式面对和处理这些管理中的难题，自身管理的效率也提高了。可见，ERP 尽管作为一种信息化的管理模式和手段，它的实施还是离不开管理的基础，既是一种简单化的管理，也是管理返璞归真、回归本质的体现。

管理简单化是管理的未来发展趋势

未来学家阿尔文·托夫勒在他的著作《第三次浪潮》中曾经对未来社会的发展趋势做过预测，他认为人类社会的第三次变革来自信息变革，也就是我们现在所处的高速发展的信息化时代。在这一时代，信息技术逐渐改变人们的生活方式和社会的发展速度。自然而然的是，管理在这一时代也越来越多地被打上了信息的烙印，信息化管理成为现代企业管理的重要模式和手段。因而，管理的未来发展趋势应该是信息化的管理，管理借助信息化软件与硬件技术的结合，得到了前所未有的发展空间。同时，我们也提到信息化管理不仅仅是管理的返璞归真，也是一种简单化管理，所以，我们可以这样认定：管理的简单化应该是未来的管理趋势。

世间万物都有因果发展规律的，就像人一样必然要经过出生、成长、衰老、死亡的过程，管理也是如此。管理在发展的历史长河中也会经历一个模糊、雏形、发展、丰富、自然的过程。

而这里所谓自然的过程就应该是管理回到原本的状态，一切创新的管理都应该从管理的基础出发。企业管理都有这样或那样的困惑，在我们面

对的时候百思不解，但我们还是竭尽所能去创新、创造另一种管理来解决问题。经常会出现这样的情形：在我们抛弃了所有设想的模式和手段后，不经意间，发现管理的历史中曾经有过相似的一幕，借鉴其中的精华，管理的问题反而迎刃而解。其实，管理的本质是不变的，无论管理如何翻新、创新，本质的精髓还在。所以，与其我们苦苦探索先进的或是前所未有的管理模式的时候，还不如用简单的方式解决管理的难题。不管是借鉴、照搬还是创新，只要能实现管理的目标就行。

明确简单管理是管理的趋势有助于管理的执行。就目前来说，国内的管理大体上还停留在一个相对浮躁的阶段。任何一种管理模式，特别是国外的"舶来品"，都会引起众多企业的追捧。说到执行，大家就开始探讨执行力的问题；说到追求卓越，企业就会希望自己的基业长青等。这种现状导致的结果就是管理很难落到实处，管理的说与做不一致。这些必然会导致整体管理水平的下降，尽管我们在思想上能够与世界管理水平"同步"。企业无论是追求卓越也好，还是要做到基业长青也好，首要的任务还是将现行管理落到实处。用简单的方式一步步地实现管理目标，积少成多地实现企业永续地发展。

将管理"瘦身"

现代企业管理强调组织的扁平化管理，也就是管理者应该尽可能直接面对管理的下属或是市场。扁平化管理的优势在于信息流的缩短和直接化，这样便于管理者的直接管理，提高管理的效率。与之相对应的就是传统的直线式的垂直管理。管理者高高在上，管理的分支越来越多，管理者的利益线越来越长，许多来自市场和员工一线的信息得不到反馈，因而造成了管理上的"闭门造车"。记得有一个客户，公司在最初几年发展的速度非常快。后来，在同行业及竞争对手都在继续保持高速发展的时候却停滞不前了。老板感到困惑，为什么连续几年销售额不见上涨。事后了解得知，近几年老板将大量时间放在公司内部，专注于产品的研发和市场的规划，反

而和市场一线脱钩了，以至于部分经销商抱怨公司的产品不对路或是人员有问题。

这个发生在客户身上的问题可以说是一个典型的组织管理问题。老板平日里只关注中层的管理人员，而且几年不下市场，基本上还是凭借自己的判断和经验管理企业。虽然下面的部门和人员都很多，但没有直接看到下面的市场，因而管理的效果并不好。这就好比是很胖的人，因为肚子太大了，站立起来已经看不到自己的脚了。

企业发展到一定程度必然会进行扩张，这些扩张可能涉及产品层面、人员层面及组织层面。随着企业不断地扩张，必然会导致企业在管理层次和幅度方面的变化，而且这些变化越来越不适应企业的发展。在信息时代的今天，速度是决定成败的主要因素之一。大家都在学习和进步，关键是要看你能否比别人超前，这样才能有获胜的可能。为了能够迅速应对市场的变化，企业在管理方面开始了"瘦身"运动。比如进行流程再造，使企业每一个环节和员工都能直接面对市场，快速反应；进行"减员增效"，提高企业整体工作效率等。企业在管理方面的所有这些做法无非是想通过一系列的"瘦身"，打造敏捷的组织和管理，从而在市场竞争中先于竞争对手脱颖而出。

就像肥胖的人进行科学的减肥一样，企业在管理方面的"瘦身"也应该明确。一般来说，针对企业管理，可以从以下几个方面"瘦身"：组织、人员、制度、培训、考核及奖励。

组织：调整合适的管理层次和幅度，进而考虑在某项专业上建立虚拟化的组织。

任何一个组织在管理方面必然要涉及层次和幅度的问题，如何正确解决这些问题是组织能否提高自身运作效率、快速面对市场变化的保证。考虑到企业的管理层次和幅度要具有充分的竞争力，通常来说应该具备三个层次：管理层、执行层、作业层。这里，组织的管理层可以看成是战略层。这一层面的管理重点是"提纲挈领"，对组织的发展设定目标并进行全局的规划；在执行层面，关键要做到管理的衔接，也就是将管理层的管理意图转化为作业层的实际执行，并保证执行的效果。此外，在设置执行层面的时候不要再过多地设置附属执行层，也就是尽量减少或不设置执行层的副

手。这样既可以节约资源，又可以提高执行层正手的责任和压力；对于作业层，很简单，只需严格地按照执行层的标准行事。至于管理幅度，也就是管理者管理的延展能力。根据现代控制论的研究结果表明，管理者通常做到直接监督和指挥7个下属为宜，最多不超过12个。

当一个组织的管理层次和幅度确定后，再进一步"瘦身"以增强机动的竞争力的时候可以考虑建立专业上的虚拟化组织。所谓专业上的虚拟化组织就是当组织为实现目标而需要有相关专业支持的时候，可以考虑与由社会资源提供的专业组织合作。比如公司的财务部门可以由社会的专业机构代理，公司在组织设计的时候只需增设财务管理职能即可。这样做的好处是公司将一些事务性的工作交由社会资源来做，自己则可以集中核心的资源优势专注于市场竞争。

人员：考虑人员外包，建立BPO模式。

组织在"瘦身"的时候可以考虑利用社会资源建立虚拟化的组织，同样组织成员也可以通过外包的形式实现组织的目标，也就是通过建立BPO模式最大限度地发挥专业人员的优势。

所谓BPO是一种国际上通行的业务运转模式，这一点类似于制造业的OEM。不同的是，模式的主体是人而非产品。这种模式在软件业开展得非常迅速。比如西方一些高科技公司在开发软件的时候通常会和一些相对人工成本较低，但技术又能保持同步的发展中国家，比如印度合作。在合作的过程中，通过人员外包，而不是用自己的人员实现成本、技术、管理上的领先优势。再比如目前很多公司的组织部门都会设有诸如策划部、市场部等宣传部门，其中这些部门还会承担一些广告设计的工作。其实，组织中有这样的职能是必须的，但是否需要相关的人员却可以考虑"瘦身"。在社会资源中，有很多具备企划与广告设计能力的工作室，其中的从业人员相当优秀。组织完全可以通过这样的工作室以及人员实现企划、广告设计等组织职能。这种做法既可以看成是组织建立了外围的虚拟组织，也可以看成是组织中的人员外包。

制度：建立体系制度而不是"以事立制"，即出了问题再建立相关的规章制度。

企业建立各项规章制度在一定程度上是为了指导规范员工的行为，保

证企业管理目标的实现。企业管理过程的每一个环节都需要规章制度来体现，否则一切凭主观意志出发，就会出现一种"无政府主义"的管理。

企业是由各部门和员工组成的体系，用以支持企业的持续发展。因而，为了共同目标的实现，企业应该从体系的角度建立规章制度。比如质量体系管理制度就是站在产品质量和组织的立场上，把管理的各个环节都纳入体系中来，保证产品和工作的每一个细节都能符合体系的要求。显然，在体系的框架内，各种管理问题都有解决的依据，都有实现的保证。相反，对于其他的管理制度并不能完全做到体系化。一些企业因为背景、素质、能力等原因所限，通常会寄希望于通过全面周到的管理制度进行企业管理。但也有很大部分企业是当某一管理问题出现的时候才去设计规章制度，这样，问题越来越多，制度也就越来越多。所以，制度的"瘦身"应该是事先建立全面的体系制度，并在过程中逐渐完善，而不是出了问题的时候再去建立规章制度。

培训：从迎合战略目标的实现和人的发展角度建立培训体系。

不可否认，培训已经成为越来越多的公司首选的人才培养方式和提高公司管理水平的途径之一。就培训而言，其主要目的是时时刻刻提供公司发展所需要的人才，同时，培训也可以使公司员工短时间内掌握应具备的知识和技能，从而使自己快速地成长起来。培训对公司也好，对个人也好，重要性不言而喻。

培训的关键是要有效果，这种效果要求短期内能够看见成效，同时也能够使这种效果得以持续。通常来说，培训是人力资源工作最好的开展方式和解决问题的手段。因此，公司的人力资源部门除了要承担相关的人事工作，关键还要从人力资源开发的角度开展各种培训。

就目前而言，很多公司都已经或多或少地接触了培训，不论是企业的内部培训还是参加外部的培训。应该说，企业对培训的重要性认识已经很深刻了。但同时，对于培训，一些企业也缺乏一定的体系性。主要体现在：培训选择的随意性，更多的是从人事的角度考虑；培训主题的偏失，没有对接到公司的实际需求等。其实，培训绝不仅仅是确定某一主题，邀请讲师对大家进行理论与案例的讲解。培训若想产生实效还是要遵循公司既定的战略，并建立长期的培训体系。围绕战略的不同阶段选择培训的主题，

将培训的主体系进行阶段性地拆分。这样既符合公司的战略要求，又可以通过每一个阶段的培训强化战略的执行。

考核：借助技术的手段实现考核的简单化，做到人人接受。

对人力资源部门来说，对绩效的考核是一项烦琐而重要的工作。为了通过考核来实现业绩的提升、员工行为的改善、执行工作的监督，人力资源部门的员工往往是费尽脑汁，但实际执行的效果却并不好。造成这种现象的原因应该是多方面的，有文化方面的，有公司整体管理水平方面的，也有员工本身素质方面的，等等。这里，我们不对此原因进行详细的阐述。虽然解决问题的方法也有很多，但从简单化的角度考虑，依靠技术的手段更为实际。

每个公司对员工出勤的考核都非常重视，每天的工作时间有严格的规定，一旦迟到、早退或是缺勤，人力资源部门都会据此给予当事人相关的处罚。为了实现这一考核，公司会采用诸如签到、打卡、抽查等方式。方式固然好，但时间一长，员工的对策也会随之而来。有这样一个公司，对员工的出勤采用打卡的方式来控制。不过有时这种方式也会带来麻烦，因为经常会出现员工代打卡的情况。为了解决这一问题，人力资源部门不得不不定期地派人在打卡机旁监督员工的打卡行为。很显然，人力资源部门的这种做法一方面由于对员工的不信任而伤了员工的心，另一方面也重复做了无效的工作。其实这样的问题不难解决。比如目前有的公司出于必须要考核员工出勤的考虑而采用了先进的指纹打卡。虽然相对普通打卡机的投入要高，但后期的管理效果却非常明显。这也就是利用技术的手段实现对考核的管理，使考核能够让每一个员工都接受并无条件地遵守。可见，在这里，人力资源部门借鉴先进的技术手段有效地掌握了员工的出勤情况，使出勤的考核工作变得简单而又有效果。

激励：激励不能因人而异，而是做到创新才有激励。

一般情况下，对公司员工而言，大家的需求不尽相同。为此，大多数管理者通常会考虑根据每个员工的不同需求而对其进行激励。这样就产生了一个问题，公司的规模如果不大，员工数量有限，管理者也许能够有机会了解到每个员工的需求。而如果公司的规模达到一定程度，管理者分身无术，要做到对全体员工的了解是不现实的。这时，如果想根据每个员

的需求给予激励的话，管理者工作的复杂性可想而知。

对员工的激励是调动员工工作积极性的必要手段，但如果要通过发掘不同员工的需求而给予激励的话，必然会造成管理的浪费。其实，尽管员工有这样或那样的需求，但最根本的需求应该是共同的，那就是因创新而得到的激励。管理者鼓励员工创新，并及时给予激励，让员工明确创新的重要性。员工得到的激励是因为工作的创新，不仅对员工创新是一种肯定，也能将激励的焦点转移到创新上，而非物质、旅游、金钱等单纯的激励。激励具体到每个人的需求，这样做只能增加管理者的工作；而将激励和创新结合起来则是一种简单的做法，不仅统一了激励的原则，也能因为员工对创新的追求而带来管理的效果。

简单管理意味着什么

任何一种管理都有它的价值存在，简单管理也是如此。企业在管理的过程中采用一种简单的模式，并在实际的执行中按照简单的思路去做，总体说来有3个方面的意义。首先，简单管理意味着企业在管理的过程中可以最大程度地整合资源；其次，简单管理还可以将执行转化为实际的生产力，推动管理实现；最后，简单管理能够释放管理固有的价值。对于管理者来说，它可以将管理者尽可能地从日常烦琐的管理、监督、考核的事务中解放到对公司发展的宏观掌控中。

最大程度整合资源

资源整合是目前社会上非常普及的一句话。但凡企业和个人在考虑发展的时候都会想到对身边的资源进行整合。比如咨询公司就是一个典型的资源整合体。特别是在今天企业越来越需要专业性的咨询服务，而咨询市场又相对模糊的时候，咨询公司就必须对自身进行资源整合，以满足客户的专业需求。对企业来说，资源整合同样重要。我们在前面提到的管理瘦身的几个方面就是一个企业进行资源整合的结果。比如建立虚拟化组织、人员外包都是企业将外围资源整合到自己周围，为自身的发展提供有效的

推动力。

社会发展到今天，任何一个人或企业都处于"OPEN"的状态，与外界的信息交换日趋频繁。大家借助社会这个大舞台充分地展示自己，舞台上的每一个要素都构成了彼此可以借用的资源。而将这些资源整合在一起，舞台上的大戏才好看。因此，没有了资源，没有充分地整合资源，谈发展是不切实际的。

既然资源整合对企业或是个人的发展意义重大，那么如何才能进行有效的资源整合呢？事实上，并不是每一个资源都能借用或是整合的，甚至有些资源对自身的发展是一个阻碍。因此，我们在想到对资源进行整合的时候一定要明确需要借用那些资源、怎样用最小的代价对资源进行整合，以符合自身发展的需要。整合资源通常会有不同的方式，就像在做产品宣传时采用的"推和拉"的方式。有时需要采用主动的方式，有针对性地推动资源整合；而有时又需要调动资源的拉动力从而促进产品的品牌提升及销售。资源整合当然也会存在这样的方式。再进一步说，当资源异常充沛的时候，资源的选择、资源的整合对结果会有些影响。任何的盲目、跟从、强制都是对资源整合效果的制约。因此，尽管面对错综复杂的资源，资源整合者应该掌握一个基本的方式，那就是简单的方式。

所谓用简单的方式整合资源就是明确各资源的利益出发点。不可否认，任何参与的资源都是要获得一定的利益的。因此，明确利益点对资源也好、对资源整合者也好都是不可或缺的。一方面，资源整合者要明确整合资源对自身的利益，并考虑能为资源带来什么利益；同样，参与的资源也要双向明确大家的利益。当利益明确的时候，资源整合的最大效果也就被挖掘出来了。否则，用很复杂的方式，打所谓的心理战、关系战、感情战，甚至避谈利益，资源整合的效果肯定不会达到彼此的预期。所以，凡事力求简单，考虑最直接的利益与需求，无疑可以最大限度地整合资源。

将执行转化为实际的生产力，推动管理实现

众所周知，生产力是推动社会进步的主要因素。从历史发展的角度看，当生产力得到进一步的释放时，就会极大地加快社会发展的速度和提高社会发展的质量。从企业发展的角度看生产力，可以将其理解为企业的执行力。执行力强的时候可以积极推动管理的实现和企业的发展。

企业管理过程的每一个环节都需要强调执行力，只要当企业的每一个局部执行力都非常强的时候，形成的合力才能实现企业整体的管理目标。否则用一个形象的比喻就是"一条臭鱼腥了一锅汤"。当然，这里只是一个比喻。其用意在于说明任何一个环节的执行力弱都会影响公司整体的执行力。

企业管理应该是一个系统的工程，涉及人、物、流程等方方面面。牵涉的元素多，执行起来必然会有障碍。比如说企业管理中常见的"推诿扯皮"就是影响执行力提升的因素之一。对付"推诿扯皮"，无论是管理者还是当事人都颇感头疼。一方面没有合适的解决办法，大家牵扯的精力多；另一方面，过多的"推诿扯皮"也会影响公司的工作氛围和团队的力量。曾经有个故事来说明对此的解决问题之道。说是当年美国人在开发西部的时候遇到了缺水的问题。经常会看到这样的情形：大家排成很长的队，一个接一个从水源地一桶桶传递水，最后将水倒在指定的大桶内。后来，美国总统罗斯福以此在他的办公室门前写了一句话"buckets stop here"，寓意责任到此为止，不再推来推去。

既然"推诿扯皮"影响执行力，而管理者又无法用大量的精力解决这个问题，那么不妨从另一个角度来考虑解决的办法。比如用简单的管理，明确执行流程的标准和责任，而不是出现问题再解决问题。就像传递水桶那样，对参与者进行培训，明确动作、频率或是其他事项，一旦出现问题，当事人只能对自己的行为进行反思。而不会拉两边的人找借口。其实，制定标准就减少了执行的烦琐，有标准可依，执行就会成为现实的生产力，推动管理的实现。

释放管理固有的价值

管理本身是为实现目的服务的。如果说通过管理没有实现目的，那么管理的价值也就无从体现了。同时，达到目的的途径很多，而只有用最小的代价实现目的才是我们所追求的管理，这也是管理本身固有的价值体现。如果说在浪费了大量管理资源的前提下实现目的，管理反而会成为一种制约，不仅不具有价值，还会成为目的实现的"绊脚石"。

将以上的说法用一句"四两拨千斤"的话概括非常贴切。实际上，管理就在于能否做到用"四两"去拨"千斤"。其实，这也是简单管理的用

意。用最简单的方式，节约最大的资源，实现最终的目的。

简单管理可以释放管理固有的价值。对管理者来说，其价值就在于对企业的引领。就像一句话说得那样："人无头不走，鸟无头不飞。"管理者最应该做的就是为企业、团队成员指明一个方向，并带领大家去实现。但是，现在的很多企业，特别是相当的民营企业，很多管理者还是将主要的精力放在事务性的工作之中，一些规模相对较小的民营企业管理者更是如此。他们不仅管中层经理的工作，还要亲力亲为地指挥作业层员工的工作；对员工的考勤要管，对公司的物品也要管。总之，管理者希望过问每件事。管理者所有的这些做法与管理者本身的工作并不相符，一味地参与只能增加工作负担，管理变得越来越累、越来越麻烦。所以，换个角度看管理，那就是简单管理。通过简单管理，释放被烦琐压抑的管理，管理者尽可能从日常烦琐的管理、监督、考核的事务中解放出来，将工作的重点放到对公司发展的宏观掌控中。

简单管理的杠铃模式

前面我们已经深入浅出地阐明了管理的真谛，即，管理是观念与工具的平衡。管理能否有效的前提在于观念，其次才是通过借助合适的管理工具实现管理的目的。在明确了管理的认识后，本书又提出了简单管理的观念，也就是管理者在进行管理的过程中建立起简单的观念，运用简单的方式、动用最小的资源实现自己的管理预期。

对于简单管理，我们更认为它是一种管理的观念或是思路。简单管理没有明确的界定，有很多种方式都可以看成是简单的管理。这里可以举一个例子来说明简单管理。有这么一句话"条条大路通罗马"，寓意通向成功的彼岸有很多条路选择，哪一条都可能到达。按照简单管理的思路，为了达到成功的彼岸，选择最适合自己的一条路是为上策。走直线应该是距离最短的线路，但如果这条路布满荆棘，需要占用很大的资源才能到达的话，这条路并不是一个最好的选择。所以，充分地分析自己的资源及可调动的

资源，选择一条捷径才是成功达到彼岸的最佳方式。这个故事隐含着一个简单的原则，从目的地倒推考虑，为了实现最终的目的，可以"不择手段"，尽可能采用最简单的方式行动。

简单是一种观念，它没有定式。在明确了简单的观念之后，下一步就是执行。在这一过程中同样需要简单，简单的方式、简单的工具、简单的执行。管理简单化需要一定的方式或是采用一定的工具。这里我们对杠铃管理作进一步剖析，说明管理如何做到简单化。这样，一方面我们对管理有了进一步地认识；另一方面又可以借助简单管理和杠铃管理来阐述管理观念和工具的平衡。围绕着对杠铃管理的阐述，本书在接下来的内容中会在前一本书的基础上进一步提出一系列简单的原则、案例、做法。所有这些都会强调一个平衡的问题，也就是管理在执行的过程中如何简单、如何到位。

成功企业的简单管理

简单管理并没有一个定式，简单管理的关键在于管理者能否以最少的资源实现最大的管理目的。由此，我们通过一系列成功的管理来看看什么是简单管理。

很多成功的企业其成功的因素有很多，也各不相同。但是，将这些成功的企业放在一起进行综合的分析，不难发现，他们的企业管理实际都是一种简单的管理。这里的简单并不是单纯意义上的简单，而是围绕管理目的的实现而采用的简单管理。可以举几个典型的简单管理的例子，他们是：海尔的 OEC 管理、安利公司的直销管理及戴尔公司的"直线定购、按需配置"。

海尔的 OEC 管理

海尔集团作为国内唯一一家通过市场化运作方式进入世界五百强的公司，成功的因素有很多。其中，海尔的管理不能不说是成功的基础。说到海尔的管理就不能不提到海尔始终坚持并颇具成效的 OEC 管理。这里将

OEC 看成是一种简单的管理在于它的实际操作性。管理者通过简单的日清可以了解员工当天的工作动态，员工也会把日清看成是一种工作的压力和动力。OEC 管理作为一种简单的管理实现了管理双方的信息对接，明确了工作内容和责任，工作的效果自然就会达到预期。

所谓 OEC 管理法是这样的："O"代表全方位"Overall"，"E"代表每人、每事、每天（Everyone Everything Everyday），"C"代表控制和清理（Control Clear）。用一句话概括就是全方位对每个人每一天所做的每件事进行控制和清理，总结起来叫作"日事日毕，日清日高"。这种管理方法进一步可以用五句话概括：总账不漏项、事事有人管、人人都管事、管事凭效果、管人凭考核。

OEC 管理法的具体应用体现在表格上，这种表格就是相对简单的管理与考核的工具。通过表格，员工需要确认每日的重点工作和一般工作，并对第二天的工作作计划。管理者通过表格了解员工当天的工作成果，确认第二天的工作计划。通过这种管理方式可以看出，每一个员工的各项工作都有书面的见证，这样基本上制止了"推诿"或是"狡辩"。工作有没有完成一目了然。同时，员工自己做的工作计划，无形中对自己构成了一种压力，就会强迫自己必须完成。看看，当有的企业管理还在为不能了解每一个员工的工作情况，或是拿不出书面凭证的管理难题苦恼的时候，OEC 管理应该是一种简单的并且非常有效的管理工具。

安利公司的直销管理

安利公司是一家知名的跨国日用消费品公司，于 1995 年 4 月进入中国。公司在中国正式营业后的近 10 年间已跃居行业第一，其销售额已经超过百亿。安利公司的成功特别是在中国的成功首要原因除了产品质量的严格把关外，其独特的直销模式更成为安利成功的决定因素。

在日用消费品销售终端日益萎缩的今天，安利的直销管理越来越显示出它的活力。安利在中国采用"店铺销售加雇佣推销员"的方式经营。一方面通过店铺销售产品；另一方面通过具有专业素质的营销人员为消费者提供面对面的真诚服务。总结案利的管理特点主要有两个：对顾客采用直销顾问式的面对面服务，对销售人员则采用远景与现实利益的结合方式。这两种方式对顾客、对销售人员都具有极大的诱惑，可以真正地调动积极

性，满足需求。

通常安利的营销人员在面对顾客的时候绝对不是单纯地推销产品，他们往往用两种方式打动顾客。其一，向顾客介绍安利公司及安利事业，让顾客感觉能以从事这份事业为荣；其二，以自己的亲身感受建议顾客尝试，并作现场的产品演示，通过实际的现场效果验证产品和服务。安利的这种做法不仅可以实现产品的现场销售，也可以建立起顾客对安利独特的好感，为下一步的服务做好铺垫。

此外，安利的简单管理的做法更体现在对销售人员的管理上。安利首先强调公司为每一个销售人员提供具有无限前景的事业，他们叫"终生的事业"。通过许多的内部培训以及"成功人士"的现场演说，极大地刺激每个人对财富、对成功的追求。另外，安利可以让每一个参与其中的人得到直接的利益。这种利益直接兑现于本人，并且设立不同阶段的晋级，给予金钱和出国培训的奖励。说得再明确些，那就是只要你参与安利的事业，自己努力多少，回报就会有多少，而不用顾及各方面的管理或是关系。其实，管理无论怎样完善和科学，最终还是要通过"为自己做事"的自我管理来实现利益最大化，其他的方式都只能是一种"尽力"的行为。

安利的直销管理从最根本的人的需求出发，让每个参与安利事业的人不仅得到最大的经济利益，也能在参与事业的过程中感觉到自由、轻松甚至是自豪。这种简单的管理无疑会激发每个人内在的动力，也为公司带来了巨大的成功。

戴尔公司的"直线订购、按需配置"

1984年成立的戴尔公司，其发展的传奇经历有口皆碑。在计算机竞争日趋激励的今天，戴尔公司却一枝独秀，成为成长历史最短而发展势头最为强劲的企业。以销售额、利润、市场份额、股票价格的飙升来衡量，戴尔公司几乎颠覆了许多传统公司的成长轨迹。在戴尔公司成功的背后，其独特的"直线订购，按需配置"的经营理念已成为业界谈论和学习的焦点。事实证明，恰恰是戴尔公司的这种经营理念，打破了传统的销售模式，采用更直接更简单的方式面对客户，既满足了客户的个性化需求，又为公司节约了渠道资源。

事实上，公司成立伊始，戴尔就为公司与用户之间的关系下了这样的

定义：直接将特别度身定做的电脑系统送到客户手中，并提供全面的售后服务。这是一种独特的"直销"模式，不经过中间商、不走渠道，完全按照客户的需求配置。这个直接的商业模式绕开了中间商，减少了不必要的成本和时间，可以更好地理解客户的需求。这种便捷的能力使戴尔公司能以平均四天一次的库存更新速度，把最新的相关技术带给客户，远远快于那些运转缓慢、采取分销模式的公司。此外，戴尔还通过这种直销的模式将客户定位在团体客户，而不把零售买主作为销售的目标。这样一来，戴尔成功地避免了在国内市场与联想、方正等本土品牌的正面交锋。从另外一个市场包括国有企业、民营企业或外资企业直接服务客户。戴尔的直销模式的重点是针对不同客户的需求提供专业、全面的服务。这就好比是当年福特所说的"你想要什么颜色的车就可以有什么颜色的车"。其实这种服务的方式可以看成是现在多数企业所采用的 VIP 客户服务理念。凡是 VIP 客户都可以得到公司最专业、最优秀的服务。同时，大多数称为 VIP 的客户不仅自身能感受到公司的重视，也为这种 VIP 客户的资格或是身份为公司支付了更多的成本。

  戴尔公司的直销式做法与同行业中大多数公司比较显然简单而又能看到成效。当同行在竭尽所能利用各种渠道销售自己的产品的时候，戴尔公司甚至会采用一种最为简单而又有效的邮寄的方式，将公司的产品组合和服务方式传给不同的客户，特别是中小型的企业客户。当然，邮寄是戴尔直销模式中的一种方式，类似的方式还包括互联网直销、首家计算机供应商开通的免费直拨电话、重点客户登门推销等。通过不同方式的组合以及个性化的产品服务，戴尔公司得以在计算机领域占有举足轻重的地位。

杠铃管理释义

  简单的工作，简单的生活一直是大众倡导的人生方式。基于此，在参与的管理工作过程中也会凡事力求简单。其实，最初的简单管理的想法来自在海尔的工作经历，后来从事咨询顾问的工作，得以越来越多地深入了

解客户。如今简单管理的想法日趋强烈,正因为如此,在研究简单管理的过程中,提出了杠铃管理的简单化管理的模式。在与客户的广泛交流的过程中,杠铃管理逐渐完善,同时也得到了客户的普遍认可。在此基础上,根据收集来的素材以及进一步研究,杠铃管理的内容可得以深入的阐述。

从海尔认知简单管理

简单管理并非杜撰,也不是空穴来风。简单管理源于海尔集团的管理模式,在海尔集团营销中心的全国"三店",即店中店、电器园和专卖店的管理,特别是产品的现场演示工作。

海尔采用的是事业部制的组织形式,具体分为四大本部:冰箱·电工本部、空调·电子本部、冷柜·电热本部、洗衣机·住设本部。集团层面则设有四大中心:企业文化中心、营销中心、人力资源中心、规划发展中心。其中,营销中心全面监管集团的市场运作,对各本部进行监督和管理工作。而对全国的"三店"管理则是工作的重中之重。比如针对一个店中店来说,各部产品均集中于此,其中每部派2~3名促销员负责产品演示、整理及向顾客介绍的工作。每部的促销员只对本部产品负责,并由本部直接考核和培训。这种工作方式,这里面至少存在两个方面资源的浪费:其一,"各人自扫门前雪"的心态决定了不能以集团的名义为每一个顾客服务。而顾客光顾店中店看的是整个海尔集团,而不仅仅是其中哪个部门;其二,促销员的培训工作不到位,只了解本部的产品,而且培训由各部在当地的市场经理负责,缺乏一定的计划性。如果要从集团的整体利益考虑,这种做法显然是一种浪费,也过于麻烦。能否有一种更高效率的工作方式呢?在不断的市场调研以及分析与总结的过程中,简单管理的想法也就产生了。

简单的做法应该是这样的:将各本部的促销员集中到营销中心统一管理,各本部负责产品的销量考核与工资兑现。促销员的培训由当时营销中心所属的电话中心的接线员代表培训,同时双方建立互动机制。电话中心的接线员要定期以促销员的身份到一线,感受现场气氛;促销员也可以通过考核成为电话中心的一员。这样一来,既可以充分把每一个人调动起来,也可以集中集团的资源为每一个不同需求的顾客服务到位。

杠铃管理之所以能形成体系,其实均来自服务客户的经历和心得。咨

询顾问的主要工作就是和客户深入接触，了解客户现状，为客户提供必要及时的服务，帮助客户迅速成长。因此，咨询顾问有机会全面、现实地了解客户。在和大量客户接触的过程中，经常会谈到管理的话题，也经常会听到客户对管理的抱怨。当我们把客户的共性问题放在一起进行总结，就会发现：虽然客户大都意识到企业发展过程中管理的重要性，但具体实施起来却是千差万别，管理并不得法。就像本书中提到的管理误区和管理的知之甚多、行之甚少一样，客户采用的管理大多是复杂和烦琐的。

当然，单纯地建议客户将管理简单化并没有实际意义，因为客户需要的是能够解决问题的"可操作性方案"。由此，遵循简单管理的思路，我开始研究能否以一种系统的模式来明确简单管理。

咨询顾问在与客户交流某一问题、现象或是建议的时候，通常以案例或是工具来引导客户，单纯的强制性灌输或以自我为中心的方式决不能让客户满意。所以，我们提倡企业管理应该简单化就必须通过具体的内容来和客户探讨。其实，简单管理的方式有很多，比如像授权管理、目标管理等都可以看成是一种简单管理。所不同的是管理者的管理角度不同，随之而来的简单方式也不一样。目标管理围绕着目标的实现设定标准、方法或是工具，重点放在企业的目标上；而授权管理的重点是通过授权的方式或技巧，让下属竭尽可能地完成部署的任务。如果从体系的角度看简单管理，管理者不去过多地参与事务性的工作就必然要专注管理的重点。这时，我联想到了举重运动。举重运动员就好比是企业的管理者，他的目标是在特定的环境下（场地、时间、裁判等）举起杠铃；而企业管理者也要在特定的市场环境中实现企业的终极目标。举重运动员通过抓杆将两个杠铃片举起来；企业管理者通过过程管理，专注企业的决定性因素，进而实现企业的可持续性发展。二者应该说有异曲同工之处，那就是为实现目标而专注重点或是关键的因素。这样，结合简单管理的实际执行，杠铃管理的模式基本上，从体系上得以确定。

杠铃管理的内容释义

杠铃管理作为一种简单管理从体系上明确了管理者管理的重点所在。企业的管理是一个系统的过程。根据企业发展的目标，企业的管理者需要从各个方面建立条件，满足企业发展所需的空间。在企业管理的过程中，

管理控制尤为重要,它涉及管理的各个环节。一般来说,企业的发展离不开管理,而管理又有许多的层面,比如管理层面的战略管理、执行层面的绩效管理、作业层面的标准管理等。进一步细分,管理者对内要行使员工、物品、制度、标准、考核、激励等管理;对外则要关注市场动态、国家政策、社会关系等。用张瑞敏的话讲,企业的管理者要有三只眼睛,第一只眼睛盯住企业内部的员工,让企业员工对企业的满意度最大化;第二只眼睛盯住企业的外部市场,盯住用户,使海尔的用户对海尔的满意度最大化;第三只眼睛盯住企业的外部机遇,盯住国外市场,使海尔融入全球一体化。其实,很多的企业管理者往往是多只眼睛一起用,盯住企业发展过程中的所有环节。事实上,管理者要做到管理的面面俱到是不现实的。相反,专注管理的重点,以点带面,做到点面结合,才是管理者本身的职责所在。

面对如此繁多的管理点该如何下手是管理能否简单化的前提,而杠铃管理的提出恰好解决了这一问题。杠铃管理的简单体系主要由3个方面构成,也就是管理者在管理企业的过程中应该将管理的重点放在这3个方面,接下来再通过一些简单到位的原则和做法实施这3个方面的管理。具体来说:杠铃管理由决策、人心、执行3个方面构成。其中,决策是企业持续发展的关键,人心是企业持续发展的基础,而执行则是企业持续发展的保障。同时,杠铃管理又将决策内容分解为战略、企业文化、突发事件。明确以上3个方面管理的重点绝非偶然,无论是从工作和咨询的角度看,还是从一些成功或是失败的企业经历看,都可以验证3个方面的重要性。

杠铃管理实现企业简单管理的重点定位在决策、人心和执行3个方面:

一、决策

从企业发展的过程看,决策是一种"当机立断"的行为,对于今天市场的飞速变化,决策能力的大小检验企业成功机会的大小。决策可以是一种连续的行为,比如战略管理;也可以是一种短期的行为,比如控制突发事件的危机管理;同时,决策的正确与否与执行也需要一定的基础,比如企业文化的管理基础。战略的重要性对企业的发展不言而喻。没有战略,企业就像是航行在大海上没有目标的船,摇摇摆摆不知所去;当危机来临的时候不能做到迅速反应,就像人在面对陌生的疾病那样,没有免疫能力必然会"吃大亏";而没有深厚底蕴的企业文化支持,就像人没有健康的心

态一样,"弱不禁风"。因此,决策的这三个方面作为企业能否持续发展的关键应该被列入管理者的管理重点工作。

二、人心

人是企业和组织的重要因素,离开了人,企业也就不存在了,这也就是管理上常说的"企业无人则止"。对于人的重要性,自古以来有很多说词或是典故可以验证。比如"三军易得,一将难求""人定胜天""人多力量大"等都强调人对于成事的重要性。人固然重要,但人心的把握却是成败的关键。俗话说"人心隔肚皮",控制了人却控制不了人心。这就好比是我们常提到的"出工不出力"一样,表面看是在努力工作,但因为心不在工作上,所以忙了半天也不会见成效的。对于企业的管理者,其实现在并不缺人,相反,缺少的是用心工作的人。一个各方面都很优秀的人,如果没有将他的工作积极性释放出来,心不在焉,工作效果可想而知。所以,管理者管理的对象不仅仅是人,更应深入到人的内心深处发掘管理的潜能,从而将这种潜能体现在工作上。

三、执行

管理是一个过程,其间必然涉及执行。执行是企业管理的动态过程,就像举重运动员通过手中的抓杆举起杠铃一样,执行也需要通过管理者掌控来实现企业发展的目标。应该说,唯有执行,企业的目标才能实现。这就好比是"说和做"的关系,再好的说辞、内容,如果不去做,也只能是"纸上谈兵",不可能有结果的。所以说,执行是企业持续发展的保障,是企业成败的关键之一。对企业来说,处于变化的市场环境之中,竞争避免不了。处于同一起跑线的企业都需要具体的执行才能达到企业成功的终点,而在这一过程中体现出的执行力大小则决定了企业的发展速度。因此,作为企业的管理者来说,尽管大家都在执行,但谁的执行力强谁就有领先一步的可能。

第八章

简单管理与平衡战略解读

要想建立起一套具有自身企业特色的管理模式，确保交货期、保证质量、降低成本、促进回款，就必须从头抓起，找出问题根源，第一次就把事情做对，不要等到很多事情发生了再想办法解决，把所有的问题都消除在萌芽状态，在公司内部建立起一套非常清晰的管理流程和生产运作流程，让每一个人都十分清楚地知道自己在做什么，让每一个人都十分清楚地知道该怎么做，让所有人都能够知道问题出在什么地方，让所有人都能够时刻保持着应有的责任和警惕，随时可以避免一些不必要的不良发生，把公司的损失降低到最低限度。

平衡术的运用

对于管理，我们已经建立起这样的认识，即，管理是观念与工具的平衡。管理是观念，也是工具，而更为关键的是管理者要将观念与工具做到平衡运用，管理才有价值，才能发挥它的作用。对于观念和工具的释义和它们之间的关系，前面已经用很大的篇幅加以阐述，其目的就在于让管理者建立起对管理本质的认识。在此基础上，我们进一步剖析管理，深入到管理的实际运用领域，即，管理平衡在管理过程中的运用。

说到平衡，其实是很好理解的。体操运动员在做运动的时候要讲究身体的平衡，特别是女子平衡木项目，平衡是取胜的关键要素之一；人的生活规律也要讲究平衡，特别是在膳食方面，粗细均衡、有节有制才是身体健康的保证。将这些平衡的认识运用到管理中则具有研究与实用的价值。

我们说过，管理不是一个人的事，而是一种借力的行为，也就是通过他人将自己想办的事情办妥。这里，管理演变为多人的行为，这就需要在管理过程中要做到对各方资源的平衡。管理不是绝对的，不同的人、不同的环境产生的管理前提条件不同，因而平衡管理方能有效。在任何一个企业的管理中都可以见到平衡管理的影子。比如元老级员工与新员工需要关系平衡、生产与营销需要利益平衡、企业发展与追求利润需要战略平衡，甚至企业员工自身也需要考虑各种关系、资源、成长条件的平衡等。没有平衡，企业就像一艘在波涛中航行的船，随时都面临着巨大的危机。平衡伴随企业发展的整个过程，企业的存在也是各种关系力量平衡的结果。因而，重视平衡、调节平衡的积极因素应该是企业管理者的管理必修课。

在建立企业管理中有关平衡认识的基础上，再进一步从管理历史的角度看管理平衡，可以更好地帮助我们建立和掌握企业管理中的平衡概念与做法。

中国作为历史上的文明古国之一，体现在管理平衡上的平衡术的运用可谓"多姿多彩""光怪陆离"。为了维护统治阶级的既得利益，管理者广

泛平衡各方利益，力争减少矛盾，建立"万世基业"。在平衡管理方面，有很多古例可供现代人参考，看看他们是如何驾驭平衡的。

"法""术""势"

作为维护国家统治的思想和制度的提出应该来源于春秋战国时期韩非子的"法""术""势"。关于这方面的话题，尽管前面已经提及过，但在这里我们想通过其中的"术"来阐述早期对管理平衡的认识。

韩非子，战国时期著名的法家学派的代表，他提出的一些管理原则对中国随后的国家行政管理制度产生了深远的影响。韩非子的管理概念是法制和等级制，并提出了管理的"法""术""势"三原则。其中的"术"讲的是通过比较"言"与"行"，也就是比较可能的行为和实际的行为来驾驭管理。这里面体现出一种平衡，通过平衡可能与实际的行为，寻找最佳的方式和手段实现管理。

韩非子提出管理的"术"可以看成是古代管理史上最早的平衡概念，并通过一系列制度化的形式明确管理平衡术的重要性及做法。在这以后，伴随着朝代的更迭及发展，平衡管理越来越成为实效的管理之道。

瓦岗寨皇帝的产生

隋朝末年，朝廷腐败，黄帝昏庸，重用奸相把持朝政，残害忠良，鱼肉百姓，致使哀鸿遍野，民不聊生，十八路反王揭竿而起。以秦琼、徐懋功、程咬金等人为首的英雄好汉贾柳楼聚义，决心共同除昏君，为民请愿。他们在瓦岗山建立了反隋义军，招英雄、纳贤士，多次与隋朝官兵浴血奋战，最终困死杨广，成就灭隋大业。其后秦琼等人又助秦王李世民翦灭群雄，辅佐李渊在长安称帝，建立了一统天下的大唐帝国。

在英雄好汉起义的过程中，其中的一段瓦岗寨选皇帝是一种典型的管理平衡术。

众所周知，早期瓦岗寨的皇帝由"混世魔王"程咬金来做，只是后期才请出李密。程咬金阴差阳错，才龙袍加身，但实际上这只是一种借口，真正的原因还是来至各路英雄彼此的平衡。在聚义的众英雄好汉之中，人人皆非等闲之辈。问题也恰在于此。尽管表面上大家以兄弟相称，但骨子里谁也不服谁。这时，大家就需要有一个能起到平衡作用的人来出头，平衡大家的利益。

军师徐茂功号称小诸葛，智谋天下无敌；秦叔宝武功一流，人称小孟尝；单雄信最讲义气；王伯当管理能力非凡。可见，每个人都有自己擅长的一面，而程咬金则不同。武功只会"三板斧"，大字不识，心无杂念，但他心宽仁厚、讲义气、有人缘。推举这样的人当皇上才能平衡大家内心的顾虑，把大家凝聚在一起。经过这样的平衡，大家尽管知道皇上不如自己，但也想充分表现自己，少了顾虑和抵触，心往一处使，平衡的结果自然就是瓦岗寨的日益强大，多次击退朝廷的围剿。

以上是历史典故引申的管理平衡。具体谈到企业管理的平衡，存在的历史时间并不久远，并在逐步地得到发展。

管理在成为一门专业的学科之后，对管理的研究就一直没有停止过，其中涉及对人、对技术、对环境等的研究。所有这些研究无非都为了实现一个目的，即，通过对管理不断地深入了解与掌握，最终提高管理的效率，最大化地实现管理的预期目标。综合管理的研究，不难发现，管理在某种程度上更多是一个平衡的结果，通过研究如何平衡涉及管理的诸多要素，实现资源的最小化和利益的最大化。从历史的角度看管理平衡，可以看出，管理的平衡史实际上应该是从追求工具的平衡到追求人的平衡，进而再平衡工具与人之间的关系。

工具到人的平衡

管理最初是追求工具的平衡运用从而实现生产效率的提高，满足生产主、资本家对利益的追求。在平衡工具的过程中，人通常被认为是一种"移动"的工具。说到这就不能不提及管理的雏形之一，也就是由泰勒的铁锹试验而产生的科学管理。当初泰勒做这项试验的目的是想通过对不同试验数据的比较提高工作效率，进一步通过数据建立一套科学的制度和标准，用以指导工人的工作和管理者的管理。此外，从管理平衡的角度看泰勒的铁锹试验，可以看出，泰勒通过多组人、多次试验得出提高生产效率的最佳方式，其实就是一个平衡的结果。通过平衡，发挥人和工具的最佳使用效率，从而提高生产效率。

在泰勒之后，一些学者进一步加强对管理的研究，此时，对人的研究得到了空前的重视。最早将人作为重点考虑对象研究而不是简单的工具的试验是梅奥在霍桑的试验。通过试验，梅奥发现，人的思想行为对人的工

作行为是有相当大的影响，而人的思想却是最难以揣摩和控制的。自此以后，许多的管理学者越来越多的重视人、研究人，直到我们现在倡导的"以人为本"的人本管理。众所周知，人因为固有的属性而成为管理的难点。如何能够驾驭人、管理人目前并没有一个统一的成功模式，但衍生出的一些管理思想和手法却都有其独特的生存空间。因而，强调对人的管理与其"生搬硬套"不如"平衡运用"，这也就是管理从工具到人的平衡。平衡不同人的思想、欲望、能力、见识、认同，将这些因素最终平衡到一个合理、可控的范围内，管理也就会产生实际的价值。否则，管理做不到人的平衡，采用一些非正常的手段，比如"空头支票"式的许诺、打压、暴力等都不会使管理达到预期的效果。

工具与人之间的平衡

其实，管理强调人的平衡，同时也会强调工具与人之间的平衡。这就好比是人与自然的平衡一样，不能单纯地强调其中某个方面的平衡，而是通过整体的平衡实现人与自然在地球的共生。企业管理发展到今天对人、对工具的研究已经是"游刃有余"了，特别是全球进入互联网时代，高科技的工具层出不穷，管理的研究似乎已经到了"山穷水尽"的地步了。与其过多地追求高科技、新事物，不如就地对现有的管理思想和技术进行充分地运用，现实地解决企业管理的不足。如果我们能将目前的管理思想与技术转化为生产力，管理水平和效率也会大幅提升的。

管理历史的渐进是一个平衡的过程，也就是工具到人的平衡。从今天的审视角度看管理平衡，它已经进入到一个平衡工具和人的行为的时代。在互联网高度时代的今天，高科技的工具需要高素质、高水平的人来驾驭，二者互相促进、互相提升。管理在这一过程中更多的是起到平衡的作用。平衡技术、平衡人的驾驭能力，二者平衡发展才能促进时代的进步、管理水平的提高。反之，管理做不到对工具和人之间的应有平衡就会出现不和谐的音符，比如管理者（当局）放任克隆技术的研究、放任对相关人员的管理，在某种程度上就会产生具有破坏力的负面影响，这一现象目前已经可怕的出现了。可见，平衡工具与人之间的关系，做到二者协调地发展，对管理是一个促进，对人类社会也具有巨大的推动作用。

管理与平衡

管理要做到平衡就不能不提及具有中国管理特点的中庸管理，中国自古以来的管理基本上都源于"中庸之道"。中庸之道来自《论语·雍也》中孔子的一段话："中庸之为德也，其至矣乎！民鲜久矣。"在这里，孔子把中庸称为最高的道德。孔子的中庸之道，反对过与不及，要在过与不及之间把握一个度，以保持事物的常态不变。按照宋代学者程颐的解释，就是"不偏之谓中，不易之谓庸；中者，天下之正道；庸者，天下之定理。"简单地说，中庸之道也就是不偏不倚，恰到好处。将这种观念反映到管理过程中也就是一个平衡的问题，左右平衡，保证主体管理的结果。

此外，关于管理的平衡在《周易》中也有体现。我们都知道，易有太极，乃生阴阳两仪，整体一分为二，也就是通常所说的事物要一分为二地看。体现在管理上则是中庸式的管理，也就是"中庸管理"。企业管理会有重点，比如有以营销或以生产为中心的管理，也有以目标或以利润为中心的管理。当然，最有效的管理则是全员的参与式管理，即，管理者（阳）与被管理者（阴）共同参与的"中庸管理"。全员参与管理可以充分调动员工的管理热情，更好地实现自我管理的价值。管理者授权与下属承担责任都体现出《周易》"致中和"中"两仪"的原理，完全符合八卦中乾卦的"安人"概念。易学诊断要求管理者（阳）与被管理者（阴）共同参与中庸管理，使企业的人际关系达到"和谐"。从而促进管理发挥最佳效能。

可见，不论是将事物一分为二来看，还是提倡中庸管理都是符合中国特有的对管理的认识。因此，在现代企业管理的过程中，尽管管理在不断地科学化以及系统化，但传统的管理思想和意识也不是一朝一夕就能改变的，因此"折衷"式的管理依然存在，并起着推进或阻碍管理的作用。所以，管理在执行的过程中离不开平衡，平衡资源、平衡人的心理、平衡发展的欲望等等，以期通过平衡充分地利用身边的资源作为发展的推动力。

管理的高深艺术

说平衡是一种管理的高深艺术应该不为过。纵观管理历史的渐进，中

国式的管理是艺术性强，体现出来则是一种平衡的操作。而相比之下，欧美以及日本虽然不否认管理的艺术性特点，但他们更强调的是管理的科学性。比如日本文化体现的是负责任以及服从，管理上采用精细化的手段；美国的文化强调规范、自律以及自我价值的实现，体现在工作中则是独当一面、按标准行事；中国的文化中庸色彩浓厚，因而在管理中基本上都会尽量做到平衡。不仅仅是因事论事，更多的是因人论事。考虑到人，就不能不考虑如何做到平衡。至于如何平衡，这就体现出了管理的艺术，不同的人、不同的背景，平衡的能力会有所不同。

中国是一个有着悠久历史的文明古国，从可供记载的资料来看，早在炎黄帝时期就开始了管理与统治，在几千年的历史长河中，管理艺术可谓达到了登峰造极的水平。就历史谈管理，一般来说，在某种程度上可以看成是平衡统治阶级与劳动人民利益的结果。历朝历代以及当时的学者大致上都是从平衡的角度来缓和所谓的阶级矛盾，实现社会的长治久安。因此，在这一过程中，无论是国家还是社会，为实现平衡所运用的手段、工具都具有极其高深的艺术。比如对开国元勋的功与过的平衡，历代开国皇帝采用的手段虽然不尽相同，但艺术性都很浓。像唐太宗知人善用、宋太祖"杯酒释兵权"、明太祖对手下大将逐一铲除等，都将平衡的艺术体现的"淋漓尽致"。

可见，在充满深远悠久的管理艺术的背景下，中国式管理运用在如今的企业管理上必然是艺术第一。因而，对于管理，我们说它是科学与艺术的统一，管理过程中的平衡也是保障管理实现的一种艺术，而且是一种非常高深的管理艺术。

平衡与发展

发展是人类社会永恒的主题。企业也是如此，它在追求盈利的过程中最终还是要实现自身的发展。众所周知，事物的发展不是一成不变的，而是充满着艰辛和曲折。它不仅要受到外界环境的影响，同时自身的原因也会改变事物发展的进程。因而，对于发展，一方面我们充满着渴望；另一方面，我们也会采用多种方式、手段或是工具来最大化地实现发展。这里，发展的前提有很多，但稳定是一个必不可少的要素。毕竟，历史已经证明，人类的进步、社会的发展离不开稳定，企业的发展则更需要一个稳定的经

济社会环境。可见，稳定是发展的重中之重，是发展的厚重基础。

稳定是发展的前提，离开了稳定，健康的发展也就失去了它存在的基础。稳定的方式有很多，上至国家，下至企业均需要不同程度的稳定支持发展。比如国家会根据社会的现状出台一些政策进行调控，保持稳定。就像是对经济发展速度的控制，当经济增长速度这架飞机急速上升的时候，国家就会用调控的手段让它进行软着陆，力争在一定的时间内保持一个稳定的速度。企业也是如此，但对于处在大多数成长过程中的企业来说，还是需要一个增长的高速度。这时，一方面需要稳定的经济环境来支持发展；另一方面，企业也需要不断进行自我调控以迎合企业发展的要求。

说到企业的发展，大多数企业还是处在一个小心翼翼地阶段。这就好比是高空走钢丝，一不小心就会载下来，以至于"前功尽弃"。遇到这种情况，走钢丝的人通常会找一根竹竿，横卧手中，通过增强平衡性保持稳定，最终一步步地走向尽头。走钢丝需要的是稳定，只有在稳定的情况下才能站在钢丝上，这是成功的前提。同样，对于企业是否也是如此？企业发展的外部环境有时很难控制，但自身的控制则相对容易。企业练好了内功，才能更好地面对外部的机遇与诱惑，才能把握机会发展自己。所以，我们可以这样认为：通过平衡来保持稳定，而稳定却又是发展的前提条件。一般来说，企业在发展的过程中必须要做到各部门间、各业务间、各社会资源间的关系平衡。

任何一个成功发展的企业，其平衡的管理能力均具有一定的功底，特别是在内部的部门之间、主营业务之间以及社会资源的协调之间。比如说海尔的管理与发展，成功的原因之一可以看成是这些要素平衡的结果。海尔的流程再造旨在打破部门之间的无形的"墙"，使每个部门每个员工面向市场，实行创新的"SBU"管理，通过市场来解决部门间的工作障碍；在产业发展的过程中，海尔不仅仅进行多元化产品的扩张，还进入到多元化产业的领域内，利用海尔的资产品牌全面发展；在社会资源的平衡上，海尔更是"如鱼得水"，她尽可能协调媒体、消费者、政府等资源，最大程度地促进品牌与产品的发展。所有这些，都可以看成是海尔通过平衡的艺术、必要的手段驾驭资源、整合资源，最终得以高速发展的结果保证。企业的发展是一个有机的整体发展，局部的最优并不代表系统能够健康地发展：

相反，有效地平衡各系统的关系，保持系统内的稳定，从而有效地实施既定的政策、方针，调动各方资源为己所用，这才是企业发展的明智选择。

兼顾左右，平衡利益

平衡是一种管理的高深艺术，通过艺术的运用做到对各方资源的兼顾。在管理的过程中，管理者必须做到对周围的一切"有所顾及"，也就是平衡身边的资源。用一个成语来说就是"左右逢源"。管理者做到兼顾左右，平衡利益，才能实现自己的管理预期。

说到"左右逢源"，我们通常会将它看作是贬义词组，并且和一个人的"圆滑世故"联系起来。"圆滑世故"在这里我们不去阐述它，只是想从管理平衡的角度看"左右逢源"，看看管理者如何在管理的过程中也做到"左右逢源"。

"左右逢源"出自《孟子·离娄下》："资之深，则取之左右逢其原。"具体释义为：逢，遇到；源：水源。指到处遇到充足的水源。原指赏识广博，应付自如，后也比喻做事得心应手，非常顺利。以上这些对"左右逢源"的解释非常适用于对管理平衡内涵的理解。前面我们已经对管理做了大量的阐述，实际上我们也希望管理能够做到得心应手。既然这样，管理同样需要管理者"左右逢源"，平衡各方的利益。

一般来说，管理者做到"左右逢源"首先要做到各方利益的兼顾，同时在兼顾各方利益的过程中应该是以自我为中心的。我们将管理看成是"通过别人将自己想办的事情办妥"，所以管理者做到以自我为中心的利益兼顾应该不为过。围绕对管理的认识，管理者为了实现管理的目的，必然要动用一些资源，而其中的资源又不完全是为自己所控制的，比如员工、市场、媒体、政府等。将这些资源整合到一起，显然要提供资源的利益所在，而如果没有明确这些资源的利益点，甚至自己再被这些资源所累，管理的实现可就"遥遥无期"了。因此，实现管理必须兼顾各方资源的利益，作为管理者也要在考虑自我利益的前提下充分调动以及平衡这些资源才能尽可能地取得"事半功倍"的管理预期。

在做到以自我为中心，兼顾各方利益的前提下，管理者在管理平衡的过程中还要避免出现"布里丹效应"。我们提倡管理平衡中的"左右逢源"，但并不希望盲目的，甚至是无助的"左右逢源"。如果是这样，管理平衡就

不仅仅是高深的管理艺术，它甚至会成为管理实现的最大阻碍。

所谓"布里丹效应"来源于一个典故：丹麦哲学家布里丹早先经营着一家大公司，由于管理不善公司倒闭。他现在是一个农场的主人，他有一群驴子和一千只羊。喂草时，布里丹让驴子站在两堆距离同样远近，外观、气味同样吸引驴子的两草堆之间，驴子走到一堆草前总觉得另一堆好些，当它走到另一堆草前又觉得前一堆草也不错，真不知道先吃哪一堆好，结果在无限的选择和徘徊中越来越瘦，有的都已经饿死了。于是，我们把管理过程中类似这种犹豫不定、迟疑不决的现象称之为"布里丹效应"。古人也讲过："用兵之害，犹豫最大；三军之灾，生于狐疑。"可见，"布里丹效应"是管理决策的大忌。当布里丹的驴子面对两堆同样大小的干草时，其结果只有两种：要么"盲目地"选择其中的一堆干草，要么犹豫地等待下去，直至饿死。

因此，我们强调管理平衡过程中的"左右逢源"，尽量兼顾各方的利益。但同时，"左右逢源"也应该有个"度"，管理者把握好这个"度"，避免出现"布里丹效应"。也就是管理者在平衡管理时，不要盲目地平衡，也不要过分地追求平衡，而是在既定管理原则和目标的基础上，通过平衡来实现管理预期。

平衡是管理过程中的到位

对于管理，不论是追求管理平衡也好还是强调对"度"的把握也好，终归是希望用最少的资源实现最大的目的，也就是达到当初预订的目标即可。对此，我们可以进一步将管理平衡引申为管理到位，平衡需要一个尺度，到位则是管理到达了它应该达到的位置。

到位应该达到什么位置，对此管理上并没有明确的界定。什么是到位，怎样才算到位，检验到位的标准和尺度又是什么等。基于以上这些困惑，管理到位是否是一种管理的追求结果？是否也是一种管理的平衡？可以这么说，管理就是要到位，而平衡则是到位过程中的一种做法。管理的存在

是为目标服务的，而目标就是到位的检验尺度，管理过程中任何的"过"与"不过"都不能算是管理的成功，因为目标没有实现任何的努力都是徒劳的，尽管有着美好的或是不堪回首的过程。在这里顺便提一下过程和结果的关系。关于这方面的认识，我们具体在下一章管理误区中讨论。一般来说，管理的目的就在于追求某种结果，没有结果管理也就失去了意义。但是，任何管理的结果都是由过程得来，失去过程的管理也就没有存在的可能。管理到位不仅仅是实现管理的结果，更是对实现结果的过程的一种保障与支持。管理过程中的每一步都需要到位，只有各个环节做到位，管理结果自然也就到位了。

对于到位的理解，一般来说，我们可以这样认识：达到标准就是到位，取得共识就算到位。具体来说，我们对到位的判断与认可应该来自实践和经历。管理工作中经常会出现一些"推诿扯皮"的事，造成这种现状的原因有很多，但没有行事的标准可谓是根本的原因。一旦出现了这种工作情况，想必管理的效果就会打折。解决这些问题的主要办法应该就是建立行事的标准，用标准去检验与指导日常的管理工作。只有工作过程是按标准做的，并且结果符合事先设定的标准，管理就可以做到位。

现在的企业管理经常会用到一些信息化的工具，实际上也就是通过建立标准尽量避免人的主观行为。比如企业采用 ERP 系统，建立一个公用的信息平台与标准，任何不符合标准的行为都不能通过平台，也就不能实现。在平台的约束与指导下，人的行事行为更加规范，管理的到位程度就要好得多。当然，正如任何一种管理模式并不是"放之四海而皆准"的，它需要在特定的背景环境下才能"生根发芽"。标准也是如此，我们并不能要求每一个企业的管理都要建立和完善信息化的标准，相反，一些能够取得共识的行为也可以成为标准，也可以实现管理到位。比如有这样一家乳制品生产企业，她在检验外购包装箱时的做法就是一个企业内部共识的到位做法。通常检验包装箱的时候都会采用一定的工具和理化方法，测试包装箱的硬度、强度、厚度等指标。但这家企业在检验包装箱的时候却并没有这样做。很简单，找一个特制的重物，从一定的高度上砸在包装箱上，如果包装箱并没有因此而受损，则认定包装箱质量过关，反之则判定包装箱质量不过关。

从这个事例中可以看出，对于这家乳制品企业来说，内部的共识就是到位的做法，而不是一些检验的指标标准。事实上，尽管我们的企业也在向国际上标准的企业学习，但这种符合国情的管理做法也有它生存的空间，在某种程度上甚至会更到位。因此，管理到位强调达到标准，也要取得共识，这些既是管理到位的原则也是管理到位的做法。与其争论什么是管理到位，不如按此标准去做，才是企业管理者管理的当务之急。

简单管理的战略建设

就目前的企业发展来说，战略的选择至关重要，选择合适的战略是企业成功的前提。纵观国内外成功的企业，战略建设可谓独树一帜。比如海尔在不同时期的战略建设对今天的巨大成功有着决定性的作用。从海尔的发展历程来看，3次重大的战略制定都具有极其重要的历史意义。围绕战略的制定，海尔整合各方资源，确保战略实现。具体来说，海尔的战略建设分为3个阶段：名牌战略、多元化战略和国际化战略。对比其他家电企业，尽管都实施了这3个方面的战略，但海尔无疑是最成功的。海尔战略的成功在于其选择战略的时机和资源得当，并且先人一步。

当海尔在实施名牌战略的时候所具备的资源条件并不是最优秀的，但通过"砸冰箱"建立起全员的质量意识；在核心产业确定后，海尔凭借文化先行的优势和一定的资源基础迅速整合了诸多电子产业，成功地进入多元化发展领域；至于海尔实施的国际化战略更是在特定历史时期的必然选择。正如张瑞敏曾经说过的一句话"做正确的事才能正确地做事"。可见，战略对企业来说首先是正确的事，之后企业才能动用各种资源正确地实施战略；相反，如果企业战略的选择是错误的或者是不合时宜的，即使自恃优秀的资源也无法取得成功。所以，企业存在和发展的前提首要是明确战略，也就是根据企业自身和外部环境的特点鲜明地提出企业的发展战略，并在实施的过程中动用一切的资源手段为战略服务。

事实上，战略对企业的重要性在今天的工商业领域内已经得到了共识，

但具体涉及企业战略还相对模糊，比如到底战略是什么、如何选择战略、如何实施战略以及战略与使命、目标、策略之间的差异等。因而，作为企业的管理者来说，管理的重中之重在于明确战略，进而掌控战略的建设过程。

正如同本书强调管理的认识应该从历史的角度来看一样，战略也应该从历史的变迁中发掘其价值所在。现代企业的战略认识以及战略的艺术都可以从古往今来的历史中看到原始的影子。用历史的战略评价和指导现代的企业战略对战略的有效实施有着实际的意义。

历史上的战略

战略概念起源于军事科学，并且其发展和丰富离不开战争。正是在历史的各次战争中的战略运用才有了今天企业战略的多样化。战略一词来自希腊语，其含义为"将军指挥军队的艺术"。从中国伟大的军事家孙武在公元前360年前的著作《孙子兵法》中也可以看出早期战略的雏形。在东西方的历史发展过程中，关于战略的认识详尽而丰富。透过各种社会背景下的战略描述对今天的企业战略实施有许多的借鉴和指导作用。

事实上战略作为一门艺术最初来自东方，而其中艺术集成的典型代表则是孙武的《孙子兵法》。这本书中关于战略的认识以及战术的运用被描述得淋漓尽致，不仅体现出古人的战略认识，也对今天的企业在商海中竞争提供了良好的教材。

《孙子兵法》

《孙子兵法》的作者是中国古代春秋时期的孙武。对孙武本人的描述在《史记·孙子吴起列传》中有记载："孙子武者，齐人也。以兵法见于吴王阖庐。阖庐曰：'子之十三篇，吾尽观之矣'。"《孙子兵法》内容博大精深，思想精髓富赡，逻辑缜密严谨，堪称世界上最早的兵学著作，对后来的战争影响颇深，因而也被称作是兵学中的"圣经"，孙武则被认为是兵学中的"兵圣"。

《孙子兵法》充满了战略的艺术。其中的战略制定以及实施的艺术不断地在以后不同历史时期的战争中被借鉴。春秋战国时期，军事家常依据《孙子兵法》作为自己军事行动的理论根据。汉代以后，《孙子兵法》更是被军事家视为指导战争的金科玉律。不仅如此，《孙子兵法》所提出的一些

关于战争的原则和策略，对政治、经济起了很大的指导作用。比如《孙子兵法》中所提出的"全胜策"的思想，强调政治清明、君主贤明和内部团结的思想，建立统一战线、分化瓦解敌对势力等思想，丰富了中国古代政治学理论，受到历代政治家的重视。此外，其成功的战略战术思想，对于现实社会中商业竞争和其他方面的竞争也具有实际的意义。

《孙子兵法》不仅在中国产生积极影响，而且也被世界所共识。据说法国著名政治家、军事家拿破仑，在兵败滑铁卢之后，偶然得见《孙子兵法》，无限感慨地说：如果20年前能见到《孙子兵法》，历史将会是另外一个结局；美国最著名的军校——西点军校，也一直把《孙子兵法》定为必读的教科书；许多日本企业家，都把《孙子兵法》作为商战指南。

《孙子兵法》中对战略原则的描述直接影响到今天的企业战略认识。在《孙子兵法》中，孙子直接地提出了战略的重要原则：战略的成败来源于5个因素，制定战略的时候必须详加考虑。这5个因素是道德准则、天、地、指挥官、方法和纪律。用现在的语言对以上原则的要素进行解释就是：一个战略的成功必须使每个人都具有共同的目标，并能发自内心地追求这个目标，同时还要适合战略形成的基础和背景环境，管理者要求具备更高的素质和能力，善于采用一定的方法和手段指导目标的实现。这些无疑都是现代一些成功的企业制定战略时充分考虑的因素。可见，早在两千多年前，关于战略的认识就已经相当丰富了，其中的原则和策略完全可以为我们所借鉴，甚至是"照搬"。

《孙子兵法》中关于战略的方方面面描述可谓翔实，放眼整个历史的发展，战略的认识并不局限于此。

罗马著名的军事家韦格提乌斯认为战略的执行要根据一定的原则，也就是"作战要按照原则进行，而不是根据机会"。强调对军队的管理才是指挥的重点，强调军队的适合性才是完成任务的前提。这里，韦格提乌斯关于战略的认识更重在战略实施层面以及战略制定需要考虑的资源方面。他认为作战的原则性更重要，强调的是战略的正确性。当然，机会同等重要。只有抓住机会，并能据此制定正确的执行原则，成功的可能性才会大。再有，他强调战略可行的前提是资源的适合，也就是说只有在到位的资源条件下，战略才有制定与实施成功的可能。这就好比是现在有的企业，在没

有对自身资源充分认识和整合的情况下，盲目制定战略而导致失败。

德国的军事家克劳塞维茨在其著作《战争论》中强调"战略是为了达到战争的目的而对战斗的运用"。这里，他认为战争的根本是为了目的，而这种目的是由指挥者的意愿决定的。组织从属于战略，而战略从属于目的。这里，克劳塞维茨关于战略的认识又进一步引申出和战略相关的战术、组织和目的间的关系。战略的出发点来源于目的，为了实现目的，凭借组织的力量，需要采用具体的战术。战略是一个动态的过程，组织实施是战略的载体，战术是不同阶段战略的体现。将克劳塞维茨的军事战略与企业战略相结合，可以这样认为：企业的发展是为了实现目的，在此过程中企业需要在不同阶段（或者就是一个阶段）制定一个战略，通过阶段性战略的组合实现目的，而每一个阶段的战略实施需要采用具体的战术，需要一定的组织。战略的几个考虑因素不能独立存在，只有确定这些因素并形成一个连续的过程才能实现阶段性的战略，进而实现企业发展的目的。

事实上，历史中关于战略的认识是多方面的，不同的战略认识涉及不同的要素，每一个要素都是对战略制定与实现的决定性保障。通过有机地组合才能实现战略。通过对战略历史的几个片段的描述可以清晰地理顺现代企业战略的前因后果。将这些战略历史描述的精髓用于现代的企业战略管理，战略历史的价值能更好地显示出来，而企业管理者也能从中感悟战略并有效地进行战略建设。

战略经典

通过对历史上关于战略认识的描述，我们得以广泛地了解战略。其实，战略简单又相对复杂。说它简单，强调战略就是要制定一个目标，然后整合优秀资源实现目标；说它复杂，强调战略的制定和实施需要全盘考虑，充分考虑到借用资源的适合性及到位性。此外，战略的制定与实施还需要借助组织的载体并通过有效的管理来完成共同的目标，同时要应对战略过程中的变化。

纵观战略，可以说它没有一个通用的定式。任何一种战略都需要在一定的背景下才能得以制定和实施。而通过历史上关于战略的描述及例子，寻找并总结那些在历史中已经得到验证的战略认识，然后再将这些认识与自己的实际情况相结合，制定满足需要和目标实现的战略应该是目前最简

单的方式，也是最安全的方式。

历史上关于战略的经典典故很多都可以为今天的我们所借用。沿着历史的足迹，探寻先人战略的功与过，可以建立战略制定与实施的参照物。探寻历史典故，我们可以举3个典型的代表性事例来说明战略的历史对今天的企业战略的借鉴作用。

合纵连横

战国中后期，当时的列国之中，齐、楚、燕、韩、赵、魏、秦最为强盛，出现了七雄争霸、秦齐两大强国遥相对峙的局面。为了争取在兼并战争中获胜，齐国和秦国都展开了争取邻国、孤立敌国的斗争，而魏、赵、韩、楚、燕等国内部也分成联秦抗齐和联齐抗秦两派。各国之间的相互结约联盟不断变更，既没有稳固的朋友，也没有世代的仇敌。这种为谋求统一而进行的错综复杂、变化多端的结盟活动，被称为"合纵连横"。

所谓"合纵"就是形成一个促成六国结盟以共同对抗秦国的战略思想；而"连横"则是对抗"合纵"并分化瓦解合纵国的一种对抗与制约性战略。具体说来：从地域上来看，当时的弱国是以"三晋"（韩、赵、魏）为主，北连燕，南连楚为"合纵"；东连齐或西连秦为"连横"。合纵可以对齐，也可以对秦，从策略上讲，是"合众弱以攻一强"，是阻止强国进行兼并的策略；连横是"事一强以攻众弱"，是强国迫使弱国帮助它进行兼并的策略。

"合纵连横"是当时特定环境下的一种战略，具备战略的基本要素。各国为实现本国生存进而统一中国的目的，在充分审视自身资源的基础上对外部资源进行整合利用，是典型的外交战略。从现代企业战略的角度考虑，企业在制定战略的时候既可以以"合纵"的战略同供应链的各环节结成同盟，也可以以"连横"的战略独树一帜，确定领先优势，甚至打压对手，迫使对手退出竞争。

三足鼎立

三足鼎立是三国时期诸葛亮审时度势为刘备成就天下大业的目标而制定的战略。这一战略的提出充分体现出诸葛亮的智谋，也体现了中国古代优秀的战略思想。

汉末，天下大乱，诸侯群起。经过长时间的军阀割据，天下大势逐渐

明朗。此间，曹操与孙权各据一隅，实力强大。而作为汉室宗亲的刘备不甘寂寞，期待成就大业。为了实现心中抱负，刘备广募人才，诸葛亮最后成为刘备的得力助手。而诸葛亮提出的"三分天下"成为刘备谋求中兴的重要战略。

诸葛亮根据当时的情况为刘备进行了透彻的分析：曹操在战胜袁绍后，拥兵百万，而且"携天子以令诸侯"，具备了政治和军事上的实力。孙权占据江东一带，已经三代。江东地势险要，百姓归附，还有一批有才能的人为他效力。只有联合才为上策。接着，诸葛亮分析了荆州和益州的形势，认为荆州是一个军事要地，可是刘表是守不住这块地方的。益州土地肥沃广阔，向来称为"天府之国"，可是那里的主人刘璋也是个懦弱无能的人，大家都对他不满意。最后，他说："将军为汉室宗亲，如果您能占领荆、益两州的地方，对外联合孙权，对内整顿内政，一旦有机会，就可以从荆州、益州两路进军，攻击曹操。能够这样，功业就可以成就，汉室也可以恢复了。"

诸葛亮的战略思想的提出既源自刘备所具有的资源特点，也充分结合了社会性资源的可整合能力。这就像现在的企业首先要有切实可行的目标，其次再结合资源的特点制定现实性的战略才能确保企业的生存和发展。

高筑墙、广积粮、缓称王

元至正十二年，四方旱煌，饥荒严重，瘟疫流行。此时，朝廷纲纪不振，政治腐败，内部纷争，天下群雄竞起，遂致大乱，此时朱元璋在义军郭子兴属下，任亲兵九夫长。后屡次征战，南讨北伐，屡立大功。朱元璋兵多将广，羽翼渐丰，急于称王。这时隐士朱升剖析天下大势，指出现今天下王侯众多，均有成事可能。东有张士诚，西有徐寿辉、陈友谅，南有陈友定，东南有方国珍。此时若早早称王，只能成为众矢之的，受到群雄攻击。现在天下大势未定，群雄逐鹿期间，不如暂时拥借已称宋帝的韩林儿，修好于各方，集中打击陈友谅。此谓"高筑墙，广积粮，缓称王"之策略。

朱升在朱元璋称帝前提出了阶段性的战略，既很好地利用机会增强了自身的实力，又可以最大限度地迷惑对手，最终在时机成熟、具备扎实基础的情况下实现了朱元璋称帝的最终目的。放眼现代企业，如果不正视自

身条件，一味地求大求全，制定不符合现实或好高骛远的战略，结果只能是徒劳无益。正如朱升的战略主张，企业在条件不完全具备的情况下，可以制定阶段性的战略。在此过程中，苦练内功，争强综合实力，同时也可以避免成为竞争对手关注的焦点，选择合适的机会成就大业。

以上的战略典故虽然背景不同、侧重点不同，但都能很好地概括战略的有关认识。从中认识战略并吸取和总结古人的做法无疑会对今天企业战略的成功制定与实施具有实际的借鉴与指导作用。不是有这么一句话叫"古为今用"呢？

企业战略

战略尽管来源于军事上的应用，但经过诸多的企业实践与管理研究，企业战略学科逐渐发展并完善起来。

通常认为，最初提出企业战略的人是哈佛工商业史学家弗雷德·钱德勒，他在1962年出版的《战略与结构》一书中对企业战略作了初步的定义：战略是一个企业基本长期目的和目标的确定，以及为实现这一目标所需要采取的行动路线和资源配置。此外，他还提出了"战略决定结构"的理论。也就是说成功的企业首先要确定目的和实现目的的战略，然后选择最适合的组织模式或形式作为实现目的和战略的载体。与此同时，美国的安索夫于1965年发表了《企业战略论》，企业战略得到了越来越广泛的应用。在这之后，人们对企业战略的研究不断深入，企业的实践机会越来越多，企业战略的内涵也越来越丰富和完善，进而在企业的运作过程中有效地指导企业制定和实施战略。

如果说早期的战略研究涉及战略的一个基本的制定过程，也就是明确目标、资源配置以及运用实现目的的方法和手段，那么，随着对企业战略的研究，对战略的认识更加深入。比如20世纪80年代后期，麦克尔·波特提出了"通用战略"的思想，明确了成本领先战略、差异化战略、成本中心战略和集中一点战略。在设定的竞争范围和竞争优势中选择适合的一个，并积极行动，这就是所谓的企业战略。

事实上，企业战略学科目前已经是企业管理中相当重要并且完善的一门学科。这些现实的成果得益于前人战略思想的丰富，并且从理性与科学的角度帮助企业建立正确的战略模式，指导企业的战略实践和实现。

战略的管理认识

企业战略学科的发展增强了企业在商海搏击的能力，规范了企业选择战略和执行战略的管理行为。那么，具体从企业的角度看战略还应该首要明确关于企业战略的几点认识，在此基础上采用一定的战略工具进行企业的战略管理。

一般来说，通过以下关于战略的认识基本上可以一窥战略的全貌。

一、战略用以确定组织的使命、价值观及未来发展方向

企业的发展没有目的，企业也就失去了存在的意义。一般来说，企业的存在就是为了盈利，但同时企业存在又具有很多现实意义。作为社会组成的一部分，企业自然要融入社会发展的大环境。因此，盈利是企业一个现实的目的，为社会谋利，为员工谋福，明确自身的价值则是更高意义上的目的。

基于目的的实现，企业通常要设定阶段性的目标，并针对每一阶段的特点设定方向，这就是企业的阶段性战略。通过战略，明确方向和行动，这样每一阶段战略的成功实施对保证组织的长远目的的实现具有积极的意义。

二、战略是一种行动前的计划，用以指导具体的行动

这句话体现出战略应该具备的两个特点：战略先于行动前设定，并同时设定具体行动中的战略指导作用。企业战略不同于做试验，可以边尝试边做。一旦战略确定就要努力地实现。在没有明确战略的前提下匆忙行事，缺乏必要的准备必然导致"事倍功半"的结果。这就好比是一场战斗，交战双方都要对整个战斗的前前后后作通盘考虑，提前设定战斗中可能出现的情况以及采取的对策，为保证战斗的顺利进行提前作好各方面的准备。

三、战略的主旨在于明确规定了参与市场竞争的范围

在企业管理的过程中，专业化与多元化始终是一个颇具争论的话题。到底是将鸡蛋放在一个篮子里面安全还是放在不同的篮子里安全很难有明确的定论。事实上，尽管管理界对此还有探讨和争论，但不管是专业化还是多元化都有成功的企业可以验证。而在一些企业中，专业化或是多元化能否成功均离不开战略的支持。通过战略的制定，企业明确了自身应该在哪些范围内发展，而战略的实施也限定了企业不能背离既定好的战略发展。因而，战略的作用之一就在于它明确企业应该做的事而避免了一定程度上

的盲目和随意。

四、战略是为了获得持久竞争优势而对资源环境的整合

成功的战略制定离不开对各种因素的全面考虑，特别是企业所处的资源环境能否有效利用是决定企业持续发展的关键。企业参与市场竞争，获得较大的竞争优势，这是企业战略制定的诱因。为此，企业需要对影响组合的内、外部环境因素作具体的分析与了解，看看哪些因素能为企业所用，哪些因素需要企业调整，这些都是企业增强竞争优势的基础所在。

五、战略是一种相对稳定的决策模式

虽然说企业的发展都有个最终的目的，但为了实现目的就不仅仅是单一过程办得到的，它需要一个持续的阶段性过程。在阶段性过程中，企业根据市场环境的突然变化必然会调整相关的战略，也就是战略不是一成不变的。同时，战略也不能瞬息万变。一旦阶段性战略确定，在特定时期就要坚定地执行，否则战略经常调整会导致"军心不稳"的情况，这样不利于企业最终目的的实现。

六、战略是一种定位

所谓定位也就是自己设定一个位置。只有在自己熟悉的位置上发挥的余地才会大。企业也是如此，企业应该明确自己在市场环境中的地位，通过战略的制定和实施与外部环境相融合。进一步说，企业应该在制定战略的过程中，通过对外部环境、行业性质以及竞争对手现状的把握，明确自己的相对地位，从而以清醒的头脑对周围资源进行最大限度的整合，增强企业的竞争能力。

七、战略是企业获得最大限度的竞争优势的手段

正如一场战争制胜的因素很多，具体在手段上也多充满着艺术性一样，企业成功也需要一定的手段，展示一定的艺术。特别是在今天市场环境还不是相对成熟的时候，手段对目的的实现同样重要。一般说来，手段是一种形式，其中体现的思想来自前期的准备或是既定的主题，而这些都需要战略的设定和指导。缺少必要的准备或是战略的支持，手段就不能完全体现出竞争力，甚至会"背道而驰"。

八、战略是一种思想、意识

战略由人来制定，而人的主观因素又很可能影响到战略。比如，稳健

型的管理者需要制定稳当的战略确保目的一步步实现；进取型的管理者总希望将创新体现在战略上。因而，战略制定应该体现出整体思想，并形成共同认可的事实，以一种思想或意识的作用指导和支配着集体成员共同完成设定的目的。

以上几个关于战略方面的认识从不同侧面体现出战略的组成要素和应该具备的特点。明确战略认识是制定和实施战略的前提，只有充分地了解战略才能建立正确的战略观，才能正确地运用战略指导企业的发展。

对战略的描述已经相当详细，而战略的实施需要多种要素组合在一起。比如战术体现战略思想，使命指引战略，行为确保战术的执行等。

如前所述，战略的制定是围绕企业的目的展开的，也就是迎合企业最终目的的实现制定一个稳定、长期的战略或是阶段性的战略。目的和战略都是相对明确的，甚至可以用具体数字来体现。而通过进一步研究企业，可以发现，在目的的更高层面上还有使命存在。使命相对目的而言更是一个企业的梦想或价值所在。它好比是企业的鸿远理想，为了理想的实现企业有意识、有计划地开展各方面的工作，包括战略以及与战略实施相关的工作。

使命对企业的意义除了能够描述企业存在的价值之外，还能表现企业和相关利益资源的价值观和远景的一致性。企业使命更多的是从思想上对全员进行感召与指引，并且让社会充分认识并接受企业存在的合法性，产生期待和联想。比如英特尔公司将其使命描述为"成为世界计算机行业的奠基石"；戴比尔斯将公司的使命定位在"推广钻饰"。

战略在确定并进行充分论证的前提下，战术则是对战略实施的过程性的艺术体现。战术围绕战略开展，是战略的艺术体现。战术运用得当，对战略的实施具有一定的保证作用。比如我们前面提到的"三足鼎立"的战略思想，在实施的过程中相关的战术得以最大化地发挥。像草船借箭、声东击西等都是为了全局战略的实现而采用的阶段性的战术。

此外，提到战略基本上还能联系到诸如策略、谋略。策略一词同样来自希腊语，意思是在遭遇敌人的时候，军队的部署和管理。用于今天的企业管理，可以把策略看成是一次活动前的原则点。比如新产品上市需要进行一系列的市场活动。在活动前，公司就需要对产品上市的最终效果预定

几个基本的原则，包括媒体活动、现场活动的主题等。这就是产品上市活动的策略，至于细节上的活动则是一种具体的行为。与策略不同的是，谋略更是一种针对行动细节的思考方式，是一种解决具体问题的最好办法的选择与确定方式。

在日常的企业管理过程中，我们经常要涉及目标。年度要有年度目标，月度要有月度目标，甚至每一天都要有目标。有了具体的目标，工作才有重点，才有效果。具体来说，目标是一个确定的概念，它是一个工作精确的描述和量化的结果，比如目标完成需要数字体现或是明确具体的完成期限等。

明确目标后就需要通过行为来完成。行为是一种动态的执行过程。行为过程的效果如何对目标的实现、战略的实施都具有一定的影响。即使是合适的战略，如果没有一个明确的行为来体现，那么战略也只能是"纸上谈兵"，不能实现。

以上涉及的是与战略相关的一些要素的组合，可以说每一个要素都有其存在的价值。只有当对这些要素进行充分组合的时候才能最大可能地实现企业的最终目的。

从公司的战略层面讲，战略组合还涉及以下 4 个方面：

九、公司战略

公司战略明确企业要进入的行业以及从事的领域，限定企业违背自身和整合的资源优势进入不熟悉的领域，从而最大程度地保护和发挥企业资源能力，实现企业发展的最终目的。

十、竞争战略

竞争战略涉及企业在设定的领域内如何同竞争对手进行有效的竞争。包括企业面向的目标客户、如何为客户提供产品和服务、如何抵御和压制竞争对手的威胁、如何快速实现企业目标等。

十一、职能战略

围绕战略，企业设定不同的企业职能，并将这些职能充分整合起来，对抗竞争并增强企业内在的核心能力。在这些职能中，包括诸如财务、营销、生产、公关等职能。每一职能部门都可以分解到具体的战略并有效实施。

十二、行为战略

在以上4个层面战略确定后,如何有效的实施则体现在行为战略上,这也是一个管理控制的战略。通过管理控制的方法和手段,强化员工的行为能力,确保各项战略的实施。

战略的简单方式

前面我们提到了有关战略方面的认识,了解到战略的实施方式有很多。正如管理一样,我们认为有复杂和简单之分,同样,实施战略也要求用一个简单的方式,尽可能实现战略的目的。

关于战略的简单和复杂之分并没有明确的定式。通常认为,战略如果能够具备一些简单的特征,那么实施起来就不至于陷入复杂和模糊的地步。关于战略的简单特征,这里我们可以进一步围绕战略制定展开来说。

治大国,若烹小鲜

老子的《道德经》有这样的一句话:"治大国,若烹小鲜。"意思是说:"治理一个国家,就像烹煎小鲜鱼一样。小鲜鱼是很嫩的,如果老是翻过来、翻过去,就会弄碎了;因此治理大国也不能来回折腾。"语言简单,却哲理深刻,耐人寻味。

将以上的典故联系到战略则体现出战略的一个最简单的特征,即,战略尽管不能一成不变,但也应该是相对稳定的,而不是"朝令夕改"。这一点从历史的发展规律上可以看出:历朝历代的不同繁荣时期均离不开稳定的政治环境,离不开朝廷制定的长期稳定的政策。比如贞观之治或是康乾盛世都得益于一定时期内稳定的政策。

就企业的发展来说,保持一个持续时间段内稳定的政策,也就是战略稳定,对企业的发展是一个基本的保障。对比目前一些企业,特别是民营企业的寿命相对较短,战略的不稳定是其主要的原因。一般来说,当企业获得"第一桶"金后,恣意的扩张思想盲目地向热点行业渗透。今天强调在专业上做大做强,明天面对其他行业诱惑的时候,又强调多元化发展。

结果是不仅没把握住机会，更因为战略取向的多变性浪费了资源。企业没有方向或是盲目取向，员工就无法跟从。这就好比是一场战斗，如果指挥者缺乏果断的指挥，将士们则疲于奔命，而且不得结果。

高瞻远瞩

纵观部分成功的企业，很多企业的成功都给人一种"超前一步"的感觉，从而确定了领先市场的地位。面对日益激烈的市场竞争，大家都在你争我赶，这时就要看谁跑在别人前面，而且跑得有章法。因而，战略的制定也应该"超前一步"，我们称之为"高瞻远瞩"。而要做到战略的"高瞻远瞩"就必须有章法，对战略以"通古博今"的方式作全盘考虑。不仅从纵向的角度了解不同背景环境下战略制定的前因后果，也要从横向的角度了解行业以及竞争对手对成功战略的理解。在此基础上，选择并制定合适的战略。

此外，要求制定战略的时候应该在"通古博今"的基础上做到"高瞻远瞩"，这就要求企业在制定战略的时候从更"OPEN"的角度考虑战略。不仅要从企业自身所具备和可调动的资源考虑，还要充分考虑战略所处的背景，结合时代、社会、政治、文化、人文等多种因素考虑战略。

充分论证

一个优秀的战略不仅要具备一些基本的特征，更为关键的是战略要建立在充分论证的科学基础上，通过对事实的把握，结合主观意识的能动性，把握住正确的战略。

事实上，战略的制定需要论证，并和主观意识相结合。制定战略的时候进行必要的市场论证是应该的，但这种论证还要和自己的经验、能力、背景等主观上的意识相结合，一味地"相信"市场论证，或是一味地从个人主观意识出发来制定战略都是不可取的，任何一个方向的"极端"都会妨碍战略的正确制定。

为了能做到战略的正确性，通常会采用一定的工具从科学以及自己主观意识的角度分析并制定战略。比如常用的SWOT分析工具就可以很好地解决战略制定时遇到的一些障碍。

SWOT分析法

所谓SWOT分析是一种对企业的优势（strengths）、劣势（weakness）、

机会（opportunities）和威胁（threats）的分析，以求建立对当前企业现状的正确定位。SWOT 分析实际上是将企业自身与所处社会环境的现状进行综合概括和比较，进而分析出企业的优劣势、面临的机会和威胁。其中，优劣势的分析更多的是将企业自身与对手做比较，而机会和威胁将关注的焦点放在外部环境的变化可能对企业的影响上。通过对企业资源的四个方面的分析及判断，对企业制定出正确的战略具有基础性的指导作用。

变通

战略是一种相对稳定的决策模式，既说明战略的稳定性又说明战略也是可以灵活"变通"的。战略的"变通"来自市场环境的瞬息万变，毕竟机会是可遇而不可求的。尽管战略制定是正确的，但它毕竟是建立在特定的市场环境之中，而企业外部环境的变化并不能为企业所左右，所谓"与时俱进"就是这个道理。因此，我们强调战略保持稳定，更强调战略能够做到"与时代同步、与市场的发展和变化相吻合"。

战略保持稳定并不是"墨守成规"，灵活的"变通"才是企业应对市场变化的制胜之道。比如目前的一些以纺织品贸易为主业的外贸公司，在配额时代依据一定的背景和经验有较大的生存和发展空间。而随着 2005 年全球配额的取消，也就是进入"后配额"时代，在国际竞争的优势不明显的情况下，如果能够果断地实施内贸市场战略，内外贸同步进行，参与市场竞争的机会依然存在。事实上，目前仍有很多一部分外贸企业在观望，用他们的话说"政策是出来了，但具体怎样做还不明朗"。显然，有这种想法的企业势必在内贸市场上"落后一步"。可见，"变通"不仅是战略得以持续的保证，也是企业灵活应对市场变化的必然选择。

一个正确的战略通常会满足战略的基本特征，但战略并不局限于此。企业在选择战略的时候以一种什么样的原则确定战略的竞争优势对战略能否有效实施并为企业带来利益至关重要。

总结大多数企业的成功战略除了具备战略的基本要素外，在战略选择的原则上同样具有"高明"之处。一般来说，成功的企业有以下四个原则可供战略选择时采用与借鉴：

1. 集中原则

所谓集中原则就是企业在制定战略时集中自身以及外部环境的优秀资

源将目标集中在确定的顾客群或某地理区域内,在行业内很小的范围内建立独特的竞争优势。

这一原则与军事上的集中优势兵力,攻击对方的薄弱环节,以求克敌制胜的思路非常相似。用在企业制定战略上,集中战略不在于达到全行业范围内的目标,而是围绕一个特定的目标开展经营和服务。采用集中战略的逻辑依据是:企业能比竞争对手更有效地满足特定目标市场的需求。

实现途径:资源整合、集中到位。

①资源整合

一般来说,传统企业发展的规律是先有项目、有资金、有厂房、有产品,之后再去开拓市场。而迅速应对市场变化的企业发展则是要依靠资源整合的能力。因而,当企业在战略制定时若要采取集中的原则,则需要对身边资源进行充分的整合。进一步说,企业用集中的力量决胜市场,不一定完全靠自己的力量;相反,企业更多的是通过搭建平台的方式将优秀资源吸纳过来,并对这些资源进行利弊的取舍,以求整体资源的最大化。搭建平台、借力外部资源、作项目管理式的资源整合都是管理者集中企业的优势力量参与市场竞争的简单方式和行为之一。

②集中到位

当企业充分调动各方资源为己所用的时候,利益的把握就成为资源整合的难点之一。毕竟,外部资源并不能为企业完全调动,甚至当利益相左的时候也能产生反作用力。此时,资源反而成为资源整合的次要因素,而将资源的利益点整合到位才是资源发挥效用的关键。这就好比是企业在管理人员的时候,只有最大程度地发挥每个员工自身的特点,大家执行工作的合力体现出来的时候,企业的整体管理能力才会提高。相反,尽管每个员工自身所具备的资源都非常优秀,但管理者如果没有将每个人放到他应该在的位置上,大材小用或是估计过高都不利于员工工作能力的发挥。因而,对于掌握的资源,如果将其集中起来形成合力,就必须要保证每一个资源的分力都能恰到好处地发挥作用。

2. 聚焦原则

所谓聚焦原则又可以称作是差异化原则,它是指企业向外界提供产品和服务具有的独特的特性,这种特性可以区隔,可以为产品带来额外的价

值。如果一个企业聚焦产品或服务的溢出价格超过因其独特性所增加的成本，那么，拥有这种聚焦的企业将取得竞争上的优势。

实现途径：可见差异化、延伸差异化、维持差异化优势

①可见差异化

可见差异化来自企业向外界提供的产品或服务与其他对手相比有明显的差异，并且能让消费者或是其他服务的对象明显感觉到。比如安利倡导的顾问式服务。通过销售代表（顾问）的直接式的公司理念和产品的现场演示，突出产品和服务的与众不同，从而在消费者心里建立了与其他产品和服务的区别，而这种区别往往能为公司带来实际的益处。

企业的聚焦战略通过可见差异化体现，是一种更为直接的获得较大竞争优势的方式。企业聚焦产品或是服务的特点，通过可见的包装、形态、内涵打动消费者，从而满足消费者对"新、奇、特"的追求心理。比如说家电产品的现场演示，生硬的放置显然不如身临其境的效果好；再比如现在的"体验式消费"也是将公司的特点通过可见的差异方式展示给顾客，以便赢得顾客的好感。

②延伸差异化

与其说可见的差异化创造了与其他对手产品和服务的区别，赚取更大的"眼球"的话，那么延伸产品或服务的差异内涵更能争取到顾客的认可，并在一定程度上节约企业资源，为企业创造出更大的"溢值"。

众所周知，根据80/20原则，企业的成功是由少部分重要的资源提供的。从产品和服务的盈利来看，老客户提供的价值更大一些。而延伸产品或服务的差异，无疑能够争得更多的稳定的客户支持。在节约一定的资源，诸如开发费用的前提下，老客户自然会为延伸的产品和服务创造更多额外的价值，这就是产品或服务的"溢价"。

③维持差异化优势

在战略要求稳定的前提下，企业聚焦产品或服务通过差异化体现优势是一种企业盈利的能力，而在战略的范围内，如何维持这些优势比创新更为重要。当然，创新是企业永续的动力来源，而当企业需要根据环境在特定时期内稳固自身的优势并积累基础的时候，维持现状更具有实际意义。一方面企业积极通过可见差异化实现业务拓展；另一方面又可以通过稳固

延伸的差异化优势增强自己的市场基础，在维持的过程中抓住市场的机会。

3. 第一原则

所谓第一原则就是企业在制定战略的时候是否采用以我为尊的原则，即在产品、服务及资源配置上拥有竞争对手短期内无法追赶的优势。

与其他原则相似的是第一原则可以为企业赢得更多的市场驾驭能力，在一定程度上又可引导市场消费能力，使市场的消费主体转移到企业一方。"要么不做，要做就做第一"是采用第一原则作为战略方向的企业在行动中贯彻的原则。

实现途径：资源第一、形象第一、做唯一

①资源第一

企业的发展强调的是整体的发展，各个局部的最优整合到一起才能促进整体的最优。因而，企业强调自己是第一的前提应该是企业所利用的资源都具有第一的能力。这样，将不同第一的资源整合到自己搭建的平台的时候，才能更好地应对竞争。否则，可供整合的资源能力参差不齐，而且整合的力度不到位，整体的第一优势不具备扎实的基础，第一的优势只是表面现象，不能有效地运作市场。比如现在一些企业有很多第一，但这些第一经不起推敲，甚至有的第一完全是杜撰的第一。为了这些所谓的第一，企业就好比是深海中的"大鲨鱼"，架子虽然大但内在空虚，需要不停地张口"吃东西"，否则就有被饿死的可能。

②形象第一

资源做到了第一也就是提高了内功，对外显示的时候必须要考虑到形象是否与第一相匹配。

很多时候，第一的资源往往不易体现出来。对外界来说，它更多的是要感觉和观察企业展示出来的第一，此时形象就显得异常重要。这就好比是我们经常提到的"第一印象"，印象好自然就会对其他方面"另眼看待"。如果企业在对外展示的时候，通过类似"做秀"的方式强调自己的第一优势，而"做秀"的形象又不具备第一的优势，至少让外界有这样的感觉，那么自身本来具有第一优势的资源也会被否定，造成部分资源的浪费。因此，即使企业自身具备了第一资源的优势也应该通过长期或是短期的第一形象展示出来，通过第一的形象强化外界对第一资源优势的认可。

③做唯一

对企业来说，资源的优势有限，毕竟具备第一资源的能力并不是每个企业都能做到的。因而，企业面对市场竞争，希望具备一定优势的时候也可以采用另一种第一的方式，也就是做唯一。企业做唯一，一方面可以创造自己与众不同的优势，在某一行业或某一特定的领域内形成对手不可小觑的能力，并限制竞争对手的进入；另一方面，做唯一可以在一定程度上弱化市场风险。与其苦苦和强大的对手竞争相比，做唯一能够更好地利用现有资源实现企业短期内的迅速发展。

4. 跟从原则

所谓跟从原则就是企业在制定发展战略的时候，结合自身的实际情况并考虑到自己所进入的行业领先者的领先优势后，综合各种资源确定自己的战略，在各方面紧紧跟随领先者，以降低风险、提高市场的运作能力。

实现途径：套用、擦边球

①套用

企业选择跟从的方式制定战略，学会套用成功企业的战略选择及实施方式是一种较为简单的做法。这样，既可以避免与第一企业进行正面交锋，又可以从侧面向第一企业学习，提高自身的竞争力。这里所说的套用，除了第一的企业具有的所谓版权的东西外，其他的都可以直接拿来为我所用，无论是第一企业所掌控的资源还是其对资源的整合方式。

②擦边球

在乒乓球比赛中，一般情况下选手都会对对方打过来的擦边球无能为力。即使接球的球员的水平再高，面对这种情况要么放弃，要么下意识地做出接球的动作。引申到企业也是如此。打"擦边球"可以降低第一企业的注意力而迅速发展壮大自己，也可以迫使第一企业无暇顾及。企业打"擦边球"首先要明确第一企业的优势地位，尽量减少与第一企业的直接竞争。这样，既可以最大限度地分散第一企业的关注，将第一企业的竞争风险转移到其他主要竞争对手身上，也可以利用"擦边"的机会发展壮大自己。

关于战略管理工具

企业战略的重要性目前已经为大多数企业所共识。诚然，个别企业在发展的过程中不仅仅是战略管理模糊，同样在战略制定上也存在片面性。要么"好大喜功"、要么"可望而不可即"、要么"目光短浅"，所有这些都对战略管理起到较大的制约作用。

其实，国内绝大部分的企业制定的战略都有其存在的合理性。无论是根深蒂固、稳健发展的企业，还是初出茅庐，从原始的创业阶段迈向科学化管理的发展阶段的企业，其制定的战略都在一定程度上促进了企业良性的发展。而迈克尔·波特所说的战略模糊管理则基本上说到点子上了。

在众多的企业中，战略的制定基本上符合公司所处的市场环境现状，应该说具备了战略实施的前提。但事实是公司的战略基本上很难与员工的执行工作联系起来，基本上公司的战略是一回事，员工工作又是另一回事。如何能让员工认同到公司制定的战略，并将自己的日常工作与公司战略相结合是这些客户最头疼的管理。

尽管企业制定战略的基础来自对自身资源和外部资源的充分分析和了解，但在这个过程中往往会忽视战略实施的主体，也就是员工。没有员工正确地执行战略，任何好的战略都是空洞的。而为了确保员工将战略执行到位，企业通常在战略实施的过程中运用一定的工具或手段，比如通过培训来控制战略结果。事实上，企业采用的这些做法并不能完全如企业所愿有效地确保战略的实现。因而，战略制定除了要结合上一章阐述的战略要素外，还应采用更为适当的工具促进战略实现。从这一角度来说，平衡计分卡从理论与实践上看都不失为最佳的战略管理工具。平衡计分卡不仅仅是战略管理的工具，更因为它从人的角度考虑战略，将战略变成帮助企业和员工实现利益的辅助管理工具，因而它也就成为一种相对简单的管理模式。想必，这也是平衡计分卡作为战略管理工具的另一种释义。

平衡计分卡作为战略管理工具最初由哈佛商学院教授罗伯特·S·卡普

兰和复兴全球战略集团创始人兼总裁大卫·P·诺顿经过对在绩效测评方面处于领先地位的 12 家公司的研究后提出来的，并最早发表于 1992 年 1—2 月号的《哈佛商业评论》中。平衡计分卡作为企业的战略管理工具将战略与执行结合起来，从而有效地帮助企业成功实施战略。一般来说，平衡计分卡从以下 4 个方面全面地关注并促进企业战略的实施。

财务

从财务角度反映企业如何为股东创造价值。通常采用利润、收入、资产回报率和经济增加值等指标。

客户

如何向客户提供所需的产品和服务，从而满足客户需要。常用的指标有客户满意度、客户忠诚度、新客户增加比例、客户利润贡献度等指标。

内部流程

为了迅速、高效地满足客户需要，企业运营流程需要在部门、员工、市场等要素的衔接方面做调整才能有良好的表现。

学习与成长

企业员工通过创新适应变化，并且不断提高自身的能力。

通过对公司发展的 4 个层面的关注，强调流程的重要性，并着重将人的因素考虑进来，以系统的方式实施公司既定的战略并确保实施的结果。

从平衡计分卡的 4 个层面看，财务、客户以及运作流程一直都是企业关注战略实现的重点，而学习与成长则来自对人的重视。可以说正是因为平衡计分卡将人的重要性上升到一个战略层面，战略管理才能有效地进行，也就是公司的战略和员工结合起来，员工能够认识到自己的工作本身就是公司战略的组成部分，进而带动公司战略的实施。

公司战略的执行来自各方力量的贡献，这里不仅有社会的资源、战略装备资源、管理制度、客户贡献等，也包括员工在工作中的贡献。为了能够通过人的力量有效地执行战略，平衡计分卡针对每个人的利益和兴趣、针对所在的部门分别制定了服务于公司统一目标的分目标。也就是说，公司为员工创造一个良好的工作环境，实现工作目标的同时，还鼓励和帮助员工实现自己的个人目标。在公平、公开、系统化和竞争的基础上，公司尽最大可能为员工营造一个宽松的工作氛围，并建立起相互尊重、信任、

和谐的人际关系。

事实上,平衡计分卡作为一种战略管理工具最终的目的是强化战略实施的能力。在没有平衡计分卡概念之前,诸多的企业在制定战略的时候经常会犯形式主义的错误。战略的制定多是管理者(高层)以开会讨论的方式出台,然后将会议上的战略(精神)最终形成书面的文件,下达给各个部门。当然,这种做法在某种程度上还是可以接受的。更有甚者,战略的制定就是一种"独断专横"的行为,形成的战略文件也被"束之高阁",各个部门通过口头或揣摩的方式领会公司的战略意图,接下来的工作还是"按部就班"。可想而知,这样的战略管理如何能见成效,战略又如何能与公司每一个员工的工作相结合?

平衡计分卡对战略管理的贡献在于关注战略制定与实施的过程本身,而不仅仅是原则、工具或是作为结果的文件。通过面对面的讲解和沟通方式使员工了解公司战略,并能主动地明确战略与自身工作的关系。同时,通过平衡计分卡的管理工具将战略紧密地结合到日常业务流程中并推动战略的执行,保证执行的效果。结合多种指标的设定与执行方式,公司战略不仅仅作为高层面的战略,也能和员工的实际工作相结合,这也就是平衡计分卡的战略管理能力。

战略与人尽皆知的执行目标

全球一体化的今天,战略管理得到前所未有的重视。市场环境的多元化、信息的瞬息万变、企业对自身所处市场链的依赖性增强以及员工的个性化要求都注定了企业的成长不是一帆风顺的。正因为如此,很多企业都将管理提升作为参与竞争的砝码。不论是人员管理还是流程再造都是在强化自身的系统能力,而在这些管理之中,我们通常认为战略是管理到位的前提。战略的执行尽管受到诸多因素的影响,甚至是不可抗的外力因素,战略最终还是需要人的行动得以实现,还是需要借助企业所处市场链的各环节的资源支持。因此,我们强调战略不应局限在公司层面,更应结合员

工、结合市场链现状，将战略转化为能够有效执行的、个个环节都能参与的目标。一般说来，围绕人与市场链的能力贡献大小，战略对内部员工来说应该和每一个人的工作挂钩；而对外部，也就是对企业所处市场链的要求则是结成精益战略联盟。

战略与人

战略实施的主体是人，只有战略与人的主观意识和自身能力相结合的时候，战略的作用才能显示出来。企业制定战略不能轻易地"空穴来风"，或是让人难以理解、不可高攀，而是要做到以事实为基础、以共识为实现的前提。

强调以事实为基础自然离不开对战略制定的科学论断，这一点在我们描述战略的时候已经提及，而更为关键的则是战略制定过程中要得到员工的共识。战略取得员工的共识不仅是尊重员工、调动员工的工作状态，也是一种战略制定与执行前双方的共同认可，这样大家彼此明确各自的角色，责任与压力也就能够体现在执行的工作中去。

战略的制定强调人的共识在一些成功的企业中都有成功的例子。比如前面我们曾经提到过海尔在进入国际化发展过程中提及的国际化战略。尽管海尔在海外建厂、产品已经打入发达国家的市场，但这种国际化的意识是否又能让海尔全体员工感受得到，并且按国际化的标准要求自己呢？海尔提出国际化战略的口号，同时据此又提出了国际化的海尔前提是每个员工都要做到国际化，也就是国际化的海尔首先应该是海尔的国际化，海尔的每项工作、每个员工都达到了国际化的标准，海尔才能成为国际化的海尔。这样，海尔的员工都明确了自己的工作标准及工作目的，配合公司的国际化战略，从自身做起，严格按照国际化的标准做好每一项工作。

制定的战略要取得员工的共识不能简单地通过说教的方式，毕竟"强制性"的灌输方式不足以让员工"心服口服"。因而，应该采取多种让员工接受的方式。比如通过信息化的网络平台方式让每个员工都有不记名式的"畅所欲言"的机会，开诚布公地提出自己对公司战略发展的构想以及具体的实施内容；或者是以培训的方式，通过外力的介入让员工自己有感悟的机会，从而将这些感悟与公司的战略相结合；也可以通过论坛的方式，集合典型代表的想法，实现双方的面对面沟通。至于每种方式的选择，企业

完全可以结合自身的实际情况，比如在信息化管理程度较高的企业，利用网络平台信息共享的优势就可以充分调动每一个参与人的状态。

总之，企业在制定和实施战略的时候考虑的重点应该包管含员工，尽可能地通过各种方式对员工"因势利导"，与员工达成战略的共识，这样再凭借诸如平衡计分卡的战略管理工具，战略得以在员工达成共识的基础上转化为每个人的实际工作目标。

精益战略联盟

平衡计分卡作为战略的管理工具其中关注的一个重点就是客户，从实现客户指标的角度设定公司的战略以及实施。此时，战略不仅仅是要为企业服务，也要为实现客户的价值服务。因而，在这里，战略转化为执行目标强调的是为客户的服务。同时，根据战略的相关描述，战略的制定与实施离不开资源的整合。一方面是自身所具备的资源，如人才、开发能力、装备等；另一方面则是来自于社会的资源。而在社会的资源中，和企业处在同一市场链中的资源同样有助于企业战略的实现。

企业在市场链中的地位就像是在一条大河的中游，浩浩荡荡，汇集的是来自于上、中、下游的合力。因此，企业在市场链中与其上、下游的企业结合在一起共同为客户服务。一旦哪一环节有问题，最终都会直接或间接体现在对客户的服务上。所以，就现代企业来说结成战略同盟不仅可以节约企业自身的资源，也可以为客户提供迅速高效的服务，可谓"一举两得"。

从企业发展的历史角度看，战略同盟一直都是企业孜孜追求的。具体可以分为几个不同的形式，而其中的精益联盟则是战略合作的最佳形式。

一、传统做法

竞争关系：企业之间是一种单纯的竞争关系，彼此间的战略都是保密的。

价格起决定作用：在这一期间的合作，市场环境相对不成熟，因而合作的价格至关重要，甚至是决定合作的唯一要素。

二、供应链管理

合作关系：迎合市场环境的迅速变化，企业单凭自身的资源已经力不从心，建立合作关系成为必然。但是，双方的合作都相对谨慎，并且以非

核心的资源进行合作。比如单纯的半成品供给式的一单子买卖。

质量是决定因素：考虑到市场的成熟，双方的合作更注重质量，而不仅仅是价格、服务等因素。

集中供应商：建立供应商管理制度是合作的科学化体现，此时的合作更多的是一种理性的、节约资源的互惠互利。

三、生产联盟

时间是决定因素（准时化生产）：市场的个性化需求决定了速度的重要性，因而，企业间的合作应考虑到时间性，力争在最短的时间内提供需要。

关注关键工艺能力：企业间的合作更看重对方的核心优势，借助对方的核心优势增强企业自身的竞争力。

优势互补（产品适当转包）：资源整合的最佳方式。企业以合作的方式将自己不擅长的业务交由擅长此业务的伙伴去做，从而集中精力强化自身的核心优势。

四、战略联盟

业务及流程一体化：为了客户的需求，双方尽量以合作的方式统一彼此间的业务流程，减少浪费，缩短反应的时间。

信息流程再造：合作的双方尽量做到以整体的优势提供服务，通过流程再造"求同存异"。

战略方向一致：合作的深度方式。双方建立一致性的战略，全面整合资源，实现各自的最大竞争力。

五、精益联盟

多点链接精益生产，电子化精益标准操作：借助先进的科学技术与信息化手段，使合作方在统一的平台上无障碍地开展各方面的合作，并形成各自发挥优势的统一体，以联盟的形式面对市场竞争。

动态市场链创新，形成持久、稳固的竞争力：合作的最高境界。通过精益的动态市场链合作，双方的优势相互渗透，充分做到数据、技术、信息以及人才的共享。

用精益的方式结成战略联盟是企业将战略转化为执行目标的外在行动。毕竟，现代的市场环境对企业的要求越来越高，单凭企业自身很难实现企业的最终目的。而与市场链中的企业结成精益战略联盟能够做到资源配置

的最小化，实现 1+1>2 的发展效果。

战略为实现公司的最终目的服务，一旦战略（阶段性的）确定，实施就是不折不扣的行动。战略与实施没有形成有效对接是战略管理不到位的具体体现，也是企业发展过程的"瓶颈"。涉及战略管理，平衡计分卡的战略管理模式能够有效地促进战略的实施，是一种效率高并且能看到结果的行动。

至于平衡计分卡的战略管理能力可以通过下面一个执行的案例体现，并说明平衡计分卡如何将战略与行动具体结合的。

××公司是一家生产车用润滑油的企业，产品涵盖车用润滑油、制动液、不冻液、工业设备用油、齿轮油、润滑脂和养护用品等八大类200多个品种，是同行业企业中品种最齐全的制造商之一，其中不乏相当影响力的润滑油及养护用品著名品牌。随着公司规模扩大和润滑油行业快速发展，在市场和内部管理方面出现了很多问题诸如市场增长缓慢，在行业整体快速增长的同时，销售额停滞不前；企业管理体系不健全，难以适应目前外部环境的变化；员工执行力差等。同时，中国加入WTO将使国内原油市场与国际市场逐步接轨，迫使润滑油企业尽快作出战略调整，并且做到战略的有效实施。

可以肯定，××公司在具备一定规模的基础上已经取得了不错的业绩。但是，随着企业发展的内、外部环境的变化，战略调整已是必然，而调整后的战略实施则更为关键。基于此，在与客户进行充分沟通的基础上，平衡计分卡的战略管理模式得到一致的认可。

具体来说，遵循平衡计分卡的实施关键，项目组制订了详细的计划，以下是关于此项目的几个关键点，以此说明平衡计分卡是如何将战略与行动有效地结合在一起的。

结合公司的战略构想以及在员工调研的基础上，从四个重点层面分解战略，做到部门与员工皆知。

财务角度

1. 新产品开发是公司快速应对市场变化的战略要素之一，公司将新产品的开发速度、数量以及质量，也就是市场最终的接受度作为连带指标，目的是为了与市场效果挂钩，真实反映预期的营业额和增长目标。

2. 将考评指标和个人利益相挂钩，不仅强调了员工的成本控制意识和提高效率意识的重要性，而且把员工的精力集中放在了重点创收的项目上，比如处于成熟期的产品的潜力挖掘以及新兴产品的市场把握上。

3. 公司设定了一个合适的利润及分配目标以便更好地用于再发展，避免利润指标不切实际，忽视对市场信息的掌握。

客户角度

1. 从客户角度来看，客户分配比例（新老客户）和满意度是两个重要的战略要素。公司设定具体的考评指标，然后就指标实现的支持要素如产品、服务、品牌建设等方面制定切实的行动方案。

2. 在特定的市场环境下产品的占有率是公司战略的关键要素，特别是新产品的市场份额。

内部流程角度

1. 公司按项目运作的方式确定新产品的开发模式，将新产品的开发计划以及上市周期均做了具体的指标限制。

2. 围绕制定的指标，公司强化了部门间的运转流程，确定"无障碍"式的流程连接，支持战略各分配指标的实现。

学习与成长角度

1. 着重从实现公司持续发展的角度设定员工学习和成长的指标，指明为了实现公司战略以及员工的不断成长要求每一个员工所应该具备的素质和能力。

2. 设定管理层在发展关键员工、强化员工能力以及改进"以人为本"的人性化管理系统方面的工作指标。

以上的平衡计分指标遵循公司的发展战略。但是，如果用平衡计分卡实施的战略仅停留在层面的话，公司的战略实施是不会成功的。因此，实施平衡计分卡还要做到：

首先，公司有关战略考评指标的平衡计分卡制定后，通过对目标的逐层分解落实到每个部门和每个部门内的员工。公司设定平衡计分卡要求部门与员工都要结合公司与自身的实际情况设定相关的平衡计分卡，以便让员工通过书面的方式明确公司目前的战略，将自己的工作和公司的战略相结合。

其次，根据平衡计分卡设定公司的绩效管理以及员工激励系统，将平衡计分卡的价值体现在实处。这样，员工在工作的过程中会更多地关注部门与自身的绩效，同时明确公司与个人的目标关系，积极地实现公司与个人的目标。

最后，平衡计分卡作为一个战略管理的工具是一个管理系统，可以使组织清晰地规划远景和战略，并落实到具体的行动。它既可以改善传统的业务流程，又可以持续改进战略实施的能力，最终促进公司整体战略的实现。

通过持续半年的平衡计分卡项目运作，公司在制定正确战略的同时，更从内在系统上完善了管理控制的能力，也从业绩上验证了战略实施的效果。从员工的角度看，员工工作不仅清晰明确，而且凭借一定的管理工具提高了工作的效率，快速地实现了自己与公司设定的行动目标。

第九章

简单但有效的管理方法

管理是一项系统工程,它牵扯了企业这个形体的方方面面,如何做好有效的管理,是每一个企业必须持续研究、实践、归纳的重要课题。但管理的很多原则和理念往往又是最简单的,在很多时候,最简单的反而是最有效的。

走动式管理法

西方工业发达国家的企业界，近年来颇为推崇"走动式管理"。所谓"走动式管理"主要是提醒管理者不能脱离经营实际，要有"和群众打成一片"的精神。如日本某大公司偌大一座管理大楼，竟是一个"无座椅办公楼"，除电脑操作员及员工食堂外，各级管理人员包括各部门经理的办公室均不见座椅，唯一配备一圈老板椅的办公室是国际、国内业务洽谈室。对于如此不近人情的做法，总经理的解释是：本公司除了允许与用户洽谈业务时可以坐下来外，其余时间要求"白领"们多多到下面走动，以促使当面迅速拍板解决问题。

美国某著名大公司的老板也曾下令，要求把分布于全球66个国家的一万余个分店经理座椅上的靠背全部锯掉，使他们不能久坐，以迫使他们"走动管理"，以提高经营效率。

"走动式管理"对于中国来说，其实也不是什么新鲜的招数。提倡知识分子"与工人师傅"打成一片，科室人员到车间"沾一身油污"，这与西方的"走动管理"还是有着异曲同工之妙的。

实践证明，企业管理人员多到生产一线去看看、听听、问问。这既有利于和一线的生产工人保持感情上的融洽和思想上的沟通，更有利于及早发现问题、解决问题。

西式快餐连锁模式的发明者——"麦当劳"集团的第二任总裁雷克罗克先生，在走访了他的30多家连锁店后，站在办公室的大落地玻璃前进入了沉思。此时，麦当劳正陷入了经营业绩的低谷时期，他的办公桌堆满了调查报告。过一会，雷紧锁的眉头舒展开了，他快步走到桌前奋笔疾书起来。过了三天，所有麦当劳店长的办公桌上都放置了一份文件，那是雷亲自下达的一个命令。这份命令很奇怪，它要求每一位店长用钢锯锯下他们办公椅靠背。面对这份奇怪的命令有些店长觉得很不理解，不过，他们仍然执行了这个命令，过了一个礼拜，这个命令的用意慢慢地明显了。原来，

雷的用意是让每一位店长都不要舒服地坐在办公室里，而是要在店里走动，发现问题解决问题。麦当劳的店长们把这种在走动中完成的管理称为"走动式管理"，并且将之发扬到各个快餐行业中。经过这段小插曲，"麦当劳"的经营业绩也开始慢慢回升。

走动式管理最直接的好处在于使管理者掌握企业经营的第一手资料，及时了解企业运作状况，便于管理者根据具体情况有的放矢地制订政策和管理制度，并可以随时解决一线操作中出现的问题，从而解决大企业效率低的难题。

在金字塔式的阶层制管理体制下，下级向上级汇报情况，往往是报喜不报忧，等到事态扩大到解决不了时才不得不向上级求救。这是企业经营中的隐患，走动式管理显然可以使这一弊端得到克服。

同时，走动式管理也是对下属有效的考核和激励办法，下属的工作业绩如何，去一线看一看自然一清二楚，而下属预计到上司会经常走动，自然也不敢谎报军情，反而会努力把事情做好，以随时接受上司的走动式检查。

对员工士气的有效激励是企业管理的重要环节，走动式管理是发挥激励作用的有效手段。这样的管理者显然给员工树立起身体力行的形象，并且也表达了希望与大家沟通和交流的意愿。实际上形成了一种很好的信息沟通渠道，将报表上无法反映的情况反馈给管理者，使许多管理上的问题处理起来事半功倍。

部门管理人员之间的走动，也可以加强部门之间的沟通，共同提高工作效率，出色地完成工作。

正如一则故事所讲，一个著名企业的董事长在退休时把职位委托给一个年轻人，继任者向他请教管理的秘诀，他指着大班椅说："去走动吧，告诉你，这张椅子我很少去坐。"

另外，走动管理最适用于离第一线比较远的高层主管，组织比较庞大的单位由于层级较多，高层主管更需勤于走动，便于做好政策性的决定。至于其他层级的主管离工作现场比较接近，平时就应该透过敏锐的观察，搜集必要的信息。走动管理是一种方法或技术，不是一种理论，强调高层主管应及时搜集第一手的信息，至于其他经营管理事项，则仍应采取其他

适当的方法或技术。

标杆管理法

标杆管理起源于20世纪70年代末、80年代初。当时，日本成为世界企业界的学习榜样。在美国学习日本的运动中，美国的施乐公司首先开辟了后来被他们命名为标杆管理的管理方式。经过长期的实践，施乐公司将标杆管理定义为：一个将产品、服务和实践与最强大的竞争对手或是行业领导者相比较的持续流程。其核心就是以行业最高标准或是以最大竞争对手的标准作为目标来改进自己的产品（包括服务）和工艺流程。也就是说，标杆管理是指企业将自己的产品、服务和经营管理方式，同行业内或其他行业的领袖企业进行比较和衡量，并在此基础上进行的一种持续不断的学习过程，学习的对象可以是行业中的强手，也可以是本企业内的先进单位，还可以是其他行业的领袖企业，通过学习提高自己产品质量和经营管理水平，增强企业竞争力。简言之就是："找出差距，制定目标，对照基准点，学习无止境。"

标杆管理的显著特征是向业内或其他行业的最优企业学习，学习是手段，超越才是目的。通过学习，企业重新思考、定位、改进经营实践，不断完善自己，创造自己的最佳业绩，这实际上是模仿创新的过程。

标杆管理可以分为以下四类：

1. 竞争标杆管理——以竞争对象为基准的标杆管理

竞争标杆管理的目标是与有着相同市场的企业在产品、服务和工作流程等方面的绩效与实践进行比较，直接面对竞争者。这类标杆管理的实施较困难，原因在于除了公共领域的信息容易接近外，其他关于竞争企业的信息不易获得。

2. 流程标杆管理——以最佳工作流程为基准进行的标杆管理

标杆管理是类似的工作流程，而不是某项业务与操作职能或实践。这类标杆管理可以跨不同类组织进行。它一般要求企业对整个工作流程和操

作有很详细的了解。

3. 客户标杆管理——在客户标杆管理中，标杆就是客户的期望值

4. 财务标杆管理——以标准财务比率测评的杰出组织的绩效为标杆

标杆管理的流程主要有以下几步：

1. 什么过程需要标杆管理

这是标杆管理的第一步，这一步的主要内容是决定向标杆学习什么，组成标杆管理小组。

（1）界定标杆学习的明确主题。首先，必须确定哪些活动、哪些流程能产生最大效益，然后再确定学习、比较和改善的优先顺序。这是标杆管理的基础。其次，需要注意的是，实施标杆管理的过程中，要坚持系统优化的思想，不是追求企业局部的优化，而是着眼于企业整体的最优。最后，制定有效的实践准则，以避免实施中的盲目性。

（2）组成标杆管理小组。虽然个人也可以向标杆学习，但大多数标杆学习是团队行动。挑选、训练及管理标杆小组是下一阶段任务。

首先，将组织中来自各领域的员工召集起来，组成标杆小组；其次，通过小组找出问题并研究对策，标杆小组可能面临各种各样的问题，如服务差、产品研发周期长、对需求变化反应迟钝等；再次，使用帕累托分析，确定解决这些问题的优先次序；最后，小组一起研究改进流程，解决问题。

2. 选定标杆学习伙伴

即谁做得好，确定比较目标。比较目标就是能够为公司提供值得借鉴信息的公司或个人。

标杆学习伙伴可以分为两类：

（1）内部学习标杆。

（2）外部学习标杆。

寻找标杆伙伴时，应注意优先次序：

应先在一个大的组织内部寻找；再在被认为处于行业领导地位的外部公司；最后，是竞争对手，这适宜在技术领域采用。

3. 收集分析信息

在这个阶段，标杆小组必须选择明确的收集方法，而负责收集信息的人必须对这些方法很熟悉。标杆小组在联络标杆伙伴后，依据既定的规范

收集信息，然后再对信息摘要进行分析。接下来是依据最初的顾客需求，分析标杆学习信息，从而提出行动建议。

4. 评价与提高

这一阶段是通过对比分析绩效差距，对现有流程进行评价，制定目标实施改进。

1976年以后一直保持着世界复印机市场实际垄断地位的施乐公司，遇到了国内外特别是日本竞争者的全方位挑战，如佳能、NEC等公司以施乐的成本价销售产品且能够获利，产品开发周期、开发人员也比施乐短或少500%，于是施乐的市场份额从82%直线下降到35%。面对着竞争威胁，施乐公司从生产成本、周期时间、营销成本、零售价格等领域中，找出一些明确的衡量标准或项目，然后将施乐公司在这些项目的表现，与佳能等主要的竞争对手进行比较，找出了其中的差距，弄清了这些公司的运作机理，全面调整了经营战略、战术，改进了业务流程，很快收到了成效，把失去的市场份额重新夺了回来，在提高交付订货的工作水平和处理低值货品浪费大的问题上，同样应用标杆管理方法，以交付速度比施乐快3倍的比恩公司为标杆，并选择14个经营同类产品的公司逐一考察，找出了问题的症结并采取措施，使仓储成本下降了10%，年节省低值品费用数千万美元。

自从施乐公司利用标杆管理的方法获得了巨大成功后，标杆管理的方法就不胫而走，为越来越多的公司，尤其是美国公司所采用。标杆管理是一种能引发新观点、激起创新的管理工具，它对大公司或小企业都同样有用。

企业在运用标杆管理工具时，要注意以下几个问题：

1. 标杆管理可以运用到企业的各个方面

标杆管理并非只能运用到企业的战略定位、位次竞争等整体运行中，在企业的许多具体层面也可以使用，并且，标杆管理并非只能运用于大型企业，小企业也可以结合自己的发展情况适当运用。

2. 对标企业应当选择某方面领先的企业

标杆管理不同于一般的学习或模仿，学习的对象只要比自己企业优秀即可，而标杆管理的对象应当是某行业或某方面的佼佼者。因为只有这些行业中优秀的领军者才能指引行业的发展方向，最大可能地为企业提供借

鉴优势。

3. 进行标杆管理不能顾此失彼

每个企业都有自己的特点，无论是采取全方位对标还是局部对标，都应当考虑自身的特点。尤其是在局部对标中，不能为了追求某个目标而影响其他方面。

4. 可以借鉴其他行业经验

行业之间的管理具有不同特点。但管理的核心是相通的。某些行业先进企业的经验是不可复制的，但不同行业的经验有时却可以加以利用，比如许多行业曾经借鉴家电、百货等较成熟行业的销售经验。因此，标杆管理可以不局限于本行业内部，在特定方面可以引用"外援"。

供应链管理法

所谓供应链，其实就是由供应商、制造商、仓库、配送中心和渠道商等构成的物流网络。同一企业可能构成这个网络的不同组成节点，但更多的情况下是由不同的企业构成这个网络中的不同节点。比如，在某个供应链中，同一企业可能既在制造商、仓库节点，又在配送中心节点等占有位置。在分工愈细，专业要求愈高的供应链中，不同节点基本上由不同的企业组成。在供应链各成员单位间流动的原材料、在制品库存和产成品等就构成了供应链上的货物流。

所谓供应链管理，就是指在满足一定的客户服务水平的条件下，为了使整个供应链系统成本达到最小而把供应商、制造商、仓库、配送中心和渠道商等有效地组织在一起，来进行的产品制造、转运、分销及销售的管理方法。

供应链管理包含着丰富内涵：

1. 供应链管理把产品在满足客户需求的过程中，对成本有影响的各个成员单位都考虑在内了，包括从原材料供应商、制造商到仓库再经过配送中心到渠道商。不过，实际上在供应链分析中，有必要考虑供应商的供应

商以及顾客的顾客，因为它们对供应链的业绩也是有影响的。

2. 供应链管理的目的在于追求整个供应链的整体效率和整个系统费用的有效性，总是力图使系统总成本降至最低。因此，供应链管理的重点不在于简单地使某个供应链成员的运输成本达到最小或减少库存，而在于通过采用系统方法来协调供应链成员以使整个供应链总成本最低，使整个供应链系统处于最流畅的运作中。

3. 供应链管理是围绕把供应商、制造商、仓库、配送中心和渠道商有机结合成一体来展开的，因此它包括企业许多层次上的活动，包括战略层次、战术层次和作业层次等。

尽管在实际的物流管理中，只有通过供应链的有机整合，企业才能显著地降低成本和提高服务水平，但是在实际中供应链的整合是非常困难的，这是因为：首先，供应链中的不同成员存在着不同的、相互冲突的目标。比如，供应商一般希望制造商进行稳定数量的大量采购，而交货期可以灵活变动；与供应商愿望相反，尽管大多数制造商愿意实施长期生产运转，但它们必须顾及顾客的需求及其变化并作出积极响应，这就要求制造商灵活地选择采购策略。因此，供应商的目标与制造商追求灵活性的目标之间就不可避免地存在矛盾。

4. 供应链是一个动态的系统，随时间而不断地变化。事实上，不仅顾客需求和供应商能力随时间而变化，而且供应链成员之间的关系也会随时间而变化。比如，随着顾客购买力的提高，供应商和制造商均面临着更大的压力来生产更多品种更具个性化的高质量产品，进而最终生产定制化的产品。

研究表明，有效的供应链管理总是能够使供应链上的企业获得并保持稳定持久的竞争优势，进而提高供应链的整体竞争力。统计数据显示，供应链管理的有效实施可以使企业总成本下降20%左右，供应链上的节点企业按时交货率提高15%以上，订货到生产的周期时间缩短20%~30%，供应链上的节点企业生产率增值提高15%以上，已经有越来越多的企业已经认识到实施供应链管理所带来的巨大好处。

我们可以来看一下戴尔的直线定购模式。直线模式是根据客户的具体需求、而不是根据市场的预测制订生产计划的。直线模式并不等于直销，

直线模式的真正核心在于直销背后的一系列包括采购、生产、配送等环节在内的快速反应，利用一切先进的通信方法和自己的顾客保持联系，了解每一个顾客的独特需求，细分产品。许多公司的生产过程都是优先于销售，在接到订单前早已经生产好了产品，等着顾客来购买，这样很容易造成产品的库存积压，而戴尔的方式则是先了解顾客的需求，然后再生产。

在戴尔直线模式的背后，是其出色的供应链管理，它能在收到顾客个人化需求的订单后，立即向不同的供应商采购材料，迅速转入生产，再交给快递公司分发送货。在整个过程中，戴尔能保证公司的实际材料库存量始终保持在最低水平，从而使产品的价格更具有竞争力。整条供应链管理的关键：一是客户服务，一是物料配送。戴尔充分利用了互联网，通过互联网能够和每一个客户都保持一对一的详尽对话，尽可能多地搜集到客户信息和客户要求；客户也能通过互联网发送各自的订单，提出自己的服务要求。在戴尔的公司内部，有一个专门处理客户信息的系统，它能对不同的客户信息进行分类，对客户的订单进行处理并且自动传递到采购和生产部门。通过电子网络，戴尔和上游配件制造商组成了一个虚拟企业，在这个虚拟企业中，供应商变成了戴尔的一个零件提供部门，互相之间联系紧密。当戴尔接到客户从网上发出的购买电脑的电子订单以后，公司的配置中心会把整张订单分解成一张张的零件采购订单，通过网络发给配件供应商，各个供应商在收到订单以后，马上会组织生产，在指定的期限内发货给戴尔，收到零件以后，戴尔公司只需在生产车间进行组装，就可以把成品包装发送了。

从戴尔的做法中，我们看到现代供应链管理对比传统供应链管理，其内容发生了很大变化，这个变化首先是理念和关注点的变化。传统的供应链管理，强调的是它的效能，即强调怎样节约成本；而新的供应链管理强调它的敏捷性，关注怎样提高响应客户的速度。传统的供应链管理，强调大规模生产；现在则强调大规模定制，即为客户定制产品或服务，还包括为客户提供各种信息。传统的供应链管理强调的是企业内部的协调；新的供应链管理则更强调与上下游企业的整合（外部协调）。

六西格玛管理法

六西格玛管理作为一种全新的管理模式，充分体现着量化科学管理的思想理念。在中国推广六西格玛，对众多企业来说，传统的经验式管理与现代量化管理形成明显的观念冲突。所以，企业管理的现代化首先是思想观念的现代化。

六西格玛质量策略是建立在测量、试验和统计学基础上的现代质量管理方法。由摩托罗拉公司于1987年首创，作为全面满足客户需求的关键经营战略，经过10多年的发展，逐渐被众多一流公司采用。

20世纪80年代到90年代初期，摩托罗拉是众多市场不断被日本竞争对手吞食的西方公司之一。当时摩托罗拉的领导人承认其产品质量低劣。1987年，当时摩托罗拉通信部门的经理乔治。费希尔提出了一种质量管理新方法，就是六西格玛方法。在公司主席鲍伯·高尔文的支持下，六西格玛方法在公司范围内得到推广。

实施六西格玛方法仅仅两年，摩托罗拉就获得了马可姆。波里奇国家质量奖。从实施六西格玛方法的1987年到1997年，销售额增长5倍，利润平均每年增长20%；带来的节约额累计达140亿美元；股票价格平均每年上涨21%。

希腊字母 Σ（音SIGMA）是统计学里的一个单位，表示与平均值的标准偏差。六西格玛（SIXSIGMA）质量水平表示在生产或服务过程中，有百万次出现缺陷的机会仅出现3.4个缺陷，即达到99.9997%合格率。实行六西格玛质量计划要求管理层全面介入，并由经过特殊培训的内部六西格玛质量计划的专职人员以及项目负责人组织实施，以实现减少偏差，提高过程能力的短期目标和达到六西格玛的世界一流水平的长期目标。

六西格玛是企业走向精细化科学管理的一个质量目标，这个质量目标是企业内各个部门共同努力才能够整体实现的。摩托罗拉和通用电气等公司推行六西格玛的成就，也是业务部门内部成百上千个影响产品设计、生

产、服务的全方位改进努力的结果。六西格玛方法影响了几十个管理流程和交易流程。例如，在顾客支持和产品派送上，对顾客需求的更好理解和对评估体系的改进，使我们能够迈出更大的步伐来追求服务的改进和产品的及时派送。

人们把六西格玛管理最核心的内涵概括为6个方面，其一，以顾客为关注重心是六西格玛的灵魂；其二，基于事实和数据驱动的管理方法。基于事实和数据，也就是注重统计方法和工具的运用，而不是基于经验和个人的主观臆断，这可以说是六西格玛核心战斗力的源泉；其三，聚焦于流程改进。流程不是具体的工作任务或目标，是六西格玛的关键，这一点确保了六西格玛的持续性；其四，有预见的积极管理；其五，无边界合作。这是对传统组织成本的否定，它能够使得六西格玛以项目制的方式在一个传统的组织结构内突破式前进，以点带面地创造一种新文化；其六，追求完美，容忍失误。这不仅是六西格玛能够成功实施的外部保障，更是六西格玛能够创造的一种新文化，正是这种新的文化内涵使得六西格玛超越了一种单纯的管理技术，它代表的是人们一种对新秩序的渴望。

六西格玛管理法有不少成功的案例。

摩托罗拉：摩托罗拉首先发明了六西格玛这个综合管理系统的概念。乔治·费希尔发明的六西格玛管理法是一种革新性的改进方法，是一种对顾客需求满足情况简单而持续地进行追踪和比较（六西格玛管理法评估）的方法，以及对产品实际使用质量所期望目标（六西格玛管理法目标）的不懈追求。在实施六西格玛管理法的1987—1997年的10年中，摩托罗拉的销售额增长5倍，利润每年增加20%。实施六西格玛管理法带来的节约额累计达140亿美元，摩托罗拉的股票价格平均每年上涨21.3%。

通用电气：实施六西格玛管理法后，收益的增长速度不断加快。1998年底的收益是7.5亿美元，1999年底达到15亿美元。预计21世纪前10年中，通用电气的收益将会达到50亿美元。这种扩张就是六西格玛管理法对公司财务贡献的明证。

福特公司：除了将六西格玛用在制造流程外，福特公司对于一般行政管理、商业交易与服务等也运用六西格玛管理法来管理。他们把顾客的意见变成规格，用σ的数量把服务的品质具体化，利用六西格玛的工具解决

每个问题。福特公司实施六西格玛管理法一年多，已陆续完成10多个项目，包括涂装厂的品质改善、提升服务客户效率、以及增加顾客贷款满意度等，节省下的金额已经超过100万美元。

六西格玛管理法的与众不同之处在于：它不是一种商业时尚，而是一个能提高业务领导能力和绩效的灵活系统。要想在企业内部成功实施六西格玛管理法，必须注意以下几点：

1. 辨别核心流程和关键顾客，以便对企业中最为关键的一些跨部门活动及其与外部顾客之间的界面有一个清晰、全面的整体了解。

2. 定义顾客需求，以便根据实际顾客数据设立绩效评估标准，从而精确评估流程的效率和能力，并预测顾客的满意度。

3. 评估企业当前绩效，以便根据可定义的顾客需求，精确评估每个工作流程的绩效，并建立起专门评估关键产出或服务特征的评估体系。

4. 辨别优先次序、分析和实施改进，以便区分高潜力的改进机会，找到基于流程的、为事实分析和创造性思维所支持的解决方法。

5. 扩展并整合六西格玛管理法系统，以便实施持续的业务活动，促进绩效的改善，确保对产品、服务流程和工作程序的持续评估、再检查和更新。

客户关系管理法

客户关系管理作为一种企业管理的新方法，起源于20世纪80年代初期的，以收集整理客户与企业联系的所有信息的"接触管理"理论，到90年代初则演化为包括电话服务中心与支援资料分析的客户关怀理论。经过20多年的发展，目前它不仅成为一种具有可操作性的管理方法和管理技能，更成为一种企业战略管理理念。

传统企业管理的着眼点一直以来都是企业内部的生产职能，对客户缺乏科学的认识和管理。当企业面对哪种产品受欢迎、原因是什么、有多少关键客户和合适客户、从哪些客户身上获得了多少利润、客户服务有哪些

问题、广告有多大作用等一系列问题时，企业往往只能凭经验揣测和结果倒推。

CRM 是从"以产品为中心"向"以客户为中心"转变过程中的必然产物，它使企业的关注焦点从企业的内部动作拓展到与客户的关系上来。它能帮助企业广泛获得客户的真实信息，在客户需求的拉动下，重组企业内部资源以及物流优势资源，通过个性化的客户服务，提高客户价值和企业价值。

CRM 是企业为提高核心竞争力达到竞争制胜、快速成长的目的，树立以客户为中心的发展战略，并在此基础上开展的包括判断、选择、争取、发展和保持客户所需实施的全部商业过程；是企业以客户关系为重点，通过开展系统化的客户研究，通过优化企业组织体系和业务流程，提高客户满意度和忠诚度，提高企业效率和利润水平的工作实践，也是企业在不断改进与客户关系相关的全部业务流程，最终实现在电子化、自动化运营目标的过程中，所创造并使用的先进的信息技术、软硬件和优化的管理方法、解决方法的总和。

CRM 管理的内容包括客户识别和管理、服务人员管理、市场行为管理、伙伴关系管理、信息与系统管理。

青岛海尔集团（Haier）是中国家电行业的著名企业，以强大的研发能力、严格的内部管理和别具特色的市场营销闻名于国内乃至国际家用电器市场上。海尔的成功，与其一贯秉持的服务至上的策略是分不开的。在 20 世纪 90 年代初，海尔率先在全国各主要城市建立了 29 个电话中心，客户只需拨打当地"×9999"的电话，就可以约定时间得到海尔的产品上门服务如安装、维修等，客户关心的问题也能及时得到海尔电话中心话务员的解答。这套系统为海尔最早在国内打出"服务牌"做出了积极的贡献。但随着海尔市场的拓展和服务的区域的扩大，问题逐渐暴露出来："9999"系统属于第二代 CallCenter 系统，由于话务处理能力有限，系统可靠性差、可维护性差，经常出现死机、系统崩溃的现象，所以经常有顾客反映线路忙，无法接通服务电话，同时一些网点的服务质量也不能得到有效的监控。此外最大的问题在于"9999"电话中心与海尔的售后服务中心信息连接是脱节的，售后服务使用独立的系统，与电话中心没有统一的平台和标准，基础编码

规范不统一，因此信息不能共享，集团不能掌握各事业部的第一手信息和数据，从而严重影响了企业对市场的反应速度和对客户的服务质量。

海尔于2000年起成为国内企业中率先启动CRM项目实施的企业。海尔集团根据自身现状和未来发展的战略要求，决定先建立客户服务系统CSS，项目的总体目标是建成以计算机和通信技术为技术手段、覆盖海尔集团顾客服务中心、各顾客服务事业部和全国各地顾客服务中心、售后服务中心的信息管理系统，利用集团现有的网络基础设施，为顾客、售后管理及领导决策提供服务，实现海尔集团顾客服务管理现代化，提高顾客满意度。

2000年10月，海尔集团建成了自己的全国广域网，用于收集海尔在全国各地的电话中心及售后服务中心的客户信息，特别是建起了实时的海尔全国客户档案，为海尔的企业内部决策和管理及周到的客户服务提供了充分的技术保障。

为了满足对市场快速响应的需要，海尔集团决定在总部和上海、北京选择建立第三代（具有ACD）的呼叫中心，平台设计分为主机和网络系统、呼叫中心系统、数据库系统三大部分，可向客户提供更个性化的服务。

在客户服务系统中，海尔还把为客户建立起统一完整的客户信息系统当作重点工作来抓。在收集客户信息方面，以呼叫中心为主要收集手段，同时，考虑市场及销售代表的反馈信息、用户来函、售后服务部门和技术支持人员的信息、E-mail、FAX、客户登门等辅助方式。客户服务系统不是孤立的，可与企业内部各部门协同工作、信息共享，并力争与其他系统如ERP系统、SCM系统、电子商务系统集成起来。

海尔客户服务系统的建立和运行使公司拥有了完整的客户信息系统，实现了分布式数据复制及数据共享，企业业务部门和工作人员可随时随地查找客户信息和进行服务质量分析，同时也支持进行客户回访、交叉销售等工作。海尔客户服务系统满足了企业复杂和庞大的信息处理需要，同时为海尔的管理者和决策者提供了方便、丰富的报表制作能力和通用的查询能力，提高了海尔对市场的反应速度和适应能力。

客户关系管理是企业管理理论中的前沿性课题，它对企业的作用不仅仅是客户管理技能的提高，更将促进企业管理理念的更新。客户关系管理的意义与作用具体表现在以下几个方面：

1. 开拓市场

通过电话、传真、E-mail 和面访等多种手段，与客户频繁交往，扩大销售活动的范围，增加与客户往来的信息，这样，有利于掌握市场最新动态，把握竞争的最好时机。

2. 吸引客户

由于客户与企业有较多的渠道进行交流，企业联系客户比较方便，客户服务和客户支持体系得到加强，客户满意度得到提高，这样有利于企业吸引客户。

3. 减少中间环节

客户关系管理系统可以汇集来自四面八方的客户信息，有利于企业全面了解客户的情况，并把所得到的客户信息添加到系统，这样将使销售渠道更为畅通，信息传递的中间环节减少，销售的中间环节也相应地减少。

4. 低销售成本

由于销售的中间环节减少，企业的销售费用将大大降低，销售成本也跟着降低。

5. 提高企业运行效率

建立客户关系管理系统以后，企业可以利用客户关系信息对客户和销售业绩进行动态跟踪分析，及时处理客户方面的问题，企业在经营方面的运行效率将会大大提高。

SWOT 分析法

SWOT 分析法又称为态势分析法，它是由旧金山大学的管理学教授于 20 世纪 80 年代初提出来的，是一种能够较客观而准确地分析和研究一个单位现实情况的方法。

SWOT 四个英文字母分别代表：优势（Strength）、劣势（Weakness）、机会（Opportu-nity）、威胁（Threat）。从整体上看，SWOT 可以分为两部分：第一部分为 SW，主要用来分析内部条件；第二部分为 OT，主要用来分

析外部条件。利用这种方法可以从中找出对自己有利的、值得发扬的因素，以及对自己不利的、要避开的东西，发现存在的问题，找出解决办法，并明确以后的发展方向。

根据这个分析，可以将问题按轻重缓急分类，明确哪些是目前急需解决的问题，哪些是可以稍微拖后一点的事情，哪些属于战略目标上的障碍，哪些属于战术上的问题，并将这些研究对象列举出来，依照矩阵形式排列，然后用系统分析的思想，把各种因素相互匹配起来加以分析，从中得出一系列相应的结论，而结论通常带有一定的决策性，有利于领导者和管理者做出较正确的决策和规划。

SWOT分析法常常被用于制定集团发展战略和分析竞争对手情况，在战略分析中，它是最常用的方法之一。进行SWOT分析时，主要有以下几个方面的内容：

1. 分析环境因素

运用各种调查研究方法，分析出公司所处的各种环境因素，即外部环境因素和内部能力因素。外部环境因素包括机会因素和威胁因素，它们是外部环境对公司的发展有直接影响的有利和不利因素，属于客观因素，内部环境因素包括优势因素和弱点因素，它们是公司在其发展中自身存在的积极和消极因素，属主动因素，在调查分析这些因素时，不仅要考虑到历史与现状，而且更要考虑未来发展问题。

2. 构造SWOT矩阵

将调查得出的各种因素根据轻重缓急或影响程度等排序方式，构成SWOT矩阵。在此过程中，将那些对公司发展有直接的、重要的、大量的、迫切的、久远的影响因素优先排列出来，而将那些间接的、次要的、少许的、不急的、短暂的影响因素排列在后。

3. 制订行动计划

在完成环境因素分析和SWOT矩阵的构造后，便可以制订出相应的行动计划。制订计划的基本思路是：发挥优势因素，克服弱点因素，利用机会因素，化解威胁因素；考虑过去，立足当前，着眼未来。运用系统分析的综合分析方法，将排列与考虑的各种环境因素相互匹配起来加以组合，得出一系列公司未来发展的可选择对策。

L公司成立于1979年，只用了10年的时间就发展成美国最大的运动鞋生产商之一，年销售额达到6亿美元，股票售价从1988年的每股10.94美元上升到每股40美元，被《华尔街日报》《商业周刊》和《财富》杂志选为当年表现最突出的上市公司。但时隔一年，L公司的经营出现问题，影响投资者信心，股价受挫。L公司的市场份额从1990到1992连续三年下降，从12%降到8%，又从8%再降到50%。由于公司经营状况不好，融资出现问题，直接影响到公司的运营，L公司设法从一家投资公司吸资1亿美元，条件是让出公司34%的股份，并且让该投资公司在L公司董事会拥有三个席位。这家投资公司的入股，带来了L公司的内部重组，公司高层易人，公司创办人RG离开公司。经过内部重组后的L公司，面临许多挑战，有许多迫切的问题需要公司拿出对策，这其中包括L公司的运动鞋是否能吸引更多的少年男孩？如何改变消费者一直认为L公司是生产女用时装鞋的成见？如何制止市场份额继续下降？

下面运用SWOT分析法对L公司所处优势劣势进行分析。

1. 公司高层的优势

首先是董事会及公司高层主管：11位董事中有9位来自其他行业，跟L公司没有其他关系，属于"外来人"，这不但给L公司带来了各种不同的经历、看法、建议，也使得董事会对公司高层主管的评定能比较客观。新任董事长兼CEO以及新任总裁都有将企业扭亏为盈的经验。

公司明确了近期及长远的发展目标。短期内公司继续调整产品结构，全面降低运营成本。长期目标是在5年内将市场份额增加5%～10%为达到这些目标，L公司采取了三大策略：压缩开支、产品开发、精简整编。压缩开支包括减少员工和全面降低运营成本。产品开发包括采用新的生产技术。精简整编主要是放弃公司的服装生意。

2. 职能部门的优势

市场营销：公司聘请另一家运动鞋生产商的前雇员来负责市场营销，这些市场营销部门的负责人既有经验又了解其他生产商的内部情况，无疑会给L公司增加不少实力。L公司还聘请了体育明星来推广自己的运动鞋。在海外市场，L公司通过来料加工、合资合作在亚洲巩固了自己的地位。

销售渠道：重新制订了销售渠道的策略，将销售渠道划分为"形象"、

"主流""高销售量""实惠"四大类，在不同的销售渠道推出不同的运动鞋产品。

产品开发：利用新技术开发新产品，使高质量运动鞋能以高价与其他厂商竞争。

公关：各种慈善捐献、公益活动树立公司形象，帮助促销产品。

3. 公司高层的弱点

董事会及公司高层主管均为新人，可能会在公司雇员里产生抵触情绪。新的企业文化与原来高层主管倡导的企业文化差别很大。

4. 职能部门的弱点

市场营销：几次邀请演艺界名流参加的促销活动花费很高但却不成功，不成功的原因是演艺界人士的参加更加深了消费者的成见，认为L公司是生产时装鞋的，不是生产高质量运动鞋的。L公司仍无法摆脱女鞋生产商、质量差的形象。

产品开发：新产品的开发落后于其他主要生产商，引起零售商的不满。

法律事务：虚报利润，遭到持股人起诉。虚报进口发票，被海关罚款130万美元。另一家生产商告L公司专利侵权，被迫支付对方100万美元庭外和解。

财务：公司毛利润连续3年下降，从1990年的2.86亿下降到1992年的1.09亿，从1990年的3100万净利润到1992年净亏损7200万。库存积压，被迫低价抛售，影响利润。

5. 机会与挑战

市场容量：美国鞋市场为120亿美元，L公司大有发展余地。海外市场持续发展，也给L公司提供了发展的空间。在很大程度上，海外市场是L公司发展的希望所在。鞋的市场，尤其是运动鞋的市场，没有季节性变化，保证了生产商一年四季都有生意。昂贵的广告费用、产品研发费用、及树立品牌的难度，对其他想进入运动鞋制造业的人来说都是很大的障碍，因此一是不会有更多的竞争者进入本行业，二是其他实力不强的竞争者不会对L公司造成很大的威胁。

消费者、文化、宏观经济、政治环境：人口增长、人们对健康的认识和要求越来越高、低利率使得融资较便宜、经济复苏使人们的消费提高。

对 L 公司来说，挑战主要来自行业本身和行业内部。鞋制造业是个很成熟的行业，业内竞争很激烈。冒牌货越来越多，既损害了 L 公司的形象，又影响了销售。实力很强的另外两家制造商，营销能力强，品牌效应高，在海外市场被认为质量好，这些对 L 公司来说都是很大的挑战。

在消费者方面，L 公司的产品始终不被认为是质量好、效果好、高性能的运动鞋。

在政府规定方面，国会拟增强对鞋类进口的配额管理，L 公司的产品全部都在东南亚国家生产，严格的进口配额管理无疑是增加了又一个挑战。另外，L 公司的国外制造商被认为采取了"不公平的贸易手段"，一旦证实，将会影响 L 公司的生产和供货成本。

基于对 L 公司的 SWOT 分析，紧缩开支，裁减员工，降低成本，处理库存，调整产品结构，是 L 公司必须采取的策略。同时，L 公司必须对其国外的制造商进行严格的质量管理，保留质量有保证的制造商，去除质量有问题的制造商。

在公司内部进行调整的同时，L 公司应该制订一个开拓亚洲市场的营销计划。亚洲市场潜力大，是 L 公司增加销售量、彻底改变其财务状况的最好的选择。

（由于篇幅有限，这里只提供了简单的分析，略去了 L 公司的详细资料，包括财务报表、媒体的报道等。有关美国鞋业、行业状况、竞争者情况、消费者特点、经济状况等的详细资料这里也没有详细列出。）

ABC 分析法

1879 年意大利经济学家帕累托在研究人口与收入的分配问题时，发现占总人口百分比不大的少数人的收入却占总收入的大部分；而大多数人的收入却只占总收入的很少一部分，即所谓"关键的少数和次要的多数"的关系上。事实上，在经济管理中，也存在着许多类似上述的情况。例如在企业的生产任务中，少数几种产品的产值却占了企业总产值的大部分；在

百货公司的许多种商品销售中,为数不多的一些商品销售额却占总销售额的大部分,等等。以制造企业为例,将全部产品按不同的产值依次排序,形成帕累托曲线。再按照一定的标准将它们分成三类,对这三类不同的产品按不同的要求加以管理,这就是 ABC 分析法。

1951 年,美国电器公司的 H·F·迪克首先在库存管理中倡导和应用 ABC 分类法,用于确定库存管理的重点,以便集中力量抓好主要矛盾。这是节约资金和费用的一种简单而又有效的科学管理方法。

在库存中,往往少数几种物品的年消耗金额占总消耗额的大部分。为了有效地进行库存控制,对于贵重的物品应少量采购和严密控制,而对于低价物品就可以大量采购和稍加控制。

ABC 分类法的基本原理是:按照所控制对象价值的不同或重要程度的不同将其分类,通常根据年耗用金额(存货价值或数量×成本)将物品分为三类。A 类存货的品种种类占总品种数的 10% 左右,但价值占存货总价值 70% 左右;B 类存货的品种种类占总品种数的 20% 左右,价值占存货总价值 20% 左右;C 类存货的品种种类占总品种数的 70% 左右,价值占存货总价值 10% 左右。

A 类物资在品种数量上仅占 15% 左右,但如能管好它们,就等于管好了 70% 左右消耗金额的物资,这是十分值得注重管理的部分。

C 类物资管理的原则恰好和 A 级相反,不应投入过多管理力量,宁肯多储备一些,少报警,以便集中力量管理 A 类物资。由于所占消耗金额非常少,多储备,并不会增加多少占用金额。

B 类物资的状况处于 A、C 类之间,因此,其管理方法也介乎 A、C 类物资的管理方法之间,采用通常的方法管理,或称常规方法管理。

几点需要说明的情况是:

1. ABC 分析法的优点是减轻而不是加重库存控制的工作量。这是因为没有把重点放在占库存物品大多数的 C 类物品上。

2. 针对企业的具体情况,可以将存货分为适当的类别,不一定局限于三类。

3. 对于物流企业经营的物品而言,分类情况并不揭示物品的获利能力。

4. 分类情况不反映物品的需求程度。因而在进行分类时,要对诸如采

购困难问题、可能发生的偷窃、预测困难问题、物品的变质或陈旧、仓容量的大小和物品在生产和经营上的需求情况等因素，加以认真的考虑，做出适当的分类。

JIT 生产方式

JIT 生产方式的基本含义是"只在需要的时候，按需要的量，生产所需的产品"，也就是追求一种无库存，或库存达到最小的生产系统。JIT 的基本思想是生产的计划和控制及库存的管理。

在 20 世纪后半期，整个汽车市场进入了一个市场需求多样化的新阶段，而且对质量的要求也越来越高，随之给制造业提出的新课题即是，如何有效地组织多品种小批量生产，否则的话，生产过剩所引起的只是设备、人员、费用等一系列的浪费，从而影响到企业的竞争能力以至生存。

在这种历史背景下，1953 年，日本丰田公司的副总裁大野耐一综合了单件生产和批量生产的特点和优点，创造了一种在多品种小批量混合生产条件下，高质量、低消耗的生产方式即 JIT 生产方式，也被称为准时生产、及时化生产，成为丰田公司竞争取胜的法宝。直到今天，以 JIT 生产方式为核心的"丰田制造模式"依然是汽车行业学习的榜样。

JIT 生产方式以准时生产为出发点，首先暴露出生产过量和其他方面的浪费，然后对设备、人员等进行淘汰、调整，达到降低成本、简化计划和提高控制的目的。在生产现场控制技术方面，JIT 的基本原则是在正确的时间，生产正确数量的零件或产品，即时生产。它将传统生产过程中前道工序向后道工序送货，改为后道工序根据"看板"向前道工序取货，看板系统是 JIT 生产现场控制技术的核心，但 JIT 不仅仅是看板管理，JIT 的目标是彻底消除无效浪费。

JIT 生产方式在彻底消除无效劳动和浪费方面要达到以下目标：

1. 废品量最低。JIT 要求消除各种引起不合理的原因，在加工过程中每一工序都要求达到最好水平。

2. 库存量最低。JIT 认为，库存是生产系统设计不合理、生产过程不协调、生产操作不良的证明。

3. 准备时间最短。准备时间长短与批量选择相联系，如果准备时间趋于零，准备成本也趋于零，就有可能采用极小批量。

4. 生产提前期最短。短的生产提前期与小批量相结合的系统，应变能力强，柔性好。

5. 减少零件搬运，搬运量低。零件送进搬运是非增值操作，如果能使零件和装配件运送量减少，搬运次数减少，可以节约装配时间，减少装配中可能出现的问题。

6. 机器损坏低。

7. 批量小。

为了达到上述目标，JIT 对产品和生产系统设计考虑的主要原则有以下三个方面：

1. 在当今产品寿命周期已大大缩短时，产品设计应与市场需求相一致，在产品设计方面，应考虑到产品设计完后要便于生产。

2. 尽量采用或组织技术与流程式生产。

3. 与原材料或外购件的供应者建立联系，以达到 JIT 供应原材料及采购零部件的目的。

在 JIT 方式中，试图通过产品的合理设计，使产品易生产，易装配，当产品范围扩大时，即使不能扩大工艺过程，也要力求不增加工艺过程，具体方法有：

（1）模块化设计；

（2）设计的产品尽量使用通用件，标准件；

（3）设计时应考虑易实现生产自动化。

JIT 的基础之一是均稀有化生产，即平均制造产品，使物流在各作业之间，生产线之间、工序之间、工厂之间平衡、均衡地流动。为达到均衡化，在 JIT 中采用月计划、日计划，并根据需求变化及时对计划进行调整。

JIT 提倡采用对象专业化布局，用以减少排队时间、运输时间和准备时间，在工厂一级采用基于对象专业化布局，以使各批工件能在各操作时间和工作间顺利流动，减少通过时间；在流水线和工作中心一级，采用微观

对象专业化布局和工作中心"U"形布局，可以减少通过时间。

JIT 可以使生产资源合理利用，包括劳动力柔性和设备柔性。当市场需求波动时，要求劳动力资源也作相应调整。如需求量增加不大时，可通过适当调整具有多种技能操作者的操作来完成；当需求量降低时，可采用减少生产班次、解雇临时工、分配多余的操作工去参加维护和维修设备。这就是劳动力柔性的含义；而设备柔性是指在产品设计时就考虑加工问题，发展多功能设备。

JIT 强调全面质量管理，目标是消除不合格品，消除可能引起不合格品的根源，并设法解决问题，JIT 中还包含许多有助于提高质量的因素，如批量小、零件很快移到下道工序、质量问题可以及早发现等。

JIT 生产管理方式在 20 世纪 70 年代末期从日本引入我国，长春第一汽车制造厂最先开始应用看板系统控制生产现场作业。到了 1982 年，第一汽车制造厂采用看板取货的零件数，已达其生产零件总数的 43%。80 年代初，中国企业管理协会组织推广现代管理方法，看板管理被视为现代管理方法之一，在全国范围内宣传推广，并为许多企业采用。

近年来，在我国的汽车工业、电子工业口、制造业等实行流水线生产的企业中，应用 JIT 获得了明显效果，例如第一汽车制造厂、第二汽车制造厂、上海大众汽车有限公司等企业，结合厂情创造性地应用 JIT，取得丰富的经验，创造了良好的经济效益。

JIT 以订单驱动，通过看板，采用拉动方式把供、产、销紧密地衔接起来，使物资储备，成本库存和在制品大为减少，提高了生产效率，这一生产方式在推广应用过程中，经过不断发展完善，为日本汽车工业的腾飞插上了翅膀，提高了生产效率。这一生产方式亦为世界工业界所注目，被视为当今制造业中最理想且最具生命力的新型生产系统之一。

TQM：全面质量管理

美国著名质量管理专家爱德华兹·戴明曾提出：在生产过程中，造成质量问题的原因只有10%~15%来自工人，而85%~90%是企业内部在管理系统上有问题。由此可见，质量不仅仅取决于加工这一环节，也不只是局限于加工产品的工人，而是涉及企业各个部门、各类人员。所以说，质量的保证要通过全面质量管理来实现。

所谓全面质量管理，就是企业全体人员及各个部门同心协力，把经营管理、专业技术、数量统计方法和思想教育结合起来，建立起产品的研究与开发、设计、生产（作业）、服务等全过程的质量体系，从而有效地利用人力、物力、财力、信息等资源，提供符合规定要求和用户期望的产品和服务。

"全面"意味着全员和全过程的参与，"质量"是指企业所做的一切是为客户提供满足其要求的产品和服务，指企业内部人员相互之间的合作和协调性，指企业在原材料的质量与服务方面对供应商的期待和要求。就全面质量管理而言，值得重视的6个方面包括：企业高层管理、操作一体化、防止质量缺陷、产品质量检验、质量自我保障以及持续改进。

1. 企业高层管理者的重视

实施全面质量管理需要有企业高层管理者的高度重视。这要求企业领导阶层具有战略思想和竞争意识，以长远的眼光看待企业的发展与未来，敢于面临挑战，充分认识到全面质量管理对提高企业素质和产品质量、增强企业的市场竞争能力、提高企业经济效益的重要影响和作用。

2. 操作一体化

在生产经营过程中，各部门或工序之间的衔接性对全面质量的开展也是很重要的。每一个操作环节应将下一个操作环节视为顾客，为他们的需要和要求着想，相互之间保持良好的沟通与协作，使整个过程趋于一体化。如采取团队工作方式，使整体效应得到发挥。

3. 防止质量缺陷

采取预防性措施，避免质量缺陷的发生是现代质量控制方法的基本思想原则。在生产操作过程中，应及早发现质量问题，而不是等到成品检验时才发现，尽量将质量问题解决在生产的早期阶段。这是因为质量缺陷发现得愈晚，造成的浪费就愈多，损失也愈大。防止质量缺陷还要求对工艺设备进行检验，保证其操作所能达到的加工精度符合质量要求。当工艺操作无法再得到进一步改善时，应考虑进行新的投资来达到更高的质量保证水平。

4. 产品质量检验

虽然防止质量缺陷的发生很重要，但保持质量检测仍然是必需的，一旦发现有质量问题，应立即引起有关方面的重视，并寻求解决方法。对产品质量的检验可采取对比试验和防误装置来保证只有合格的零部件在生产过程中被生产或得到使用。

5. 质量自我保障

保证工艺操作精确程度和产品合格的责任在于实际生产作业人员，而不在于质量检查人员，即生产作业人员对其加工的产品进行质量自检，做到产品质量自我保障。在这里所负责任的含义是指生产作业人员经过质量方面的培训，应能准确地完成工作任务，并能够解决影响工作完成的质量问题。质量方面的培训内容应当包括质量控制的 8 种方法，它们是：流程图、因素分析、检查图、直方图、因果分析图、时间序列图、散点图、控制图。使每个生产作业人员建立质量责任意识，努力做到第一次操作就能保证质量合格是非常重要的。

6. 持续改进

持续改进亦为全面质量管理所要求，这与 JIT 生产方式的思想理念完全一致。企业应树立不断进取、持续改进的思想观念。最终目标是零缺陷，这也是质量保证的最高境界。质量的完美从成本和效益方面来说也是值得去追求的，即使并不能马上显示出其优越性。

ERP：企业资源计划

ERP（EnterpriseResourcePlanning，企业资源计划系统）的概念，是美国 GartnerGroup 公司于 1990 年提出的，它除了生产资源计划、制造、财务、销售、采购等功能外，还有质量管理，实验室管理，业务流程管理，产品数据管理，存货、分销与运输管理，人力资源管理和定期报告系统，吸收了西方现代管理理论中社会系统学派的创始人巴纳德的管理思想，他把组织看作是一个社会系统，这个系统要求人们之间的合作。在 ERP 的管理思想中，组织是一个协作的系统，应用的现代企业管理思想，结合通信技术和网络技术，在组织内部建立起上情下达、下情上达的有效信息交流沟通系统，这一系统能保证上级及时掌握情况，获得作为决策基础的准确信息，又能保证指令的顺利下达和执行。

ERP 把客户需求和企业内部的制造活动以及供应商的制造资源整合在一起，形成企业一个完整的供应链，其核心管理思想主要体现在以下三个方面：

1. 以供应链管理为核心

ERP 把客户需求和企业内部的制造活动以及供应商的制造资源整合在一起，形成一个完整的供应链，并对供应链上的所有环节进行有效管理，这样就形成以供应链为核心的 ERP 管理系统。供应链跨越了部门与企业，形成以产品或服务为核心的业务流程。以制造业为例，供应链上的主要活动者包括原材料供应商、产品制造商、分销商与零售商和最终用户。

现代企业竞争不是单一企业与单一企业间的竞争，而是一个企业供应链与另一个企业供应链之间的竞争。在知识经济时代，仅靠自己企业的资源不可能有效地参与市场竞争，ERP 把经营过程中的有关各方，如供应商、制造工厂、分销网络、客户等纳入一个紧密的供应链中，有效地安排企业的产、供、销活动，满足企业利用一切市场资源快速高效地进行生产经营的需求，进一步提高了效率和在市场上获得竞争优势。ERP 系统实现了对整个企业供应链的管理，适应了企业在知识经济时代市场竞争的需要。

2. 体现精益生产和敏捷制造的思想

ERP 系统支持对混合型生产方式的管理，其管理思想表现在两个方面：其一是"精益生产"的思想，它是由美国麻省理工学院（MIT）提出的一种企业经营战略体系，即企业按大批量生产方式组织生产时，把客户、销售代理商、供应商、协作单位纳入生产体系，企业同其销售代理、客户和供应商的关系，已不再是简单的业务往来关系，而是利益共享的合作伙伴关系，这种合作伙伴关系组成了一个企业的供应链，这即是精益生产的核心思想。其二是"敏捷制造"的思想。当市场发生变化，企业遇有特定的市场和产品需求时，企业的基本合作伙伴不一定能满足新产品开发生产的要求，这时，企业会组织一个由特定的供应商和销售渠道组成的短期或一次性供应链，形成"虚拟工厂"，把供应和协作单位看成是企业的一个组成部分，运用"同步工程"组织生产，用最短的时间将新产品打入市场，时刻保持产品的高质量、多样化和灵活性，这即是"敏捷制造"的核心思想。

3. 体现事先计划与事中控制的思想

ERP 系统中的计划体系主要包括：主生产计划、物料需求计划、能力计划、采购计划、销售执行计划、利润计划、财务预算和人力资源计划等，而且这些计划功能与价值控制功能已完全集成到整个供应链系统中。

另一方面，ERP 系统通过定义与事务处理相关的会计核算科目与核算方式，以便在事务处理发生的同时自动生成会计核算分录，保证了资金流与物流的同步记录和数据的一致性。从而可以根据财务资金现状，追溯资金的来龙去脉，并进一步追溯所发生的相关业务活动，改变了资金信息滞后于物料信息的状况，便于实现事中控制和适时做出决策。

此外，计划、事务处理、控制与决策功能都在整个供应链的业务处理流程中实现，要求在每个流程业务处理过程中最大限度地发挥每个人的工作潜能与责任心，流程与流程之间则强调人与人之间的合作精神，以便在有机组织中充分发挥每个人的主观能动性与潜能。实现企业组织结构向"扁平式"转变，提高企业对市场动态变化的响应速度。

总之，借助 IT 技术的飞速发展与应用，ERP 系统得以将很多先进的管理思想变成现实中可实施应用的计算机软件系统。

第十章
简单有效的管理定律

　　企业战略学科的发展增强了企业在商海搏击的能力，规范了企业选择战略和执行战略的管理行为。那么，具体从企业的角度看战略还应该首要明确关于企业有效管理定律的几点认识，在此基础上采用一定的战略工具进行企业的战略管理。

木桶定律

众所周知,一个木桶能盛多少水,不是取决于桶壁上最长的那块木板,而是取决于桶壁上最短的那块木板,这就是我们所说的"木桶定律"。围绕着这个核心内容,木桶定律还拓展出三个推论:只有构成木桶的所有木板都足够高,木桶才能盛满水;所有木板比最低木板高出的部分都是没有意义的,高的越多,浪费越大;要想增加木桶的容量,应该设法加高最低木板的高度,这是最有效也是最直接的途径。对于这一推论可以理解为,要想盛满水,不是去增高那些长木板,而是应该对最短的木板下功夫,依次补齐。

正是这样一个简单的生活常识,却被具有无限创造性的成功学家发展成为了指导国家、企业和个人均衡发展的行动指南。而企业管理者最关注的就是如何将木桶定律与企业的发展管理联系起来,从而使得企业在原有的基础上获得实质性的超越。

1. 木桶定律指导企业的业务发展

其实我们很容易发现木桶定律与企业发展的共通之处。一个企业就好比木桶,企业用不断发展来适应激烈的竞争,就好比木桶的不断扩容来盛更多的水。而企业的各个职能部门,就好比木桶各个长短不齐的桶板。

对于一个企业来说,想要在激烈的竞争中立于不败之地,不能仅仅依靠一两个方面的突出能力,而是需要凭借整体的实力赢得优势。也就是说,如果企业从产品研发、生产管理、市场销售到客户管理的每个阶段,有一个环节薄弱,都可能导致企业在竞争中处于不利的位置,最终制约企业的发展。因此,企业如果想做大、做强,需要木桶定律的指导:只有构成木桶的所有木板都足够高,木桶才能盛满水;只有企业的各个职能部门和各个方面均做到位,企业才能以雄厚的实力与竞争对手抗衡。

2. 木桶定律指导企业的团队建设

木桶定律可以启发我们对企业团队建设重要性的思考。要想增加木桶

的容量，应该设法加高最低木板的高度，这是最有效也是最直接的途径。对于一个企业来说，决定团队战斗力强弱的不是能力最突出，表现最优异的人，而恰恰是能力最弱，表现最差的人。所以企业的团队建设就是设法让落后的人能够迎头赶上，让所有的人都能在维持在一个"足够高"的相等高度，才能完全发挥团队作用。

木桶定律对于团队建设的指导性作用，还表现在不仅要做到没有明显的短板，还要保证每块木板结实，整个系统坚固，各环节接合紧密无隙，这其中就涉及群体与团队的概念。例如：一根没有磁性的铁棒，每个分子都在按自身的目标旋转，各自的磁性相互抵销，铁棒整体不显磁性，如同乌合之众没有组织力量一样，这只能称为是一个群体；如果将铁棒置入一个磁场中，每个分子在磁场的作用下朝同一方向旋转，铁棒整体就显示出很强的磁性，这个时候才是一个具有核心力的团队。对于一个企业来说，需要建设成为一个具有竞争力的团队，而不是一群各自为政的散沙，这就要不仅做到没有明显的短板，还要保证每块木板都结实牢固。

在实际工作中，管理者往往更注重对"明星员工"的利用，而忽视对一般员工的利用和开发。如果企业将过多的精力关注于"明星员工"，而忽略了占公司多数的一般员工，会打击团队士气，从而使"明星员工"的才能与团队合作两者间失去平衡。而且实践证明，超级明星很难服从团队的决定。明星之所以是明星，是因为他们觉得自己和其他人的起点不同，他们需要的是不断提高标准，挑战自己。所以，虽然"明星员工"的光芒很容易看见，但占公司人数绝大多数的非明星员工也需要鼓励。三个臭皮匠，顶个诸葛亮。对"非明星员工"激励得好，效果可以大大胜过对"明星员工"的激励。

在家电的舞台上，百家争雄，然而海尔却一步一个脚印地跑在最前列。为什么？海尔的资本不是比别人厚，引进的国际人才也并不比别人多，人才素质不比别人高……一句话，海尔的"高木板"并不多，但人家一方面有一个好的团队，其整体绩效不比任何"高木板"差，另一方面，海尔凭借着从产品研发，生产管理，市场销售到客户管理的每个阶段，整体上的实力赢得优势。

所以，在加强木桶盛水能力的过程中，不能够把"高木板"和"低木

板"简单地对立起来。每一个人都有自己的"高木板",与其不分青红皂白地赶他出局,不如发挥他的长处,把他放在适合他的位置上。

除了用人,木桶效应在企业的销售能力、市场开发能力、服务能力、生产管理能力等方面同样有效。进一步说,每个企业都有它的薄弱环节。正是这些环节使企业许多资源闲置甚至浪费,发挥不了应有的作用。如常见的互相扯皮、决策低效、实施不力等薄弱环节,都严重地影响并制约着企业的发展。

因此,企业要想做好、做强,必须从产品设计、价格政策、渠道建设、品牌培植、技术开发、财务监控、队伍培育、文化理念、战略定位等各方面一一做到位才行。任何一个环节太薄弱都有可能导致企业在竞争中处于不利位置,最终导致失败的恶果。

鲁尼恩定律

鲁尼恩定律是由奥地利经济学家 R. H. 鲁尼恩提出的,是指赛跑时不一定快的赢,打架时不一定弱的输。无备,强不抵弱,出奇,弱可胜强。机会总是眷顾那些有准备的人,做好准备,成功离你已经不远。

竞争是一项长距离的赛跑,一时的领先并不能保证最后的胜利,阴沟里翻船的事并没少发生。同样,一时的落后并不代表会永远落后,奋起直追,你就会成为笑到最后的人。通用汽车公司与福特汽车公司对汽车行业主导权的纷争,就为我们提供了一个绝佳的案例。

20 世纪初期,汽车还是富人专有的玩具。1903 年,亨利·福特建立了福特汽车公司。福特的目标非常明确,就是要制造工人们都买得起的汽车。经过多年的精心研制,亨利·福特终于造出了自己梦想中的汽车。这种 T 型车坚固结实、容易操纵,售价是 825 美元。1908 年,T 型车推向市场,当年就卖出了 1 万多辆。接着,福特不断削减各种成本,到了 1912 年,T 型车的售价就降到了 575 美元,这也是汽车售价第一次低于人们的年均收入。到了 1913 年,福特汽车的年销量接近 25 万辆。

要为大众制造汽车，就必须让人们买得起，这就意味着必须要建立一种规模经济，进行大规模生产，这样才能降低成本。一次偶然的机会，福特参观了芝加哥一家肉品包装厂。当时他看到肉品切割生产线上的电动车将屠宰后的肉品传送到每位工人面前，工人们只需切割事先指定部位的肉品。福特大受启发，回来就为自己的公司建立了汽车装配线。装配线的建立，让福特公司拥有了明显的效率优势，远远胜过了竞争对手。在1908-1912年间，装配线的建立让汽车售价降低了30%。到了1914年，福特公司的1.3万名工人生产的汽车超过26万辆。那一年，其他所有汽车制造商总共才生产了28.7万辆汽车，仅仅比福特公司多出10%。

1920年，美国经济出现衰退，汽车的需求量也减少了。由于福特汽车的成本很低，因此他们能够将自己汽车的价格再降低25%。这时的通用汽车公司就无法像福特汽车公司那样去做，销售额急剧下滑。到了1921年，福特汽车的销量占据了整个市场份额的55%，而通用汽车公司所有汽车的销量仅仅占了整个市场份额的11%。

在与福特的竞争中败下阵来的通用汽车公司总裁斯隆明白，自己不能与福特公司的低成本T型车展开竞争。经过权衡利弊，斯隆认为，福特公司只制造一种类别的汽车，这虽是他们的优势，但也是他们的劣势。随着人们对汽车需求的改变，产品多样化、消费者分层化应该是汽车发展的一个方向。于是，斯隆为通用汽车公司制定了"满足各类钱袋、各种要求"的汽车新战略。参照人们经济状况的不同，提供不同价位和档次的产品。

在斯隆的领导之下，通用汽车公司的业绩节节上升。1927年5月，它逼迫亨利·福特不得不关闭了自己钟爱的T型车装配线，转而向产品多样化和分层化方向努力。1940年通用汽车公司的市场份额上升到了45%，而福特汽车公司的市场份额则下跌到16%。斯隆的战略取得了辉煌成就。

用我们今天的眼光，斯隆当年的改革稀松平常，实在普通不过。但在当时，这却是一个具有革命意义的变革。如果人们只想得到福特汽车公司生产的T型车，而且永远只想得到T型车，那么，福特公司高度集中的管理体系或许就会长期占据主导地位，因为那是生产T型车的最佳途径。但是，福特公司的管理体系只完全关注公司内部事务，也就是生产本身。斯隆的设计结构则让通用公司更加贴近市场，适应性更强，也能够不断成长

发展。

亨利·福特没有想到，一旦人们都拥有汽车，他们的生活就发生了彻底改变。某人购买一辆汽车，可能只是他购买的第一辆汽车。福特从来没有想到，人们还有可能购买第二辆、第三辆，更乐意购买更好的汽车，这种汽车会更加舒适、强劲、时尚。这一切真的发生了！伴随着美国经济的繁荣发展和分期付款购物方式的出现，越来越多的人买得起更好的汽车了。

一位曾经独自创造了未来的伟人，却无法忘怀自己昔日的辉煌。假如福特没有沉醉于自己过去的创造之中，他肯定能预见即将到来的变化。但是，他反应太慢，终于被自己的竞争对手远远甩在了后面。当然，亨利·福特的短视并没有使公司走向毁灭，他通过战略的调整，最终仍然使公司存活了下来。但有些人则没有这么幸运，他们付出了更加昂贵的代价。

达维多定律

一家企业要在市场中总是占据主导地位，那么就要做到第一个开发出新一代产品，第一个淘汰自己现有的产品。达维多定律是以英特尔公司副总裁达维多的名字命名的。这一理论的基点，是着眼于市场开发和利益分割的成效。人们在市场竞争中无时无刻不在抢占先机，因为只有先人市场才能更容易获得较大的份额和高额的利润。

英特尔公司在产品开发和推广上奉行达维多定律，获得了丰厚的回报。英特尔公司始终是微处理器的开发者和倡导者，他们的产品不一定是性能最好的和速度最快的，但他们一定做到是最新的，为此，他们不惜淘汰自己哪怕是市场正卖得好的产品。例如486处理器，当这一产品还大有市场的时候，他们有意缩短了486的技术生命，由奔腾处理器取而代之。英特尔公司运用达维多定律永远把握着市场的主动，把竞争对手甩在背后，把供货商和消费者吸引在周围，引导着市场，也掌握着市场。

美国的太阳微系统公司也是一家以不断淘汰自己产品和不断创新取胜的公司。它以企业的运作速度为核心，成功地确立了自己的整个竞争战略。

自从 1982 年创立以来，公司通过一系列的火速创新以及雷厉风行的企业运作机制逐渐发展壮大。目前，该公司的年销售额已达 50 亿美元。在高性能工程工作站这一生产领域，产品的换代周期一般是 3~5 年，而太阳微系统为自己订下了他人难以企及的目标：每 12 个月使它的工作站的性能提高一倍。公司在年度报告中公开向自己的员工及竞争对手提出了这个挑战。太阳微系统公司时刻准备淘汰旧产品，推出自己的新产品，并以其产品价格、性能上的优势打乱竞争对手的阵脚。他们的理论是：与其让别人迫使你的产品淘汰，还不如自己淘汰自己的产品。太阳微系统公司是首先尝到了"自我淘汰"的甜头的企业之一。在一个速度竞争异常激烈的行业，淘汰自己的产品是不可避免的。而这种法则的优势是可以审时度势，在竞争中占据主动。

为了加快自己淘汰旧产品的速度，太阳微系统公司采用了另一条与众不同的法则：一开发出新技术就马上转让给别人，以激励自己不断创新。考虑到竞争对手将很快掌握自己的最新技术，太阳微系统将以更大的动力、更快的速度创新以确保自己的优势地位。

海尔为我们提供了在传统行业家电市场上，优势企业通过不断创新而保持自己优势地位的案例。海尔彩电从创立之日起，就创造了许多让人"想不到"的产品：

1. 拉幕式彩电，海尔称之为"晶视 2000"。这种彩电开机时，精彩的好戏从屏幕中间徐徐拉开，关机时，如戏台落幕，从两侧向中间合拢关闭，让电视开关具有舞台的艺术性。它的最大好处还在于：开机软启动，避免了图像的闪烁对人眼的伤害；关机零闪烁，避免了强光束对屏幕中心的冲击，可以延长显像管寿命近一倍，所以又有人称其为"长寿彩电"。这种彩电问世后，一向以工业设计和数字技术居国际一流而自豪的德国人也为此赞叹不已。

2. 可以升级的彩电，海尔称之为"全媒体、全数字"彩电。过去的彩电都是将电视机的功能固定在一块线路板上，而海尔令人意想不到的采用了与计算机相同的模块化设计，不但可以使各个功能模块实现交互式双向信息交流，而且还可以随着技术的更新发展和人们的需求来更换模块，使其功能站在潮流的最前头。

3. 家庭影院彩电，海尔称之为"AV战神"。这一款彩电首次实现了真正的AV立体声系统，营造出可与专业音响媲美的全空间多维环绕立体效果，刚一出场，在北京、武汉等地日销量就达数百台，等等。

在一个市场细分的年代，"想不到"的产品其实也就是个性化的产品。在千变万化的市场需求中，不同的人群有不同的需求，瞄准这种千差万别的需求是海尔人创新的方向。正是因为把握了这个方向，海尔才保持了自己的持续领先地位。

知识经济是世界进入一个信息传递高速化、商业竞争全球化、科技发展高新化时代的经济，其基本特征表现出知识不断创新，高新技术迅速产业化。西方企业深知创新化是企业"技术开发管理"的关键，是把握未来的动力。比如微软公司将"不断淘汰自己产品"作为公司口号，也是成功的秘诀之一。

达维多定律揭示的真谛是：不断创造新产品，及时淘汰老产品，使成功的新产品尽快进入市场，形成新的市场和产品标准，也就是掌握行业标准，制定游戏规则。要做到这一点，其前提是要在技术上永远领先。

苛希纳定律

在管理中，如果实际管理人员比最佳人数多两倍，工作时间就要多两倍，工作成本就多4倍；如果实际管理人员比最佳人数多3倍，工作时间就要多3倍，工作成本就多6倍。这条定律是西方著名管理学者苛希纳研究发现的，故得其名。

苛希纳定律阐明了一个道理：人多必闲，闲必生事；民少官多，最易腐败。由于实际的人员数目比需要的人员数目多，诸多弊端由此产生，形成恶性循环。

首先来讲一个"十羊九牧"的故事。

"十羊九牧"出自《隋书·杨尚希传》："当今郡县，倍多于古。或地无百里，数县并置；或户不满千，二郡分领；县寮以众，资费日多；吏卒又

倍，租调岁减；精干良才，百分无二……所谓民少官多，十羊九牧。"

一则统计资料说，一个官吏，汉代管理 7945 人，唐代管理 3927 人，元代管理 2613 人，清代管理 911 人。我们今天一个干部管理 30 人。这些统计数字的可靠性也许值得研究，但官冗之患确实日见其甚了。

苛希纳定律告诉我们：要想铲除"十羊九牧"的现象，必须精兵简政。寻找最佳的人员规模与组织规模。这样的话才能构建高效精干、成本合理的经营管理团队。

管理大师杜拉克举过一个例子。他说，在小学低年级的算术入门书中有这样一道应用题："两个人挖一条水沟要用 2 天时间；如果 4 个人合作，要用多少天完成？"小学生回答是"1 天"。而杜拉克说，在实际的管理过程中，可能要"1 天完成"，可能要"4 天完成"，也可能"永远完不成"。

有一家企业准备淘汰一批落后的设备。

董事会说："这些设备不能扔，得找个地方存放。"于是专门为这批设备建造了一间仓库。

董事会说："防火防盗不是小事，应找个看门人。"于是找了个看门人看管仓库。

董事会说："看门人没有约束，玩忽职守怎么办？"于是又委派了两个人，成立了计划部，一个人负责下达任务，一个人负责制订计划。

董事会说："我们应当随时了解工作的绩效。"于是又委派了两个人，成立了监督部，一个人负责绩效考核，一个人负责写深度概括。

董事会说："不能搞平均主义，收入应当拉开差距。"于是又委派了两个人，成立了财务部，一个人负责计算工时，一个人负责发放工资。

董事会说："管理没有层次，出了岔子谁负责？"于是又委派了 4 个人，成立了管理部。一个人负责计划部工作，一个人负责监督部工作，一个人负责财务部工作，一个人是总经理，对董事会负责。

一年之后，董事会说："去年仓库的管理成本为 35 万元，这个数字太大了，你们一周内必须想办法解决。"

于是，一周之后，看门人被解雇了。

这个故事讲的是"苛希纳定律"的现象。这样的例证与分析有很多。企业通常都有一种不因事设人而因人设事的倾向，造成企业机构臃肿、层

次重叠、人浮于事、效率低下。其主要表现在：

（1）机构设置过多，分工过细；

（2）人员过多，严重超出实际需要。

这种状况使企业难以摆脱多头管理、办事环节多、手续繁杂的困境，难以随市场需要随时调整经营计划和策略，从而使企业难以培养真正的竞争力。

苛希纳定律的现象告诉我们：只有缩减不必要的管理人员才能减少工作时间和工作成本。而唯有精简才能达到这一目的。

那么，如何精兵简政呢？汤姆·彼德斯在其最近写的一本书中提到了"五人规则"，指的是营业额在10亿美元的企业配备5名管理人员就可以了。对此，他举了总部设在瑞士苏黎世的国际电气工程（ABB）公司的例子加以说明。

ABB公司是生产发电机、机车以及防公害设备的具有世界水准的重型机电设备企业，年销售额为300亿美元。1988年瑞典的阿塞亚公司和瑞士的布朗·保彼公司合并时，该公司总裁帕西·巴奈彼科将总部原有的1000多人缩减到150人，而且他们几乎都是负责生产一线的管理人员。通常由总部担负的职能，如财务、人事、战略规划等都下放给基层，由分布在不同国家和地区的业务部门自行完成。

该公司还有一个引人注目的地方，就是它拥有5000个"利润中心"，每个中心平均有50名员工。各中心分别拥有各自的损益计算表、资产负债平衡表，与客户保持直接的业务联系。这种利润中心的最大优势是具有独立性，它可以摆脱各种制约，最大限度地接近市场，为客户提供全面、满意的服务，是一种最能代表顾客需要的企业组织形式。能够与市场保持最紧密的业务运营，可以说是精干的总部的最大优势。此外，它还有很多优点，如决策迅速、便于内部交流，以及对经营资源的分配较为有利。

铲除官僚主义，面对市场变化进行快速反应和决策，对提高员工的工作热情很有帮助。当然，在改革之初，都会伴随着某种阵痛。如ABB公司在将总部上千名员工派往各业务部时，由于人员调动不可避免地涉及迁居等实际问题，也确实产生了某种不稳定和震荡。

建立精干的总部还有利于培养员工的创新意识。大幅度放宽权限后，

促进了员工创新素质和能力的提高，打破了过去那种逐级晋升的垂直移动，取而代之的是以水平调动的方式来磨炼员工的创新精神。

这样一来，ABB 公司作为一家大型企业就更能适应未来世界市场的变化。美国通用汽车公司（GM）总裁约翰·史密斯说，通用汽车在欧洲的事业取得成功。也正是因为他改变了以往的做法，采取了类似 ABB 公司精兵简政的策略。ABB 公司的这个经验值得在全世界广泛推广。要想使你的组织更有效率、更有活力，就必须先给你的组织"瘦身"。

苛希纳定律告诫我们：鸡多不下蛋，龙多不下雨，人多瞎捣乱。确定责任人的最佳人数对企业"瘦身"计划的实施和提高企业效率至关重要。

对某一件事来说，如果是单个个体被要求单独完成任务，责任感就会很强，会作出积极的反应。但如果是要求一个群体共同完成任务，群体中的每个个体的责任感就会很弱，面对困难或遇到责任往往会退缩。因为前者独立承担责任，后者期望别人多承担点儿责任。"责任分散"的实质就是人多不负责，责任不落实。

因此，确定责任人的最佳人数是解决苛希纳定律现象的根本方法。

苛希纳定律告诉我们，在管理上并不是人多力量大，管理人员越多，工作效率未必就会越高。人多就容易比享受、比待遇，人多就容易争权夺利、推卸责任。人多必闲，闲则生出种种是非；官多爵乱，最容易产生腐败。诸多弊端由此产生，形成恶性循环。苛希纳定律揭示出在管理工作中会存在人多不负责的现象，而要克服上述现象，这就要求企业制定出明确的职务工作规范，合理确定管理人员的人数。在管理工作中，既不能有职无权，也不能有责无权，更不能有权无责，必须职、责、权、利相互结合，分工明确。因此，要认真研究并找到一个最佳人数，以最大限度地减少工作时间，降低工作成本。

帕金森定律

英国著名历史学家诺斯古德·帕金森写过一本名叫《帕金森定律》的书。他在书中阐述了机构人员膨胀的原因及后果：一个不称职的官员，可能有三条出路。一是申请退职，把位子让给能干的人；二是让一位能干的人来协助自己工作；三是任用两个水平比自己更低的人当助手。这第一条路是万万走不得的，因为那样会丧失许多权力；第二条路也不能走，因为那个能干的人会成为自己的对手；于是，两个平庸的助手分担了他的工作，他自己则高高在上发号施令，他们不会对自己的权力构成威胁。两个助手既然无能，也就上行下效，再为自己找两个更加无能的助手。如此类推，就形成了一个机构臃肿、人浮于事、相互扯皮、效率低下的领导体系。

"帕金森定律"与武大郎式的用人政策很是相像——比自己个高的人一概不用。长此以往，必将导致恶性循环：平庸的人启用比自己更平庸的人，更平庸的人再启用比自己更平庸的人，一如黄鼠狼下耗子——一窝不如一窝。

企业和行政部门都存在帕金森定律的现象。帕金森定律的核心内涵有两点：一是不称职者的为官之道，并且因为非常有效所以普遍存在；二是这种不称职者所在单位的破落之因，因为两个助手既然无能，他们只能上行下效，再为自己找两个更加无能的助手。如此类推，就形成了一个机构臃肿、人浮于事、相互扯皮、效率低下的领导体系。具有这种领导体系的单位，多数都是当一天和尚敲一天钟的无激情团队，在固有的管理体制下，这种团队是难有作为的。

一个具有本科学历的一把手，往往对具有博士学历的二把手抱有戒心，从而在商量相关事情时，往往喜欢和具有专科学历的三把手在一起，而不喜欢二把手参与，向上一级汇报工作时，更是不允许二把手随从，如果有可能，总是会选择一个冠冕堂皇的理由，将这个博士调离本单位，甚至逼其辞职。一个在大企业干过营销总监的管理干部，即便是到了一个中小企

业，如果不是老板先把原来的营销主管调离，这个新来者，即使有再高的水平，也不会干出优异的成绩，因为那个"老人"在不断地"帮忙"。在生活中，一个本科毕业的男士，很难接受一个博士毕业的女士做妻子。

"帕金森定律"发生作用的条件有哪些呢？

第一，必须要有一个团体，这个团体必须有其内部运作的活动方式，其中管理占据一定的位置。这样的团体很多，大的来讲，各种行政部门；小的来讲，只有一个老板和一个雇员的小公司。

第二，寻找助手的领导者本身不具有权力的垄断性，对他而言，权力可能会因为做错某事或者其他的原因而轻易丧失。

第三，这位"领导者"对他的工作来说是不称职的，如果称职就不必寻找助手。

这三个条件缺一不可，缺少任何一项，就意味着"帕金森定律"会失灵。可见，只有在一个权力非垄断的二流领导管理的团体中，"帕金森定律"才起作用。那么，在一个没有管理职能的团体——比如网络虚拟学术组织、兴趣小组之类，不存在"帕金森定律"描述的可怕顽症；一个拥有绝对权力的人，他不害怕别人攫取权力，也不会去找比他还平庸的人做助手；一个能够承担自己工作的人，也没有必要找一个助手。

帕金森定律告诉我们这样一个道理：不称职的行政首长一旦占据领导岗位，庞杂的机构和过多的冗员便不可避免，庸人占据着高位的现象也不可避免，整个行政管理系统就会形成恶性膨胀，陷入难以自拔的泥潭。这样就会在官场中形成类似的"鲜花"插在"牛粪"上的现象，鲜花就好比是那些公司中的领导职位，牛粪就是那些公司中平庸的领导者，而这种"鲜花"插在"牛粪"上的危害是极其大的。

权力的危机感，是产生帕金森现象的根源。恩格斯曾经说过："自从阶级社会产生以来，人的恶劣的情欲、贪欲和权势欲就成为历史发展的杠杆。"人作为社会性和动物性的复合体，因利而为，是很正常的行为。假设他的既有利益受到威胁，那么本能会告诉他，一定不能丧失这个既得利益，这也正是帕金森定律起作用的内因。一个既得权力的拥有者，假如存在着权力危机，不会轻易让渡自己的权力，也不会轻易地给自己树立一个对手。在不害人为标准的良心监督下，会选择两个不如自己的人作为助手，这种

行为是自然而然，无可谴责。

要想解决帕金森定律的症结，必须把管理单位的用人权放在一个公正、公开、平等、科学、合理的用人制度上，不受人为因素的干扰，最需要注意的，是不将用人权放在一个可能直接影响或触犯掌握用人权的人的手里，问题才能得到解决。

不值得定律

不值得定律最直观的表述是，不值得做的事情，就不值得做好。这个定律似乎再简单不过了，但它的重要性却时时被人们疏忘。

不值得定律反映出人们的一种心理，一个人如果从事的是一件自认为不值得做的事，往往会保持敷衍了事的态度，不仅成功率小，而且即使成功，也不会有多大的成就感。因此，企业的领导者要合理地用人和分配工作，如让成就欲较强的职工单独或牵头完成具有一定风险和难度的工作，并在完成时给予肯定和赞扬；让依附欲较强的职工更多地参与到某个团体中共同工作；让权力欲较强的职工担任一个与之能力相适应的主管工作。哪些事值得做呢？一般而言，这取决于三个因素。

1. 价值观。一般来说，一件符合自己价值观的事，人们才会满怀热情去做。

2. 个性和气质。一个人如果做一份与他的个性气质完全背离的工作，他是很难做好的，如一个好交往的人成了档案员，或一个害羞者不得不每天和不同的人打交道。

3. 现实的处境。同样一份工作，在不同的处境下去做，给人的感受也是不同的。例如，一个人在一家大公司，如果最初做的是打杂跑腿的工作，很可能认为是不值得的，可是，一旦被提升为领班或部门经理，就不会这样认为了。

综上所述，值得做的工作是：符合个人的价值观，适合个人的个性与气质，并能让人看到期望。所以，领导者在用人时应该注意"知人"和

"善任"。

"知人"，首先要对所需、所用之人有一个较全面的了解。在"知人"的基础上才有可能"选择"合适的人才，"知人"是领导者用人的第一要素和前提。当然，"知人"识才是为了"善任"，通过"善任"人才来获得企业持续的竞争力。

要用好人才，就必须"择人任势"。一个人，不可能具备种种才能，胜任一切岗位，某一特定人才总有最适合于他的位子。这就需要管理者在"知人"的基础上，在人才的使用上给予恰当安排，形成人员配置的最佳组合机构，达成最佳组合，管理学家汤姆·彼得斯曾说过：企业或事业唯一真正的资源是人，管理就是充分开发人力资源以做好工作。如何有效地开发人力资源？这要做到两点：首先，领导者要广泛地了解他人的价值观、个性和期望及长处，并加以合理地运用，才算是艺术地"知人"。经过"知人"，领导者已掌握了一定的人力资源，这只是为用人打下基础，其次，还要第二步"善任"，只有这样，人才才能真正发挥作用。

"集合众智，无往不利"，这是日本著名的松下集团老板松下幸之助先生的至理名言："一个人的才干再高，也是有限的，且往往是长于某一方面的偏才。而将众才为我所用，将许多偏才融合为一体，就能组成无所不能的全才，发挥出无限巨大的力量。"事实也正如此，历史上看似一无所长的汉高祖刘邦是将知人善任发挥到极致的古代领导典范。刘邦市井出身，文不及张良、萧何，武不如韩信，却能驱策自如，善于发挥各自所长，用人到位，最终成为汉代开国帝王。

麦克莱兰定律

波士顿大学的心理学研究教授麦克莱兰说，让员工有参加决策的权力，赋予员工这种参与权会产生意想不到的激励效果。

从对员工意见调查的数据分析来看，让员工参与决策以下6点是最为重要的方面：

1. 参与决策的员工会感觉到自己在集体中是受到重视的。他们一旦参与决策，感受领导把自己看作集体获取成功的重要角色，当然就会投入更多精力，增强责任心，为门或公司创造业绩。

2. 参与决策的员工之所以能做好日常决策，能从公司或部门那儿直接获取准确信息也是重要因素。不愿意与他人分享信息或不赞同员工参与决策的管理者，通常都是要么抱怨员工，要么就是自身难以作出好的决策。

员工要作出有创造力的、好的决策，必须能得到准确的、及时的信息。如果管理者能够及时提供信息，并且对员工表示出相信他们有能力做得很好，他们往往会作出有效决策。

3. 参与决策的员工会把作出决策当作自己的切身责任，有了这种责任，即便决策实施在后期变得很糟，他们也会竭尽所能来改善它，使其有所转机。每个有责任心的人都会如此。员工参与决策，会使企业成功的机会大为增加，即使决策中的某一部分对部门或公司有失远见或没有价值，小组的所有成员也会尽心尽力，不让它与期望的有所偏离。

4. 参与决策的员工将更会注意如何培养自己解决远景发展方向问题的能力，而不是谴责当前本单位管理上的某些不合理问题。以往，因为员工没有参与企业决策，经常有这样的评论"这又不是我的决定""这是谁的聪明主意？""一百年这也无法实行"。

上述这些言论说明了两点：第一，员工对此决策压根儿不满；第二，决策失误，决策者对它能否成功本来就没有把握，使员工有了埋怨对象。

5. 员工参与决策时的精神与动力，在组织内显得颇为重要。人们若是参与了决策，就会知道自己对公司或部门的成功起着重要作用。而一旦认识到自己的重要性，对工作就会有忘我精神、极大的热忱和不懈的动力。

6. 参与决策的员工作出的决策，若能对工作有很强的推动力，管理者就有了闲暇致力于部门的发展性问题。就像怎样使公司或部门进一步也发展壮大，取得更卓越的成绩之类的关于公司远景发展方向的问题，管理者也可放心让员工处理。这样，管理者将会有机会去研究顾客的需求与不满正发生什么样的变化。有了这些新信息，企业管理者也可组织一下讨论：例如随着顾客需求的变换，市场将会出现什么转变？另外，管理者也将有充裕的时间考虑有关改善工作程序和工作方法等问题。

发动员工参与决策，听起来简单，实际工作中，要注意以下问题：

管理者要充分信任员工，亲自与他们分享信息，相互沟通。这样才会使他们有好的决策。这也是"信任"与"不信任"职工的分界线。如果你信任员工，就要与他们分享信息并允许他们作出决策。这样，就会发现他们的决策通常都相当好。万一决策不好，也可以对他们进行建议、辅导、培训，引导他们作出另一个决策。

管理者要宽容大度。允许员工参与决策，就要宽容，因为他们不一定总是能做得完美无缺，这时要帮助他们，当他们有了过失，要从内心去谅解。有领导者的信任，职工在参与的过程中出现失误，也会潜心地学习和改正，不再发生类似问题。

波克定理

美国庄臣公司总经理詹姆士·波克说："只有在争辩中，才可能诞生最好的主意和最好的决定。"

南山集团是山东省龙口市东江镇一处村企合一的大型国家级企业集团，改革开放前只有260户、800人，人均不到一亩薄地，到目前，已经拥有总资产150多亿元，村民6700人，员工3.6万名，企业40多处，涉及毛纺、铝业、电力、旅游、教育等十几种产业，在全国乡镇企业500强中位居前列。

说起南山集团的成功，离不开两大法宝：一是批评、二是争论。领导班子成员、厂长经理，每天早晨集中到集团办公室开碰头会，汇报工作不准表扬自己，更不准赞扬领导，只讲问题，讲办法，领导深度概括只批评，不表扬。南山最怕的不是批评，而是宣传表扬，南山集团董事长宋作文有句名言："一边跑一边喊的人跑不快"，"不该你得的荣誉你得了，很危险"。在南山，争论的是民主决策的过程。凡重大问题，党委成员必须调研、讨论、集体决策，尤其是涉及项目、投资等发展大计，班子成员往往争论得面红耳赤，用他们的话说，都是"吵"出来的，不"吵"透了不罢休。最

后提请党员大会、村民代表大会讨论通过。宋作文做事果敢，但从不盲目地一锤定音。他说："争论出真知，争论少失误。"

俗话说：无摩擦无磨合，有争论才有高论，如果不愿参与组织中的争论，永远也无法在工作中实现重要的事情。

有效的争论对于组织本身来说具有许多积极意义。当人们敢于提出不同意见并为之争论时，组织本身就变得更加健康。意见分歧会让人们对不同的选择进行更加深入的研究并得出更好地决定和方向。彼得·布劳克在《授权经理人：工作中的建设性政治技巧》一书中指出：如果你不愿参与机构中的政治与争论，你永远也无法在工作中实现对你来说重要的事情。要是这样就太悲哀了。

但是，争论总是令人不安，一场拙劣的争论更会使许多人受到伤害，因此，学会如何提出观点并参与有意义的争论是成功的关键。这里有几点建议：

1. 创造健康争论的工作环境。培养一种鼓励不同意见的组织文化或环境。使不同意见成为意料之中的事，让人们倾向于关注与之不同的经验而非相似的观点和目标。

2. 奖励、承认并感谢那些愿意表明和捍卫自己观点的人。组织内建立相应的认可制度、奖金制度、工资和福利体系以及绩效管理过程，奖励那些愿意表明或捍卫自己观点的人。

3. 让人们以数据和事实来支持自己的观点和建议。

4. 培训员工，使员工掌握进行健康、良性、积极争论和解决问题的技能。

5. 注意争论解决，把握争论方向。

6. 聘用有能力并愿意解决问题的人。

波特定理

波特定理的含义是：当遭受许多批评时，下级往往只记住开头的一些，

其余就不听了，因为他们忙于思索论据来反驳开头的批评。

在很多时候，当下属犯了错误时，领导者都会严词批评一番，有时甚至将员工骂得狗血淋头。在他们看来，似乎这样才会起到杀一儆百的作用，才能体现规章制度的严肃性，才能显示出领导、管理者的威严。其实，有的时候过于关注员工的错误，尤其是一些非根本性的错误，会大大挫伤员工的积极性和创造性，甚至产生对抗情绪，这样就会产生非常恶劣的效果。所以，在管理事务中，要学会宽容下属的错误。但宽容并不等于是做"好好先生"，而是设身处地替下属着想。在批评的同时不忘肯定部下的功绩，以激励其进取心，并有效避免伤害其自尊和自信。一个懂得如何顾全部下面子的管理者，不仅会使批评产生预期的效果，而且还能得到部下的大力拥戴。

通用电气的杰克·韦尔奇认为：管理者过于关注员工的错误，就不会有人勇于尝试。而没有人勇于尝试比犯错误还可怕，它使员工故步自封，拘泥于现有的一切，不敢有丝毫的突破和逾越。所以评价员工重点不在于其职业生涯中是否保持不犯错误的完美记录，而在于是否勇于承担风险，并善于从错误中学习，获得教益。通用能表现出很强的企业活力，与韦尔奇的这种对待员工错误的方式有莫大的关系。

在这方面，值得特别提出的是世界最富创新的美国 3M 公司。

美国的 3M 公司，不仅鼓励工程师也鼓励每个人成为"产品冠军"。公司鼓励每个人关心市场需求动态，成为关心新产品构思的人，让他们做一些家庭作业，以发现开发新产品的信息与知识，公司开发的新产品销售市场在那里，及可能的销售与利益状况等。如果新产品构思得到公司的支持，就将相应地建立一个新产品开发试验组，该组由 R&D 部门、生产部门、营销部门和法律部门等的代表组成。每组由"执行冠军"领导，他负责训练试验组，并且保护试验组免受官僚主义的干涉。如果一旦研制出"式样健全的产品"，试验组就一直工作下去，直到将产品成功地推向市场。有些开发组经过 3~4 次的努力，才使一个新产品构思最终获得成功；而在有些情况下，却十分顺利。3M 公司知道千万个新产品构思可能只能成功一至二个。一个有价值的口号是"为了发现王子，你必须与无数个青蛙接吻"。"接吻青蛙"经常意味着失败，但 3 M 公司把失败和走进死胡同作为创新工作的

一部分，其哲学是"如果你不想犯错误，那么什么也别干"。

对研究开发的成功，实行奖励与特别奖励已是普遍的事情。但对于研究的失败，却有着较大的差别。在一些企业，对于失败的项目，不但没有认真地深度概括失败的原因，而是采取了对项目全盘否定的做法。虽然很多公司也都明白研究开发是允许失败的，但常常不能正确地对待失败。3M公司允许工程师们工作时间的15%在实验室中进行自己感兴趣的研究开发。努力创造轻松自由的研究开发环境。如果你的创造性构思失败了，那也没关系，你不会因此而遭到冷嘲热讽，照常可以从事原来的工作。公司依然会支持你的新构思的试验。在日本的一些企业，有着"败者复活制"和"失败大奖"的表彰制度。旨在给予失败者的挑战精神的激励和从失败中寻找成功的因素，把失败真正作为成功之母，从而最终获得成功。

优秀的管理者在员工犯错的情况下，是不会一味地责怪的。他会以宽容面对他们的错误，变责怪为激励，变惩罚为鼓舞，让员工在接受惩罚时怀着感激之情，进而达到激励的目的。每个人都是需要鼓励的，有鼓励才能产生动力。批评的同时给予适当的肯定，只有把握好了，才能成为一名出色的管理者。

洛伯定律

美国管理学家洛伯说："对于一个经理人来说，最要紧的不是你在场时的情况，而是你不在场时发生了什么。"

国外儿童教育学家做过一个有趣的试验，把几个儿童依次单独放在一个藏着监视器的小房间里，告诉他，身后有一个玩具，但是，要求他无论玩具发出什么动静都不要回头看，试验的结果是，所有的孩子最后都忍不住回头偷看了一下，试验的关键在下一步，每一个孩子从房间出来后都被问到是不是回头看了，有些孩子承认了，有些孩子就坚持说自己没看。教育学家说，孩子回头是正常的，因为他们的自治力抵抗不了玩具的诱惑，但是，孩子应该有能力控制自己不撒谎。

一个经理人在管理一个组织的时候,要给予下属一定的自主空间,锻炼下属的独立处理事物的能力。如果一直是高压政策,对谁都不放心,大权独揽,像一个掌管全局的大管家,下属不过是他命令和思路的执行者,不需要头脑,不需要主见,只是执行而已。这样的经理人尽管也可以把一个组织管理得井井有条,可他手下的员工却被日复一日地管理成了只会听话、行动的"好同志",一旦他不在场时,属下就成了一群无头苍蝇,纪律开始散漫,工作效率开始降低,有事谁也不愿负责任——因为平时谁也没负过责,又怕一旦出了差错没法交代。

所以,对于一个经理人来说,不要大权独揽,事事亲力亲为,该授权时则授权,否则自己累得心力交瘁不说,员工也会对工作缺乏关心和热忱,时间长了,会使下属产生依赖心理或不被信任的感觉,并在你不在的时候无所适从,互相推诿、错失良机。

孔子的学生子贱有一次奉命担任某地方的官吏。当他到任以后,却时常弹琴自娱,不管政事,可是他所管辖的地方却治理得井井有条,民兴业旺。这使那位卸任的官吏百思不得其解,因为他每天即使起早摸黑,从早忙到晚,也没有把地方治好。于是他请教子贱:"为什么你能治理得这么好?"子贱回答说:"你只靠自己的力量去进行,所以十分辛苦;而我却是借助别人的力量来完成任务。"

经理人首要的任务,是扮演好教练的角色,也就是负责企业内人才的延续,企业领导要负责培育、激励员工、激发员工潜能,同时,企业领导也通过合理地授权给员工可以发挥的机会和表现的舞台,让他们能从中得到磨炼与成长,培养为具有判断、创新能力的人才,而领导者本人也才能有更多的时间去做更重要的决定及思考企业的远景方向。

老子说:"治大国若烹小鲜。"就是说,治理大国应当像煮小鱼一样,不能随意去搅扰它(否则小鱼就残碎了);同样,企业管理的最高境界就是让员工感受不到你的存在,他能够目标明确、自我管理、自我激励,把个人价值与企业价值有机地结合起来,在实现个人价值的同时,也为企业创造价值。

彼得定律（又称彼得原理）

小 A 是企业技术部的专业能力最强的工程师。最近他很烦恼，技术部经理离职了，人力资源有意找他接任，小 A 不是很愿意，但架不住上至总经理，下至人力资源部都来劝说，小 A 决定试一下，他很努力，很用心地工作了快半年，终于干不下去了，原因就是：因为专业和能力，他只适合做技术，但不适合做领导。最后结局是：小 A 考虑再三，决定离职。

这种情景其实就是西方管理学三大黄金定律之一的彼得定律，彼得定律是管理心理学的一种心理学效应，它是美国学者劳伦斯·彼得在对组织中人员晋升的相关现象研究后得出的一个结论，用一句话概括就是：在层级组织中，如果有足够的时间而且组织有足够的级别，每个员工中最终都会晋升到不胜任职位，并一直待在这个职位上。进一步的推论是：每一个职位最终都会由对工作不胜任的员工把持。彼得原理第二个内容是：层级组织的工作任务多半是由尚未达到不胜任阶层的员工完成的。

管理学家劳伦斯·彼得，1919 年生于加拿大的温哥华，1957 年获美国华盛顿州立大学学士学位，6 年后又获得该校教育哲学博士学位，他阅历丰富，博学多才，著述颇丰，他的名字还被收入了《美国名人榜》《美国科学界名人录》和《国际名人传记辞典》等辞书中。

彼得原理正是彼得根据千百个有关组织中不能胜任的失败实例的分析而归纳出来的。其具体内容是："在一个等级制度中，每个职工趋向于上升到他所不能胜任的地位。"彼得指出，每一个职工由于在原有职位上工作成绩表现好（胜任），就将被提升到更高一级职位；其后，如果继续胜任则将进一步被提升，直至到达他所不能胜任的职位。由此导出的推论是："每一个职位最终都将被一个不能胜任其工作的职工所占据。层级组织的工作任务多半是由尚未达到胜任阶层的员工完成的。"每一个职工最终都将达到彼得高地，在该处他的提升商数（PQ）为零。至于如何加速提升到这个高地，有两种方法。其一，是上面的"拉动"，即依靠裙带关系和熟人等从上面

拉；其二，是自我的"推动"，即自我训练和进步等，而前者是被普遍采用的。

彼得认为，由于彼得原理的推出，使他"无意间"创设了一门新的科学——层级组织学。该科学是解开所有阶层制度之谜的钥匙，因此也是了解整个文明结构的关键所在。凡是置身于商业、工业、政治、行政、军事、宗教、教育各界的每个人都和层级组织息息相关，亦都受彼得原理的控制。当然，原理的假设条件是：时间足够长，层级组织里有足够的阶层。彼得原理被认为是同帕金森定律有联系的。

爬不完的晋升梯子

现代的层级组织制度，总是从下面来补充由晋升、辞职、退休、解雇和死亡带来的空缺。人们一直把层级组织中的晋升看作是"攀登成功之梯"或"爬上权力之梯"。

层级组织通常被比喻为梯子，因为梯子和层级组织确有一些共同的特点。例如，梯子是让人向上爬的，而且年龄越高，危险越大。

·一个收入固定的人，平时能合理地掌握他的钱财。可一旦当他继承了一笔巨额财产后，他的理财能力就会变得无法胜任。

·在军队或政府层级组织中，一个称职的随从晋升为领导时，也会突然不称职。

·称职的科学家当被提升为研究院院长时，也可能会变成一个不称职的管理者。

以上各类晋升，之所骈生不胜任，是因为它需要被提升者具备他以前所在职位所不需要的新能力。

一个一向负责质量工作的雇员，可能会被提升到一个他比较胜任的督监之职。然后，他或许还能升任管理方面的领导，虽然干起来有点吃力，但是他努力工作，如果层级组织的其他条件有利的话，他还可能达到一种不称职状态——做个部门经理，这可能是他所能爬上的最高一层阶梯了。

这时，他需要花费大量的时间去做日常工作。如果有一群称职能干的下属的支持和帮助，他还可以勉强完成工作。

由于他看起来还算称职，加上领导者的威望，他也许会进一步得到晋升，即升任总经理——他现在已经达到了最大不称职状态。

作为一名总经理，他的主要责任是制定与公司目标和政策紧密相关的决策，从负责质量工作到应付长远的目标和更抽象的观念，他越来越感到力所难及，不仅给公司带来损失，而且给他个人造成很大的伤害。

某些人很理智地观察到了这种事实，就可能会决定退出这种激烈竞争，开始一种全新的、更有价值的生活。

今天，许多人已经开始怀疑这种"爬不完的梯子"的游戏。他们把老一辈人视为彼得原理的受害者，他们不再热衷于建立层级组织，而试着发现自己的生活方式。

不幸的是，大多数的人并没有付诸行动，而是乐此不疲。

位子越高越好吗

人们总是以为爬得越高就代表越好，可是环顾四周，我们看到，这种盲目往上爬的牺牲者比比皆是。

为了便于分析，我们把员工分成三级：胜任、适度胜任以及不胜任。

奥克曼是莱姆汽修公司的杰出技师，他对目前的职位相当满意，因为不需要做太多方案工作。因此，当公司有意调升他做行政工作时，他很想予以回绝。

奥克曼的太太艾玛，是当地妇女协进会的活跃会员，她鼓励先生接受升适机会。如果奥克曼升官，全家的社会地位、经济能力也会各晋一级。如此一来，她就可以出马竞选妇女协进会的主席，也有能力换部新车、添购新装，还可以为儿子买辆迷你摩托车了。

奥克曼并不情愿用目前的工作，去换办公室里枯燥乏味的工作。但在艾的劝服与唠叨之下，他终于屈服了。升任6个月之后，奥克曼得了胃溃疡，医生告诫他必须滴酒不沾。艾也开始指责奥克曼和新来的秘书有染，并且把失去主席头衔的责任全部推到他身上。奥克曼的工作时间冗长不堪，但却毫无成就感，因此下班回家后就脾气暴躁。由于彼此不停地指责和争吵，奥克曼夫妇的婚姻彻底失败了。

另外一个相反的例子是这样的。哈里斯是奥克曼的同事，他也是莱姆公司的优秀技师，而且老板也打算提升他。哈里斯的太太莉莎非常了解先生很喜欢目前的工作，他一定不愿意花更多的时间坐办公室，负更多责任。莉莎没有强迫哈里斯去做一个他不喜欢的工作。因此，哈里斯继续当一名

技师，将胃溃疡留给奥克曼独享。哈里斯一直保持开朗的个性，在社区里是个广受欢迎的人物，工作之余，他还担任社区里青年团体的领袖。邻居的车如果需要修理，一定都送到莱姆公司，以回报哈里斯平时对公益事业的热心。哈里斯的老板知道他是公司不可或缺的宝贵资产，所以为他提供了优厚的红利、稳定的工作和一切制度内允许的薪水加级。于是，哈里斯买了一辆新车，为莉莎添购新装，也为儿子买了一辆自行车和棒球手套。哈里斯一家过着舒适美满的家庭生活，他们夫妇幸福的婚姻令亲朋好友非常羡慕。他们在邻里间享有的美誉，正是奥克曼太太梦寐以求的理想。

每个层级系统都由不同的层级或类别组成，系统中的个体则分别隶属于各个级。如果一个人的能力很强，他就会对人类社会产生下面的贡献，杰出的表现又获得升迁的机会，这样他就会从原来胜任的层级晋升到自己无法胜任的层级。

世界上每一种工作，都会碰到无法胜任的人。只要给予充分的时间与升迁机会，这个能力不足的人终究会被调到一个不胜任的职务上，他会在这个位子上原地踏步，把工作搞得一塌糊涂。他的表现不仅会打击同事的士气，而且严重妨害整个组织的效率。

更为重要的是，这些"南郭先生"们自己也会掉进一个自寻烦恼的陷阱，而且无法自拔，如同上述的奥克曼一样。

排队木偶与体系萧条

我们把目光从个人移到组织，就会发现，每一个新兴的层级体系，刚开始都颇有一番作为，但是最后却不免变成暮气沉沉的官僚机构。

每个机构在步入穷途末路之前，都曾经有一段黄金岁月。邮政与电报机构、铁路局、电信事业、航空公司、天然气公司、电力公司等机构的开始起步和发展阶段，都曾经辉煌一时。

在一个新兴体系中，因为成长迅速、朝气蓬勃、创意不断，所以会表现出高度的效率，新兴机构的机动灵活性使员工的才智也得以动用到适当的地方。

在这期间每位员工的工作表现，都会对各自职位的业绩有所贡献。如果一名员工的能力一直很强，那么他的业绩也会持续成长。如果体系中大部分职位均保持良好的业绩，那么整个体系的业绩也会随着升高。这就是

大多数机构早期的发展状况。

当体系渐趋成熟时，彼得原理提到的症状便陆续出现。官僚污染限制了优秀员工的表现，却保证了无能员工登上更高一级的职位。每一名无能员工都会对工作带来坏影响，一群无能员工便会使工作呈紊乱状态。过不了多久，整个体系会步入萧条期，我们称这种现象为"体系萧条"。

适应环境、发挥才智及选择的自由，都是人性的特点，但"体系萧条"却使人性越来越难以彰显。

人类行为深受所属层级体系的限制与操纵。人类不像毛毛虫，却比较像木偶。木偶的外形酷似人类，而其行动则完全受外力控制。

"体系萧条"下的可怜人类，可以用"排队木偶"一词来形容，他们会经过生存、打卡、填表、执行无意义的仪式等阶段。今天，"排队木偶"已经形成一股庞大的社会势力。他们包括普通人、沉默的大众、多数人、一般人或是消费者。

"排队木偶"是功能性的人，他对工作的内涵漠不关心，却对发明更新、更好的官僚程序极度热衷。他致力于研究行使职务的方法，而非发挥职务的实质内涵。

"排队木偶"非常注重个人归属感。从较广的层面来看，他会对自己的国籍、宗教或隶属于大多数人团体而骄傲不已。

从中级管理阶层来看，他可能属于庞大的机构、商业俱乐部和兄弟会社团。从高级管理阶层来看，他特别愿加入私人俱乐部或成为高级机构的会员。如果"排队木偶"地位获得提升，他就必须被迫面对一个痛苦的抉择——是做一个有所作为的木偶还是做一个不胜任的可怜虫。

"排队木偶"当权时，会用本身有限的理解力诠释社会现象。他常说："我们可以做得到，所以让我们放手去做。"他从事太空探险，因为所有必要的科技一应俱全；他发明了能消灭世界人口的几百次的核武器；他制造了上百罐的细菌，每罐都具有消灭10亿人的威力，而可能成为受害者的全世界人口也不过60亿而已。

是什么原因造成这种现象？因为他受到精神压抑的煎熬，从而导致感情的匮乏。尽管他深受其害，却不会针对问题提出有效的解决方案，因为任何对策都会牵涉责任和人道价值。

他所面临的问题，不是在枪或奶油之间做选择，也不是决定是否要修建造福百万市民的快运系统，或者斥资 30 亿元发展登陆月球的计划，而是他走不出层级组织的困境，他被无意的人们推动着盲目向前。

庸人们的天堂

许多人变成"排队木偶"后，丝毫没有危机意识，他们继续沉溺于排队的行为模式。教育界、法律界、产业界、政府部门等都在崇尚平庸，个人贡献不复存在，平庸成为流行时尚，并进而成为典范作风。由平庸人领导的"平庸社会"都由"排队木偶"全权管理。

可是有些忧心忡忡的人，却因为他们的觉醒而倍感痛苦。这些不适应环境的人大声疾呼，倡导变革，可是沉默的大众都已成为无可救药的"跟从癖"。

"跟从癖"是一没有个性特征的标准单位，他是大众口味的典型代表，他是大众文化、大众风尚、大众道德的一个组成部分。

技术创造了一个没有个性的标准社会，免除了跟从癖的责任，使他们不再需要做决策，也使他们觉得只要保持他们的跟随行为，就可以安然无赖地接受教育、法律、产品和政府的平庸。

跟从癖对技术的巨大进步深信不疑。他被汽车、冰箱或其他用品上的电镀装饰迷信了。作为一个消费者，他认为自己是进步的促成者之一。他参与重大事件，而且以登陆太空计划之类的成功而自豪，虽然他与这些成功没有一点关系，对它们也只是一知半解。

如果不加限制，跟从癖的泛滥最终将腐蚀整个社会的结构，形成一种万马齐喑的局面。

与跟从癖截然不同的另一个典型是"人道主义者"，他的本质是培养精神生活、仁爱与自我实现。这种人充分发挥自己的潜能，从创意、自信、才干中获得满足。

如果每个人都努力做一个人道主义者，我们不但可以把自己从不称职中解救出来，而且还可以扭转正在逐步升级的体系萧条现象。

平庸至上的社会

理想的"排队木偶"被有系统地剥夺了想象力、创造力、天赋、梦想和个人特色。

自从进入公立学校开始,他就被灌输不同学科的知识,并用这些知识来处理生活问题。从这种教育制度出来的人,都将成为平庸社会中机械化的角色。当他一旦进入"平庸社会"之后,便被排山倒海般的势力压迫着,内心残存的真实感情无法忠实地表达。剥夺个性的机械化工作方式,会使他进一步丧失自我。最后,他只有公式化地扮演好"排队木偶"的角色,才能得到满足感。

在平庸至上的社会中,一切崇尚大众化、通俗化,这个风气使整个社会口味低落,产品品质也不再精良。

在平庸至上的社会中,行政组织内的各个部门,都有自我膨胀、敷衍了事的趋势,组织内的法则、规定和条例不但钳制了个人行动,也严重侵犯了个人生活。

于是,员工们开始感染一种病态心理,他的安全感越来越依赖法则、规定、惯例和有关他职务的纪录。渐渐地,他便显露出无知、刻板甚至恶毒的组织偏执狂。他极度重视组织内部的结构、程序与形式,对工作表现或公共服务的品质与效率反而漠不关心。

"平庸社会"对官员施压,要求他们以正确的方法、小心谨慎的态度,维护组织中的笪各种惯例。于是他一味墨守僵化的官场作风,而且对既定程序不知变通,只是盲目服从。

由于他将全副精力投注于服从规定之上,所以根本无暇顾及工作成绩,更别说为大众提供服务了。

在层级组织中窜起的官僚,往往得力于他们的负面物质。所谓的"能干"是指不打破常规、不兴风作浪。拖延(Sluggish)、隐秘(secretive)、多疑(suspicious)是官僚们的天性,也是他们的"三S"诡计。

如此,每个排队木偶就逐渐养成"只扫个人门前雪,莫管他人瓦上霜"的心态。他会岌岌营营地做好分内工作,却对所属部门、公司、社会、国家和萧条与腐化袖手旁观,不闻不问。

彼得处方

为了避免人们都成为排队木偶,扭转"体系萧条"的颓势,彼得博士提出了"彼得处方",提供了六十五则改善生活品质的秘诀,让读者可以透过自我表现,发挥自己最大的潜能,不断向前追求更美好的生活,而非向

上攀缘、爬到无法胜任的职位。

·彼得处方一：彼得热身运动——重振活力在于运动。

·彼得处方二：彼得静心术——每天度个心灵假期。

·彼得处方三：彼得全面检视原则——列出你最喜爱的活动，有选择地实施。

·彼得处方四：彼得洁净计划——清除过去生活所造成的阴影。

·彼得处方五：彼得追求法——做自己心目中的英雄。

·彼得处方六：彼得骄傲感——时时犒赏自己。

·彼得处方七：彼得实用主义——经常为他人服务。

·彼得处方八：彼得座右铭——再度肯定自己。

·彼得处方九：彼得档案法——回溯个人历史。

·彼得处方十：彼得探寻法——检查让你满足现状的原因。

·彼得处方十一：彼得延伸法——了解在你之上职位的压力和报酬。

·彼得处方十二：彼得释放法——免于不相关势力的影响。

·彼得处方十三：彼得波尔卡舞曲——跨越障碍是成功第一步。

·彼得处方十四：彼得人格面貌——描绘一个理想的自己。

·彼得处方十五：彼得专精法——将注意力集中于自己熟练的领域。

·彼得处方十六：彼得优先法——选择持久的乐趣。

·彼得处方十七：彼得潜力法——找寻实际可行的替代方案。

·彼得处方十八：彼得先知法——预知自己的能力范围。

·彼得处方十九：彼得预测法——做事情前预测后果。

·彼得处方二十：彼得可能法——可能的话，尝试转业。

·彼得处方二十一：彼得收容所——拒绝"升迁"。

·彼得处方二十二：彼得短剧法——如果上司逼你接受一个你兴趣缺乏的职位，你就假装能力不足。

·彼得处方二十三：彼得回避法——不要对"楼上的人"太认真。

·彼得处方二十四：彼得巧言法——用言语去澄清而非混淆观念。

·彼得处方二十五：彼得预想法——认清目标。

·彼得处方二十六：彼得议案法——建立衡量成就的标准。

·彼得处方二十七：彼得讨论会——让员工参与制订目标的过程。

・彼得处方二十八：彼得政策法——使团体目标与个人目标兼容。

・彼得处方二十九：彼得定位法——从需求而非形式角度理解目标。

・彼得处方三十：彼得实用性——订立可行的目标。

・彼得处方三十一：彼得目标表达法——将目标诉诸言语和行动。

・彼得处方三十二：彼得参与法——让他人参与建立阶段性目标的过程。

・彼得处方三十三：彼得精确法——用明确、看得见或测得到的方式表达目标的具体内涵。

・彼得处方三十四：彼得和平原则——和善地待人处事。

・彼得处方三十五：彼得处理法——决策过程中运用理性。

・彼得处方三十六：彼得时效法——当机立断、及时行动。

・彼得处方三十七：彼得平衡法——要在恐惧与急躁中取得平衡。

・彼得处方三十八：彼得精简法——以解决问题作为决策导向。

・彼得处方三十九：彼得分离法——将解决问题作为决策导向。

・彼得处方四十：彼得承诺原理——当心作出一个没有人赞同的决定。

・彼得处方四十一：彼得效力法——勇于行动。

・彼得处方四十二：彼得或然率——科学方法与预言的天赋都只能概略描绘出来事物的轮廓。

・彼得处方四十三：彼得明确法——在选择或提升每名人选之前，先认清工作性质。

・彼得处方四十四：彼得证明法——购买前先试用。

・彼得处方四十五：彼得预演法——暗中进行考验。

・彼得处方四十六：彼得戏剧法——仿真未来状况。

・彼得处方四十七：彼得请愿法——尝试临时实验性升职。

・彼得处方四十八：彼得宣导法——培养新的胜任人选。

・彼得处方四十九：彼得理解法——用第三只耳朵倾听。

・彼得处方五十：彼得教学法——强化孩子所有合乎人道的行为。

・彼得处方五十一：彼得配对法——将有效的强化因子和预期产生的强化因子配对出现。

・彼得处方五十二：彼得薪资法——只要表现优异就能获得薪资。

·彼得处方五十三：彼得升迁法——当升迁人选足以胜任新职位时，他才会将升迁视为一种报酬。

·彼得处方五十四：彼得地位法——有系统地提高优秀员工所在职务的地位，以资鼓励。

·彼得处方五十五：彼得效率法——鼓励员工棋效率为报酬之依据。

·彼得处方五十六：彼得赏罚法——依表现优劣，赏罚分明。

·彼得处方五十七：彼得利润法——让所有员工共同分享利润，使员工成为和谐一致的团队。

·彼得处方五十八：彼得保护法——福利应该能为员工提供实质的安全感及有意义的享受。

·彼得处方五十九：彼得美食铺——让每名员工有权选择他或她想得到的报酬。

·彼得处方六十：彼得目的法——若想鼓励和强化员工的表现，就明确地告诉他们的工作目标，并提供足以回报他们贡献的奖励机制。

·彼得处方六十一：彼得参与法——奖励团体表现。

·彼得处方六十二：彼得授权法——为有能力者提供发挥创意的机会。

·彼得处方六十三：彼得赞美法——传达你对员工杰出表现的赞赏。

·彼得处方六十四：彼得声望法——和各阶层的优秀员工沟通。

·彼得处方六十五：彼得趋近法——透过强化的手段，不断使一个趋近理想的目标，可以改造一个人的行为。

彼得原理的影响

对一个组织而言，一旦组织中的相当部分人员被推到了其不称职的级别，就会造成组织的人浮于事，效率低下，导致平庸者出人头地，发展停滞。因此，这就要求改变单纯的"根据贡献决定晋升"的企业员工晋升机制，不能因某个人在某一个岗位级别上干得很出色，就推断此人一定能够胜任更高一级的职务。要建立科学、合理的人员选聘机制，客观评价每一位职工的能力和水平，将职工安排到其可以胜任的岗位。不要把岗位晋升当成对职工的主要奖励方式，应建立更有效的奖励机制，更多地以加薪、休假等方式作为奖励手段。有时将一名职工晋升到一个其无法很好发挥才能的岗位，不仅不是对职工的奖励，反而使职工无法很好发挥才能，也给

企业带来损失。

对个人而言,虽然我们每个人都期待着不停地升职,但不要将往上爬作为自己的唯一动力。与其在一个无法完全胜任的岗位勉力支撑、无所适从,还不如找一个自己能游刃有余的岗位好好发挥自己的专长。

彼得原理的评价

彼得原理道破了所有阶层制度之谜。凡一切层级制度组织,如商业、工业、政治、行政、军事、宗教、教育各界,都受彼得原理控制。最明显的莫过于我国政府现行的人事制度。我国有关干部任用和政府现行公务员制度中明确指出,提升到某一级别的职位必须在下一级(或半级)职位中任职达到一定年限,逐层向上提升,并将选拔范围放到最小的圈子,最后的结果正如彼得原理所推导:大部分的领导职位是由不能胜任的人所担任。

由于企业实行的也是层级制度,也存在同样的隐患。

由此可以解释:政府为什么效率不高?做领导的不做事,做具体事情的不是领导;国有企业为什么办不好?企业套用政府现在的行政级别制度;为什么官僚在每一个社会中都存在?等等。

如果简单地将企业的人分成两类,那么将存在两类人。第一类:能胜任现在的工作,但基本已"定型",不具备自我提升的素质,永远只能做好现职工作,再向上升一级就是错误;第二类:不但能胜任现在的工作,也具备自我学习、自我总结、自我提高的素质和能力,能不断提高自己的能力,从而胜任所有的职位。

由此可见,企业的用人之道可简单地概括为:发现并培养第二种人。由此推导的结论是:必须充分认识到人力资源管理的重要性,并有效运作,发现(包括招聘和在企业内部发展)并培养企业每一职位的接班人,在人力资源上形成可持续发展的潜力。

提升是将一名员工从前任职位调到需要负责更多职能、担负更大责任的职位上去。一般,随之而来的是更高的地位和更多的工资。提升的动因可能是对过去工作表现突出的报偿,也可能是企业为了更好地使用个人的才能和能力。

根据《彼得原理》一书的见解,管理人员有时会被提升到他们所不能胜任的层次。特别是有这样的情况,管理人员在其职位上取得了成就,从

而使他提升到较高的职位,但这一职位所需要的才能却常常是他所不具备的。这样的提升会使该管理人员无法胜任工作。这种现象在由销售、财务、生产等部门经理中选拔总经理时表现得最为突出。

由于表现出色的员工被从原岗位上不断地提升,直到他们不能胜任为止,但这个过程往往是单向的、不可逆的,也就是说,很少被提升者会回到原来他所胜任的岗位上去。因此,这样的"提升"最终的结果是企业中绝大部分职位都由不胜任的人担任。这个推断听来似乎有些可笑,但绝非危言耸听,甚至不少企业中的实际情况确实如此。这样的现象还会产生另外一种后遗症,就是不胜任的领导可能反而会阻塞了可能的胜任者提升的途径,其危害之大可见一斑。

尽管我们必须重视管理人员成长可能性并通过提供更大的发展空间等手段来激发他们的潜能,但彼得原理可以作为一种告诫:不要轻易地进行选拔和提拔。解决这个问题最主要的措施有三个:第一,提升的标准更需要重视潜力而不仅仅是绩效。应当以能否胜任未来的岗位为标准,而非仅仅在现在岗位上是否出色。第二,能上能下绝不能只是一句空话,要在企业中真正形成这样的良性机制。一个不胜任经理的人,也许是一个很好的主管,只有通过这种机制找到每个人最胜任的角色,挖掘出每个人的最大潜力,企业才能"人尽其才"。第三,为了慎重地考察一个人能否胜任更高的职位,最好采用临时性和非正式性"提拔"的方法来观察他的能力和表现,以尽量避免降职所带来的负面影响。如设立经理助理的职位,在委员会或项目小组这类组织中赋予更大的职责,特殊情况下先让他担任代理职位,等等。

成功企业的用人之道包括:1.适当引进外来人才,好处就是用现成的人才,避开"彼得原理"所涉及的后果;2.在企业内部逐步提升,重视潜力,重要的职位大多数由所能胜任的人。

第十一章

简单管理常见问题解决方案

百年管理,是前人给经营者留下的"金山银山"。懂得和重视管理的经营者,如入宝山。忽视管理的经营者,现实自会十倍、百倍地收取"学费"。

管理的问题将与企业终生相伴,要么企业与管理水平共同进化,要么企业消亡。

一、领导总是没时间，而下属总是没工作

现象：

1. 下属有工作去请教领导，领导帮助下属直接解决问题，或直接告诉下属方法，导致领导大量的时间花在为下属解决问题上；

2. 领导授权不到位，不太相信下属有独立完成任务的能力。

根本原因：

1. 领导不懂得授权与监督；

2. 没有锁定责任。

导致后果：

1. 领导花大量的时间帮助下属解决问题，因此领导者没有足够时间把自己本职工作做好；

2. 领导能力太强，导致员工能力得不到提升，很难把公司战略执行出结果。

解决方案：

1. 在可监督的范围之内，领导尽可能多授权；

2. 明确一对一责任，制定奖惩；

3. 培养下属的思考及解决问题的能力。

二、老板有方向，没力量，员工有力量，没方向

根本原因：

企业缺乏组织执行能力。

问题背景：

1. 老板有战略，可没办法执行。员工有激情，可不知道怎样做。

2. 员工有激情，有能力，可是不知道怎么做。

导致后果：

老板的战略意图没有办法去执行，影响企业未来长远的发展。

解决方案：

1. 将公司的目标与个人目标相结合；

2. 设立相应的流程，以确保战略可以转化为实际行动。

三、企业高层思想不统一，各自为政，互相拆台

根本原因：

1. 企业远景、战略目标、价值观不明确、不统一；
2. 高层以自我利益为中心，而不以公司的结果为导向。

导致后果：

企业失去凝聚力，导致内耗增大。

解决方案：

1. 通过明确企业远景、战略目标、价值观，使高层思想统一；
2. 把高层个人发展跟企业远景、战略目标相结合；
3. 根据远景、价值观、战略目标制定企业的制度和规范。

四、在度过创业阶段后，高层激情消失，官僚化倾向严重，内耗出血

根本原因：

如果不是强者淘汰弱者就是弱者淘汰强者，老板要有狼性。

问题背景：

当年你的手下都是凶狠的战将，他们当年什么都没有，所以像狼一样跟着你打拼。但是现在，我看他们开的车的档次，说话的口气，估计他们每个人的身家大概有几百上千万吧？有了这么多钱，他们几乎全都吃饱了，跟动物园里面的老虎有什么两样？

导致后果：

有能力地去了，没能力留下来称王称霸，结果一群凶狠的狼变成了羊群文化。

解决方案：

1. 统一思想，特别是高层间的，所有的问题出发点以客户价值为中心，而不是以自我为中心；
2. 用制度来约束人。

五、元老级人物思维僵化，自以为是，无功劳也有苦劳的思想根深蒂固，不接受新的思想，造成企业失去活力

根本原因：

做商人的底线是：你必须懂得客户之所以给你钱，是因为你做事的结果，而不是你付出了多少。

问题背景：

元老级人物认为为什么要改变，过去也不就是这样做的吗？

导致后果：

公司缺乏动力，出现恶性的公司文化。

1. 有想法上进心的人离开了；
2. 全体人失去动力。

解决方案：

1. 设立一个成长的机制，定时间考核公司上下所有人，用业绩淘汰平庸员工；
2. 公司从上到下制造危机意识；
3. 培养接班人。

六、企业越做越大，管理人员越来越累

根本原因：

缺乏先进的管理方法。

问题背景：

过去你管理30人，现在你还能用以前的方式去管理300人、3000人吗？管理者不愿承担责任，全是老板做。

导致后果：

管理成本上升，同时由于管理不善而导致的问题会直接影响到公司的业绩。

解决方案：

1. 要从思想上明确，用制度来管人，一对一的责任；
2. 不能用人管人，而要用制度管人。

七、领导相互牵制，"三个领导一个兵"，下属做事，不是"左右为难"，就是"进退两难"

现象：

下属工作的时候，这个领导也指导，那个领导也指导，员工不知道该听谁的，左右为难。

根本原因：

1. 职责不明确；

2. 领导越权指挥。

导致后果：

1. 下属工作效率低下；

2. 员工工作有情绪，甚至抱怨领导，推卸责任。

解决方案：

1. 明确岗位职责；

2. 明确上下级隶属关系（谁管谁，以免出现越权指挥现象）。

八、"张飞"领导"诸葛亮"，不懂装懂，对专业人士指手画脚，评头论足

现象：

领导到技术部或研发部视察，看到员工在做事，明明不懂，还要告诉员工该怎么去做。

根本原因：

1. 领导没有自知之明，利用权力，妄加批评；

2. 领导不明确自己的职责。

导致后果：

1. 影响执行的结果，下属因为惧怕领导权力，有可能把对的做成错的；

2. 专业人士对领导不满，影响工作。

解决方案：

领导只要检查结果，过程交给专业人士。

九、人才结构老化、多数不胜任者占据公司的主要领导职位；人才战略产生管理内耗

现象：

1. 很多创业元老，在公司发展过程中作出卓越贡献，但公司发展壮大后，无法适应公司的发展需求，而老板碍于感情，还依然让他们担当重要的职位，很多有能力的人得不到提拔和重用。

2. 老板的亲戚朋友在公司，虽然能力不强，但考虑到他们的忠诚度，也依然让他们担任重要位置。

根本原因：

1. 老板没有狼性，不愿下手；

2. 人力资源储备不足，不敢下手。

导致后果：

1. 不胜任者占据位置，能人有能力没有发挥余地，人才内耗；

2. 员工对自己在企业的长期发展信心不足，得不到晋升，工作动力不强。

解决方案：

1. 企业家要有狼性，以结果为导向，建立优胜劣汰机制；

2. 作好充分的人力资源储备。

十、员工总是不尽力

现象：

员工做事应付了事，拖拖拉拉，只做任务，不注重结果。

根本原因：

1. 企业机制不全；

2. 员工本人问题：

（1）员工不知道工作的意义，看不到自己的未来；

（2）员工付出与回报不成比例。

导致后果：

公司效率低下，员工做事，提供不了结果。

解决方案：

1. 培训员工思想：从"要我做"变成"我要做"；

2. 与下属沟通他所在职位的意义，树立公司远景；

3. 让所有员工明白：员工与企业是商业交换的关系，交换的是结果；

4. 要知道事情的因果关系，好报才会有好人，越是自觉自愿为企业付出的员工越是需要高额的回报，否则这种付出不可持续；

5. 用奖惩机制激发员工行动能力。

十一、制度一条条，执行没办法

现象：

在很多公司，制定了很多的规章制度，真正执行起来很困难。

根本原因：

1. 制度太复杂；

2. 可操作性不强。

导致后果：

制度形同虚设，达不到结果。

解决方案：

制度制定后，执行力实施的三化原则：

1. 流程化：事前做什么？事中做什么？事后做什么？

2. 明晰化：流程中的每个工作内容都要明晰化。强调，就去量化它。不能量化，就不可以考核。

3. 操作化：把明晰的东西做成可操作的。有数量目标，还要有行动措施。

十二、总有许多理由让你的决定在执行一半时放弃

现象：

想法太多，聪明过头，不但光说不练，而且瞻前顾后，遇到问题总是为自己找退路，找理由。

根本原因：

当公司对结果定义不清晰；员工对工作要取得的结果不清晰。

导致后果：

很多事情半途而废。长此以往，自己也完不成业绩，公司会达不成目标。

解决方案：

1. 从文化方面改变员工的思想和做事习惯，建立结果提前，自我退后，锁定目标，专注重复的原则文化。

执行前：决心第一，成败第二

执行中：速度第一，完美第二

执行后：结果第一，理由第二

2. 建立奖惩和淘汰机制，要有一个明确结果思维。

十三、不开会不知道做啥，开会了也解决不了啥

现象：

今天开会明天开会天天开会，你也讲话我也讲话大家都讲话，却什么也没有解决。

根本原因：

1. 会议的结果不明确；

2. 没有设立流程。

导致后果：

1. 失去了开会的意义，没有解决问题，而是形式；

2. 浪费时间，影响效率。

解决方案：

设立会议流程：

1. 会议前：准备好会议所需资料，明确开会的结果；

2. 会议中：只谈与结果有关的话题，开到结果达成为止；

3. 会议后：总结，作出具体实施方案。

十四、付出比计划多 10 倍的精力，可往往只得到计划中 10% 的结果

根本原因：

1. 公司有没有给足够的资源，对结果要求是否合理？

2. 员工做事方法本身有问题。

导致后果：

公司制订的计划完不成，

1. 公司的目标没有办法实现；

2. 员工的努力得不到结果，会丧失信心，做事情缺乏热情与积极性。

解决方案：

从公司层面：

1. 如果公司没有提供相应的资源，那么就应该公司作出改变；

2. 如果计划本身不合理，就要调整计划，企业应遵循"二八"效率原则，即抓20%的重点，一般而言，80%的效率来自20%的重点；

3. 人们不会执行你的计划，只会执行自己的计划。

从员工层面：

做事情的方法有问题，那么就需要调整做事情的方式与方法

十五、部门之间相互推诿，人人规避风险，没人对结果和业绩负责

现象：

当问题出现时，部门都是讲其他部门的原因，与自己部门关系不大甚至推得一干二净（销售部—生产部—研发部—财务部—采购部）。

根本原因：

1. 责任没有锁定好；

2. 奖罚不明确。

导致后果：

1. 企业内部形成推诿、扯皮风气，导致团队丧失凝聚力，业绩滑坡；

2. 问题得不到解决。

解决方案：

1. 明确部门责任，定义好结果，并界定清楚（一旦出现错误，没有推卸责任的机会）；

2. 对主动承担责任、对结果负责的员工予以嘉奖或肯定；

3. 培养或选择愿意主动承担责任的人作为部门的负责人，树立榜样；

4. 设立监督和检查。

十六、员工总有很多"道理"让你觉得他事情没做好是有原因的

根本原因：

公司管理层与员工层都没有以结果为导向，未定义一个明确的结果。

导致后果：

例：有家公司短短几年能够发展到300多人，刘总很感激员工，决定以后为每一个员工过生日，以体现公司对员工的关心与回报，刘总决把这个任务交给了徐主管办理。但实际执行的结果是，徐主管把一份员工的生日列表放在了老总的桌子上，说："刘总，您要的东西我准备好了。"这是我想要的结果吗？不是！我需要的是一个方案：不同的员工分别过什么样的生日，来公司一年的员工该是什么样的级别，老总需要为这些员工过生日的一个预算和实施计划方案。这时王主管在心里嘀咕了：老板又没有这样跟我们讲？说明了下属未主动的思考问题，发现问题和解决问题。那下次如果有没完成任务，他在敲上级领导办公室门的时候会想出十条八条没有做好事情的原因。

解决方案：

1. 首先领导要定义一个做事情的结果；

2. 当上级在布置工作时，如果出现不清楚的地方，责任在下级。因为执行的是下级；不是上级，如果执行方不清楚，应当主动去沟通清楚；

3. 领导要监督检查下属的工作，人们不会做你希望的，只会做你检查的。

十七、有些制度、规章在老员工身上执行时就会拐弯、变形

现象：

一些老员工跟老板一起打拼的时间很长，获得了老板的信任，当他违反制度的时候，老板也不会按制度惩罚他。

根本原因：

熟人文化，凡事"情在前，理在后"。

导致后果：

制度形同虚设。

解决方案：

1. 领导者观念要突破，凡事"理在前，情在后"；

2. 人性化与制度化的平衡：有情的领导，绝情的制度；

3. 制度的执行是自上而下的，先从老总以身作则开始。

十八、能人来了，制度却坏了，能人走了，业绩就滑坡

现象：

1. 老板依赖能人，能人触犯制度的时候，因害怕能人走掉，不按制度处罚。

2. 企业依靠能人创造业绩。

例：有一家企业用高薪从别的企业聘请了一位人力资源总监，公司内的制度有明确规定在生产车间严禁吸烟，如犯者，罚款200元并且通报全公司所有人员。刚好这位新来的人力资源总监违反了这项制度，老总这时就犯难了，处罚还是不处罚？好不容易招来一个人，如处罚他走了怎么办？制度的设立不是为某人设立而是为了公司所有人设立，是为了大家共同的利益而设立，公司是给你施展自己才华的平台，是让你创造结果赚钱的地方，所以制度是不容践踏的。如不处罚就导致企业的制度没法执行，导致了责任权利不对等。那样对企业的危害将会越大。

根本原因：

1. 制度面前没有一视同仁；

2. 人力资源储备不足。

导致后果：

1. 制度变形让员工感觉不公平，影响工作；

2. 能人可以一时成就你，也可以一时毁了你。

解决方案：

1. 制度执行过程中，人人平等；

2. 做好充分人力资源储备；

3. 建立一套不依赖于能人制度体系。

十九、你的团队不缺能人，但缺乏活力

现象：

在企业里，能人不能起到带头作用，公司员工工作热情不高、人心涣散。

根本原因：

1. 员工不明确自己的结果；
2. 公司竞争机制、奖惩机制不完善；
3. 缺乏团队精神。

导致后果：

员工有能力，没有发挥出来。

解决方案：

1. 把员工的个人发展战略和企业的发展结合在一起；
2. 设立完善竞争机制、奖惩机制。

二十、关键人员叛逃造成巨大损失

根本原因：

这是企业留才、育才、吸才的问题。

人员组织系统有问题、员工的价值观与公司的价值观不符。

导致后果：

1. 人才流失后企业要重新招聘新人，招过来的新人企业就要重新投入成本培训新人；
2. 人才流失后带走的技术在同行业开发的新产品很快抢占了市场，使得公司市场份额缩水，举步艰难，人才的流失对公司员工也造成很大的心理冲击，导致员工人心浮动，工作热情相对下降，工作效率大幅度降低。

解决方案：

1. 人是企业的重要资产，是创造企业价值的关键。员工会离开企业53%是因为薪资问题，企业可采取入股的方式让高层管理参股，像年度分红、奖励机制等一些方式；
2. 企业要训练员工发展，培育人才，推行学习性组织，透过这种培训方式能够提高员工的士气，降低人才的流失比例，创造好更好的企业文化，

增加公司的学习氛围，同时提升企业的形象。透过组织学习加强公司薄弱环节，提升竞争力；

3. 采取防止关键人员跳槽的措施：比如签保密协议，给员工以约束；

4. 跳槽之后公司如何最低程度减小损失？比如做好人力储备。

二十一、协调的事很多，却越协调，事越多

现象：

问题出现，因为责任人不明确，所以在协调过程中，越协调，事越多。

根本原因：

1. 横向看：部门间协调不到位；

2. 纵向看：上下级责任不明确：职责不明确、都在以自我为中心，没有以公司结果为导向。

导致后果：

部门间相互推卸责任，相互扯皮，造成企业内耗。

解决方案：

1. 明确公司结果，统一目标；

2. 明确职责；

3. 建立完善工作流程；

4. 提升企业的团队精神。

二十二、小企业犯大企业病，程序繁多、部门壁垒、信息不通等

现象：

企业很小，部门很多，办事程序烦琐。

根本原因：

1. 战略问题：企业过于追求管理的完美，不明白不同阶段的企业重点应该在哪里；

2. 各部门以自我为中心。

导致后果：

企业内部沟通不畅，部门之间互相设置障碍，效率不高，企业严重

内耗。

解决方案：

1. 根据企业现状，有效简化组织架构；

2. 以客户价值为导向，统一企业核心文化。

二十三、存在着大量的花拳绣腿、虎头蛇尾、好人主义等种种形式主义现象

现象：

1. 员工做事在于形式，老板在的时候一个样，老板不在又不是一个样；

2. 员工做事刚开始很认真，越到后面越不行；

3. 领导都在做"好好先生"，员工做错了，说几句，迁就。

根本原因：

1. 管理层对员工做事的结果没有清晰的定义；

2. 没有检查和监督；

3. 没有明确的奖罚机制。

导致后果：

员工做表面工作，不提供结果，员工不能提供结果，导致企业无法生存。

解决方案：

1. 建立对事不对人的机制；

2. 设立监督和检查机制；

3. 以结果为导向，明确奖罚制度（让员工都做结果，而不是任务）；

4. 让领导明白：迁就等于放弃，要求才是真爱。

二十四、人浮于事，碰到事情互相推托、遇到责任互相推诿，遇到荣誉争功

根本原因：

1. 公司的文化出了问题，重视表面工作，讲形式不讲结果；

2. 没有建立起一对一的责任。

导致后果：

如果持续下去，会极度影响公司的效率，工作没人做，从而导致业绩滑坡。

解决方案：

1. 检查公司的做事流程是否造成了不公平；
2. 培训或沟通，当一件事情结果不好的时候，首先要检讨自己；
3. 建立一个黑白分明的文化，让员工知道公司提倡什么，反对什么。

二十五、老板压榨高层，高层压榨中层，中层压榨一般员工

现象：

老板总是希望员工多做事少拿钱，自己获得更多的利益，于是增加员工工作量、工作时间或减少员工薪水等。

根本原因：

1. 老板注重短期利益、个人利益；
2. 老板通过这种方式得到过好处。

导致后果：

1. 如果企业有难，没有员工会与企业同舟共济；
2. 员工没有忠诚度和责任心。

解决方案：

跟老板作短期利益和长期目标的分析（所有长期目标的达成，都是短期利益牺牲的过程）。

二十六、员工没有安全感，缺少忠诚度、归属感

现象：

员工人在企业里，但做事不够认真，总在想着找更好的工作。

根本原因：

1. 战略体制：员工的付出没有得到利益和价值的支撑；
2. 员工思想：员工做事看不到自己的未来。

导致后果：

1. 员工流失量大；
2. 员工工作不尽力。

解决方案：

1. 树立公司远景、核心价值观、战略目标，并跟个人发展战略相结合；

2. 有情的领导；

3. 建立激励制度；

4. 好报才有好人。

二十七、"嫡系部队"领导"非嫡系部队"，上下级之间很难建立起真正意义上的信任

现象：

1. 员工对"嫡系部队"不认可，对他们的能力怀疑；

2. 员工即可认可"嫡系部队"的能力，也对他们心里不服。

根本原因：

1. 企业晋升机制、利益分配不公平；

2. 企业中倡导的是人制文化，而不是法制文化；

3. 没有严格按制度、按流程办事；

4. 企业家的权谋文化。

导致后果：

1. 上下级之间不服、不信任，使公司执行力大打折扣；

2. "非嫡系部队"感觉不公，导致人才流失；

3. 员工工作动力不足；

4. 权谋文化转移了员工工作的目标：注重拉关系，而不是结果。

解决方案：

1. 企业要从"人治"转向"法治"；

2. 企业家抛弃权谋文化，应任人唯贤，而非任人唯亲；

3. 晋升机制、利益分配与结果挂钩。

二十八、部下都在"打小算盘，敲怨气鼓"，一肚子不满和愤懑

现象：

下属对企业、领导有不满、心里有很多抱怨，但不当面讲，在企业内

部传播。

根本原因：

1. 晋升机制、利益分配机制没有公开、公平、公正；

2. 上下级之间，沟通不畅；

3. 领导者不会领导人心。

导致后果：

员工情绪化，工作效率低下，影响结果。

解决方案：

1. 晋升机制、利益分配机制要公正、公平、公开；

2. 做到有情的领导：跟下级沟通，重视他们建议等。

二十九、虚假"团结"：老板说一，高层马上说一，不敢说二，有异议也不敢提

现象：

老板提出自己的看法，高层有不同意见，也不敢说，都埋在心里。

根本原因：

1. 老板个人把企业带大，能力很强，太有主见，不喜欢听取别人的异议，企业能人文化；

2. 高层唯唯诺诺，怕得罪老板，也不敢承担责任。

导致后果：

1. 老板无法了解公司真实状况，下属只会报喜不报忧；

2. 老板不能听不同意见，会增加决策的风险。

解决方案：

改变老板思想：

1. 先让高层发言，并尊重他们的意见，对于直言者的行为提倡，嘉奖；

2. 摆正自己的位置，做决策尽量民主，不应独行断论。

改变高层：

1. 高层应明确自己的职责，敢于直言；

2. 学会恰当的沟通方式。

三十、一竿子插到底,事情解决了,类似的事情却越来越多,治标不治本

根本原因:

授权之后越权指挥。

问题背景:

当出现以下几种情况时,会出现这个现象:

1. 高层为了追求效率,直接下达命令以求效率(越权指挥);

2. 高层对部属不信任;

3. 高层的个性。

导致后果:

如果高层管理人员总是越权指挥,会从以下两个方面造成影响:

1. 从部属来说,类似的事情部署可以解决但他就不会去解决,而是等着老板来解决。首先他怕自己出错让员工觉得他无能,影响自己在员工心中的位置;其次他等着老板出错,老板错了就证明他是对的;

2. 从员工层面来说,员工不知道该听谁的,造成在状况发生时,如果老板不在,问题就得不到及时解决,增加内耗及管理成本。

解决方案:

针对"越权指挥",高层在授权时应当明确:

1. 既然被授权,就意味着为你承担责任,那么就要清楚地界定每个人的职责权限,无论是谁,都不得违越;

2. 逐级授权,每个下级只有一个直接上级,下级服从直接上级。

如果是高层对部属不信任,那么:

1. 部属要检讨高层不信任的原因;

2. 如无法找到,要亲自与高层沟通,了解高层的期望和改善的重点方向,在以后的工作中加以改进。

三十一、急需人才,但跳槽人数却急剧增长

现象:

企业需要人才,往内招聘人才的时候,内部的员工却出现跳槽的现象。

根本原因:

1. 薪酬不合理，低于行业薪酬；

2. 企业只注重员工的物质收入（如工资、工作条件、工作环境等），而在精神回报（如工作成就、社会认可、发展前途等）方面做得比较少。

导致后果：

1. 企业人力成本过高，但员工忠诚度不高；

2. 未来企业的竞争是人才的竞争，没有人才，不能为客户创造价值，企业无法生存。

解决方案：

1. 薪酬合理化；

2. 建立好的文化：

（1）让员工了解公司有明确的发展战略目标，并与个人发展相结合；

（2）注重员工个人发展，搭建公平的竞争平台，提供学习、培训机会，促使优秀人才脱颖而出；

（3）有情的领导。（使员工在精神和人格方面得到尊重，公司有良好的人际关系和工作环境；）

3. 建立好的机制：

（1）重视人力资源部，并发挥其作用；

（2）建立合理的分配制度与晋升制度，使员工的劳动贡献与劳动报酬能获得合理的肯定。

三十二、工作不到位，借口一大堆，每个人都很忙，业绩却不断滑坡

根本原因：

"理由第一，结果第二"，执行要的是结果而不是完成任务。员工做事情时没有将公司要的结果放在第一位。

问题背景：

1. 当员工做事情是抱持着"完成任务"的心态；

2. 对结果不明确。

导致后果：

1. 公司内耗严重；

2. 长期会形成不良地做事文化。

解决方案：

1. 首先公司上下在思想上明确一个基本的道理：对结果负责是对我们工作的价值负责，而对任务负责是对工作的程序负责；

2. 领导者要清楚地向员工定义事情的结果；

3. 设立相应做事情的流程，按照流程执行，分阶段汇报，检查，奖惩。

三十三、以德服人，以情服人，就不以"法"服人，缺少公开、公正、公平的氛围

现象：

企业领导以个人魅力、感情来领导下属，而不是靠制度、流程。不能受益的员工很有意见。

根本原因：

1. 靠权谋来带领企业；

2. 制度不健全或没有执行制度。

导致后果：

1. 企业内耗过多，成本增加，做不强；

2. 员工工作缺乏动力，组织执行力打折扣；

3. 企业内部形成不良文化：重拉关系，而不是提供结果。

解决方案：

1. 完善并执行制度，自上而下彻底执行；

2. 倡导有情的领导，无情的管理，绝情的制度；

3. 并建立以结果为导向的奖励机制，把结果跟利益挂钩。

三十四、几个人得势，大多人失意

根本原因：

高层看问题缺乏"整体思维"，战略两个基本原则中第一个原则就是：整体至上。

问题背景：

1. 领导眼里只有"明星员工"；

2. 任人唯亲。

导致后果：

1. 如果领导眼里只有明星员工，那么就会降低非明星员工的工作积极性，同时明星员工过于骄傲会自满，为了维护自己的形象做出有损公司利益的事情。长此以往，公司员工工作没有热情，激情消失，缺乏活力，一盘散沙；

2. 每个人都要寻求重要感，得不到领导的赏识。

解决方案：

1. 从思想上，要明确一个公司是一个整体，在任何情况下，团队是第一位的，任何一个公司的强大，一定是团队努力的结果；

2. 在执行层面上：

（1）越是看重一个员工在公开场合要给他提一些意见；

（2）注意激励的方式与方法。比如可以多给做得优秀的员工提供升职、培训、旅游的机会，让其他人看到做好了会有这样的结果，也激励了其他人。

三十五、公司没有核心文化，核心理念混乱

根本原因：

老板有没有回答一个问题：我的公司靠什么凝聚人心？

问题背景：

老板对核心文化没有整体的概念；

老板不知道如何做？

导致后果：

没有核心文化。

解决方案：

1. 树立远景、核心价值观及战略目标；

2. 你想要什么样的文化，你就要亲自向员工做出表率，员工会按你指引的方向走；

3. 不断地重复、重复、再重复。

三十六、员工国事，家事，天下事，事事关心，就是不关心自己的事

根本原因：

高层没有让将公司战略与员工个人战略相结合。

问题背景：

当公司没有让每个员工明确自己责任的时候，就会出现这种情况。

导致后果：

1. 工作没有效率，内耗严重；

2. 员工在工作中体现不了自己的价值，找不到工作的乐趣；

3. 无法激发团队整体的创造性。

解决方案：

1. 让员工明确公司的战略；

2. 将公司的战略转化为员工的个人战略，建立一对一的责任；

3. 建立一套流程，让员工按流程做事。

三十七、员工在思考，老板在行动

现象：

战略制定下来后，到了执行层面，员工在思考为什么要这样做？这样做有什么问题等。老板为了及时得到结果，不得不自己采取行动。

根本原因：

1. 分不清战略和执行的区别，员工在执行层面还在讨论该不该执行；

2. 战略层跟员工沟通不到位，员工不知道如何去执行。

导致后果：

老板总是没时间，下属总是没工作。

解决方案：

1. 改变员工思想意识：执行前：决心第一，成败第二；执行中：速度第一，完美第二；

2. 战略制定后，老板跟员工沟通明白战略；

3. 根据战略制定出具体的做事流程；

4. 阶段性检查结果，迫使员工行动。